普通高等教育汽车类系列教材

汽车概论
第 3 版

主　编　李育锡
参　编　张西金　王慧武
　　　　李洲洋　张永红
主　审　边耀璋

机械工业出版社

本书共 11 章，前 6 章的内容为汽车概述、汽车发动机、汽车底盘、汽车车身及车身附件、新能源汽车以及智能网联汽车，介绍了汽车的基本常识、基本构造和工作原理，同时介绍了新能源汽车和智能网联汽车的应用；后 5 章的内容为汽车外形与汽车色彩、汽车消费信贷与汽车保险、汽车驾驶考试与交通信号、著名汽车公司及其车标以及汽车运动与汽车名人，介绍了汽车使用和汽车文化方面的相关内容。

本书可作为高校本、专科学生汽车选修课的教材，也可作为广大汽车爱好者了解汽车的参考读物。

图书在版编目（CIP）数据

汽车概论 / 李育锡主编. -- 3 版. -- 北京：机械工业出版社，2025.8. --（普通高等教育汽车类系列教材）. -- ISBN 978-7-111-78916-1

Ⅰ.U46

中国国家版本馆 CIP 数据核字第 20253X4929 号

机械工业出版社（北京市百万庄大街 22 号　邮政编码 100037）
策划编辑：冯春生　　　　　责任编辑：冯春生　王　良
责任校对：贾海霞　张　薇　封面设计：张　静
责任印制：邓　博
天津嘉恒印务有限公司印刷
2025 年 9 月第 3 版第 1 次印刷
184mm×260mm・15 印张・368 千字
标准书号：ISBN 978-7-111-78916-1
定价：49.80 元

电话服务	网络服务
客服电话：010-88361066	机　工　官　网：www.cmpbook.com
010-88379833	机　工　官　博：weibo.com/cmp1952
010-68326294	金　书　网：www.golden-book.com
封底无防伪标均为盗版	机工教育服务网：www.cmpedu.com

前　言

汽车的发明是人类交通史上的重要里程碑，汽车不仅改变了人们的交通方式，也深刻影响着人们的生活和工作方式，推动了人类现代文明进程。进入 21 世纪，随着我国国民经济的快速发展和人民生活水平的迅速提高，汽车开始走入平常百姓家，并逐步成为人们日常生活和工作的重要组成部分。为了更好地享受汽车带给人类的便利，有必要了解汽车及其相关知识。

目前不少高校都开设有汽车知识方面的全校选修课。作为当代大学生，无论是毕业后的就业，还是将来的工作与生活，都与汽车有着密切的联系，因此，有必要早日了解和掌握汽车及其相关知识。

本书介绍了汽车本体知识、汽车使用和汽车文化知识等方面的内容。在汽车本体知识方面介绍了汽车总体构造、分类、行驶原理和性能指标，介绍了汽车发动机、底盘、车身及车身附件以及新能源汽车和智能网联汽车等方面的内容；在汽车使用和汽车文化知识方面介绍了汽车外形与色彩、汽车消费信贷与汽车保险、汽车驾驶考试与交通信号、著名汽车公司及其车标、汽车运动与汽车名人等方面的内容。全书集知识性与趣味性于一体，内容丰富，知识面广，图文并茂。通过学习，学生可以对汽车及其相关知识有较全面的了解和认识。

本书是作为大学生全校选修课教材来编写的，考虑到学生专业和对汽车知识了解程度的不同，内容深入浅出，对于汽车的各装置、部件、机构等，以讲清楚其工作原理和在汽车中的功用为主，而对其具体结构和细节则介绍从简，以适应学生的不同需求。由于本书的起点定位不高，难度适中，通俗易懂，因此也同样适合于广大汽车爱好者阅读。

本书第 1 版于 2010 年出版，第 2 版于 2016 年出版，受到了广大读者的欢迎和好评。汽车工业发展很快，汽车新能源、新技术日新月异，汽车保险、汽车驾驶、交通法规适时更新，世界著名汽车公司进一步兼并重组，我国汽车产量迅猛增长，自主汽车品牌大量涌现……为此，我们对第 2 版教材进行了认真修编，改写了第五章新能源汽车，增加了第六章智能网联汽车，更新了其他相应章节内容，更换了部分插图，进一步提高了本书的质量。

参加本书编写工作的有西北工业大学李育锡、张西金、李洲洋、张永红，西安理工大学王慧武，由李育锡任主编。

本书由长安大学边耀璋教授细心审阅，他提出了很多宝贵的意见，在此表示衷心的感谢。

本书的编写参考了大量的文献，在此，编者向原作者表示真诚的感谢。由于编者的水平有限，书中的错误和不当之处在所难免，诚请广大读者批评指正。

编　者

目 录

前言
第一章　汽车概述 ………………………………… 1
第一节　汽车工业发展简介 ………………… 1
第二节　汽车总体构造 ……………………… 9
第三节　汽车分类 …………………………… 12
第四节　汽车行驶基本原理 ………………… 13
第五节　汽车特征参数与性能指标 ………… 15
习题 ……………………………………………… 20

第二章　汽车发动机 ……………………………… 21
第一节　发动机概述 ………………………… 21
第二节　曲柄连杆机构 ……………………… 25
第三节　配气机构与进、排气系统 ………… 29
第四节　燃油供给系统 ……………………… 35
第五节　润滑系统与冷却系统 ……………… 44
第六节　点火系统与起动系统 ……………… 48
习题 ……………………………………………… 53

第三章　汽车底盘 ………………………………… 55
第一节　传动系统 …………………………… 56
第二节　行驶系统 …………………………… 69
第三节　转向系统 …………………………… 76
第四节　制动系统 …………………………… 80
习题 ……………………………………………… 85

第四章　汽车车身及车身附件 …………………… 86
第一节　汽车车身 …………………………… 86
第二节　车身附件 …………………………… 90
习题 ……………………………………………… 98

第五章　新能源汽车 ……………………………… 99
第一节　纯电动汽车 ………………………… 99
第二节　混合动力汽车 ……………………… 103
第三节　燃料电池电动汽车 ………………… 105
习题 ……………………………………………… 107

第六章　智能网联汽车 …………………………… 108
第一节　智能网联汽车的定义及内涵 ……… 108
第二节　智能网联汽车的技术等级 ………… 108
第三节　智能网联汽车的体系构造 ………… 110
第四节　智能网联汽车网络技术 …………… 112
第五节　智能网联汽车的技术发展目标 …… 115

第六节　无人驾驶汽车 ……………………… 116
习题 ……………………………………………… 116

第七章　汽车外形与汽车色彩 …………………… 117
第一节　汽车空气动力学知识 ……………… 117
第二节　汽车外形的演变 …………………… 124
第三节　汽车的色彩 ………………………… 128
习题 ……………………………………………… 132

第八章　汽车消费信贷与汽车保险 ……………… 133
第一节　汽车消费信贷 ……………………… 133
第二节　汽车保险 …………………………… 136
第三节　汽车保险理赔 ……………………… 139
习题 ……………………………………………… 140

第九章　汽车驾驶考试与交通信号 ……………… 141
第一节　汽车驾驶简介 ……………………… 141
第二节　汽车驾驶考试 ……………………… 144
第三节　交通信号 …………………………… 148
习题 ……………………………………………… 151

第十章　著名汽车公司及其车标 ………………… 152
第一节　美国著名汽车公司及其车标 ……… 152
第二节　日本著名汽车公司及其车标 ……… 159
第三节　德国著名汽车公司及其车标 ……… 164
第四节　法国著名汽车公司及其车标 ……… 170
第五节　英国著名汽车公司及其车标 ……… 173
第六节　意大利著名汽车公司及其车标 …… 176
第七节　其他著名汽车公司及其车标 ……… 178
第八节　国产汽车公司及其车标 …………… 182
习题 ……………………………………………… 194

第十一章　汽车运动与汽车名人 ………………… 195
第一节　汽车运动概述 ……………………… 195
第二节　汽车大赛 …………………………… 196
第三节　汽车名人 …………………………… 212
习题 ……………………………………………… 220

附录 ………………………………………………… 221
附录A　交通标志与交通标线、色彩混合
原理 ……………………………………… 221
附录B　汽车车标 …………………………… 227

参考文献 …………………………………………… 233

第一章

汽车概述

第一节 汽车工业发展简介

一、汽车的发明

汽车是车辆的一种。车辆是人类进行陆上运输的工具。车辆的主要特征是具有由轮和轴组成的轮轴系统，在轮轴系统之上支承着车架或车厢，用以乘坐或放置货物。用车辆运输，变滑动摩擦为滚动摩擦，大大节省了驱动力。在车辆发展的漫漫长河中，驱动车辆行驶的动力主要是人力或畜力。

中华民族是最早应用车辆的民族之一。据传说，在五千多年前，我们的祖先黄帝就制造了车辆。春秋战国时期，我国的车辆制造技术已达到了较高的水平。车辆被广泛用于战争，战车的多寡常是衡量诸侯军力的重要指标。秦朝时，车辆技术得到进一步发展。陕西秦始皇陵出土的铜马车（见图1-1），其豪华和精致，可以说是我国古代车辆的杰出代表。

图1-1 秦始皇陵出土的铜马车

中世纪的欧洲，经过文艺复兴时期，思想开始解放，文化和科技开始繁荣，其车辆技术也逐渐超过了我国。与我国的马车相比，欧洲马车的车体更轻巧，转向更轻便，有的还装上了钢板弹簧和制动器。有的马车装饰得非常豪华，用来显示其乘客高贵的身份。18世纪欧洲的马车如图1-2所示。

不管欧洲的马车如何豪华，其动力源都是马匹。因此，车的速度受到限制，而养马又是拥有马车者必不可少的劳动。从马车诞生时起，人类就梦想发明不用马拉而能自动行驶的"马车"。

1. 蒸汽机汽车

1698年，英国工程师托马斯·萨维利（Thomas Savery）制造了第一台用蒸汽作为动力的矿用抽水机。它的工作原理是，首先将锅炉产生的高压蒸汽充入金属容器中，然后关闭进气阀，用冷水喷淋金属容器，使金属容器内的蒸汽冷凝产生真空，此时打开进水阀，在大气压力的作用下，便可将矿井里的水抽入金属容器。然后，关闭进水阀，打开排水阀，将金属容器中的矿井水排放掉，如此循环操作。矿用抽水机有两个金属容器，交替工作可连续排水，如图 1-3 所示。在萨维利制造

图 1-2 18 世纪欧洲的马车

的矿用抽水机中，除了阀门外没有可运动的部件。

1712 年，英国人托马斯·纽科门（Thomas Newcomen）制成了气缸活塞机构的蒸汽机，采用了杠杆和链条等装置。纽科门制造的蒸汽机仍是采用喷淋冷却水使气缸中的蒸汽冷凝产生真空，在大气压力作用下，使活塞运动对外做功，如图 1-4 所示。上述两种机构的工作原理相似，热效率都很低。

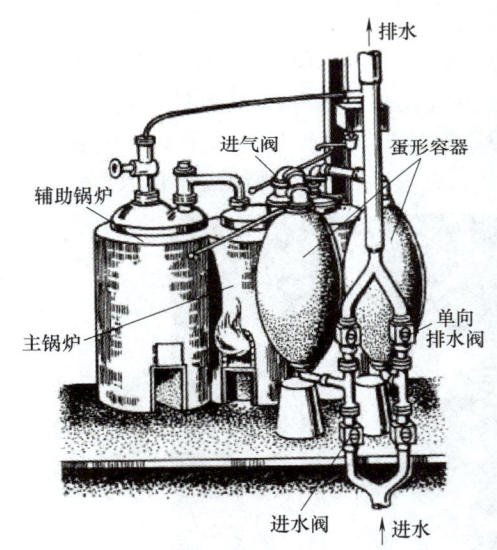

图 1-3 萨维利制造的矿用抽水机

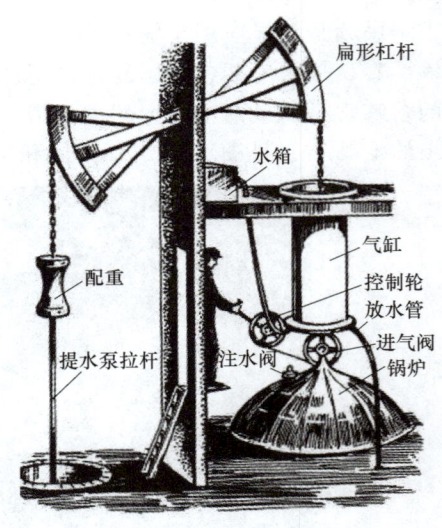

图 1-4 纽科门制造的蒸汽机

1765 年，詹姆斯·瓦特（James Watt）对纽科门蒸汽机进行了改进，制成了双冲程的蒸汽机，蒸汽可以从气缸的两头分别进入气缸，由蒸汽来推动活塞往复运动，彻底改变了纽科门蒸汽机利用大气压力推动活塞做功的原理。同时采用曲轴连杆机构，将活塞的直线运动变为曲轴的旋转运动，从而制成了能够连续转动的蒸汽机。这种蒸汽机经济、高效，获得了广泛应用，为世界工业的迅猛发展做出了历史性的巨大贡献。图 1-5 所示为瓦特与瓦特发明的蒸汽机。

1769 年，法国工程师尼古拉斯·古诺（Nikoles Cugnot）造出了一辆用蒸汽机驱动的汽车。古诺的蒸汽机汽车在车的前部安装了一个直径为 1.34m 的锅炉，锅炉后面有两个 50L 的气缸，锅炉产生的蒸汽送入气缸，推动活塞上下运动，再用曲柄连杆机构驱动前轮转动，行驶速度为 3~4km/h，实现了不用马拉车的梦想。图 1-6 所示为古诺的第一辆三轮蒸汽机汽车。

第一章 汽车概述

图 1-5　瓦特与瓦特发明的蒸汽机

图 1-6　古诺的第一辆三轮蒸汽机汽车

在古诺之后，欧洲大地上掀起了研制蒸汽机汽车的热潮。蒸汽机汽车的技术水平迅速提高，到 19 世纪初已达到实用水平。在英国、法国、德国等国都开始用蒸汽机汽车进行运输，并逐渐繁荣起来。到 19 世纪中叶，由于蒸汽机汽车马力大、运量多，与马车相比逐渐占了上风。图 1-7 所示为 19 世纪欧洲的蒸汽机汽车。

图 1-7　19 世纪欧洲的蒸汽机汽车

在 19 世纪末 20 世纪初这一时期，蒸汽机汽车、内燃机汽车和电动汽车曾一度并存。蒸汽机汽车虽然庞大、低效，但经过一百多年的改进，性能有了很大的提高，与内燃机汽车相比，还是占有较大的优势。但其振动、噪声较大，每行驶几十公里就要加水，行驶中一人驾车、一人烧锅炉的基本状况没有改变。到了 20 世纪上半叶，内燃机汽车取得了突飞猛进的发展，其体积小、功率密度高以及效率高等优势使得体积大、质量大、效率低的蒸汽机汽车无法与之抗衡，蒸汽机汽车的市场越来越小。在美国，1923 年最后一辆蒸汽机汽车开出工厂，蒸汽机汽车悄悄地退出了汽车舞台。

2. 电动汽车

1834 年，托马斯·达文波特（Thomas Davenport）发明了可实际应用的直流电动机，并于 1835 年在直流电动机基础上搭载伏打电池，公开进行了电力机车模型轨道行车试验。1859 年，法国人格斯通·普兰特（Gaston Plante）开发出可实用的铅酸蓄电池。

在 1881 年法国巴黎的国际电力博览会上展出了第一辆可在马路上行驶的电动车，这是由法国工程师古斯塔夫·特鲁夫（Gustave Trouve）研制的三轮电动车。1897 年，美国的亨利·莫里斯（Henry Morris）和佩德罗·萨罗姆（Pedro Salom）开创了纽约电动汽车租赁业务。1899 年，比利时人卡米勒·詹纳兹驾驶的炮弹形电动汽车创造出车速为 105.88km/h 的世界纪录。图 1-8 所示为 19 世纪末的电动汽车。

a)   b)

图 1-8　19 世纪末的电动汽车

a）1897 年纽约的电动出租车　b）1899 年詹纳兹驾驶的炮弹形电动汽车

在美国，1900 年前后是电动汽车的辉煌时期，据史料记载，1900 年美国生产的汽车中，电动汽车为 1575 辆，蒸汽机汽车为 1684 辆，汽油机汽车为 936 辆。那时，与蒸汽机汽车和内燃机汽车相比，电动汽车有很多优点，例如无振动、没有气味、噪声小等。此外，当时的内燃机汽车驾驶时换档很麻烦，而电动汽车无须齿轮变换；蒸汽机汽车一次加水行驶的距离短于电动汽车一次充电行驶的距离。那时的货物运输大都是在小镇之间，距离不大，非常适合电动汽车。电动汽车还有一个好处，就是不需要像内燃机汽车那样手摇起动，也没有换档机构，操作简便。

虽然电动机的外特性好，操作简单，但当时的电动汽车存在着几个致命的弱点：①铅酸蓄电池太笨重（占整车质量 50%）；②电容量小，续驶里程短，只能在短距离小范围内使用；③充电太贵，一年的充电费与一辆新车的价格相当，而且一天要充两三次电，太麻烦；④蓄电池寿命太短，使用成本很高。由于电动汽车存在这些致命弱点，使得电动汽车在大多数交通领域中让位于内燃机汽车，仅在某些特殊环境（例如不宜采用内燃机的仓库内、坑道中等）中，电动汽车继续得到应用。

20世纪出现的两大问题使人们的眼光重新转向电动汽车：一是石油危机，即世界总的石油储量难以长期支持世界石油消费；二是环境污染，即由汽车排出的有害物质已成为大气污染，特别是城市生态环境恶化的主要根源之一。电动汽车既可广泛利用各种能源（最后以电的形式驱动电动汽车），又能在行驶中不产生有害排放，噪声也低，正好克服了内燃机汽车的缺点。沉默百年的电动汽车又受到人们的高度关注。

3. 内燃机汽车

1860年，法国工程师雷诺尔（Lenoir）发明了一种二冲程煤气发动机，并申请了专利。在雷诺尔的煤气机中成功使用了活塞、气缸和曲柄连杆机构。在活塞下行时吸入可燃混合气，当活塞下行到中间位置时，关闭进气阀并点燃混合气，燃气膨胀做功，推动活塞下行，在活塞上行时排出废气，由于没有压缩过程，进气量少，散热量多，热效率很低（只有3%~4%）。雷诺尔煤气机的燃料是在机器内部（气缸里）燃烧的，因此称为内燃机。

1866年，德国工程师尼古拉斯·奥托（Nikolaus Otto）在研究煤气机时认识到压缩行程的重要性，提出了四冲程内燃机工作循环理论（称为奥托循环理论），并据此理论发明了四冲程煤气内燃机。奥托发明的煤气内燃机的功率为2.9kW，压缩比为2.5，热效率提高到12%~14%，并于1877年申请了专利。奥托的理论和实践奠定了现代内燃机的基础，从此，人们的注意力转向了四冲程内燃机的研制。奥托被誉为现代内燃机的鼻祖。图1-9所示为奥托与奥托发明的四冲程内燃机。

图1-9 奥托与奥托发明的四冲程内燃机

1879年，德国人卡尔·本茨（Karl Benz）研制的利用火花塞点火的煤气内燃机取得成功，随后他又将煤气内燃机改进为汽油内燃机（简称汽油机），申请并获得了发明专利。

1890年，德国人鲁道夫·狄赛尔（Rudolf Diesel）提出了压缩空气带燃油喷射后着火自燃的概念，并在1892年申请了专利，于1893年制造出了压燃式柴油内燃机（简称柴油机）样机。该样机的热效率达到了26%，大大高于同时期的其他热力机。图1-10所示为狄

图1-10 狄赛尔与狄赛尔发明的四冲程柴油机

赛尔与狄赛尔发明的四冲程柴油机。

内燃机的出现，是汽车发展史中的一个崭新起点，使人类进入了一个新的技术时代。通常所说的汽车都是指搭载内燃机（汽油机或柴油机）作为动力的汽车，也就是所谓的现代汽车。

1886年，卡尔·本茨为他在1885年制造的装有单缸汽油机的三轮车申请了发明专利，1886年1月获得批准，如图1-11所示。同年，德国人戈特利布·戴姆勒（Gottlieb Daimler）与威尔海姆·迈巴赫（Wilhelm Magbach）制造了一辆由汽油机驱动的四轮汽车，如图1-12所示。

图1-11　卡尔·本茨发明的三轮汽车

图1-12　戴姆勒和迈巴赫发明的四轮汽车

内燃机汽车诞生的初期，仅仅具备了汽车最基本的自动行驶功能，其结构很不完善，性能极不稳定，操纵起来也很费力，曾逊色于蒸汽机汽车和电动汽车。

20世纪上半叶，石油工业的发展为汽车提供了充足的燃料，热力学、燃烧学理论和机械制造技术的进步使内燃机汽车技术取得了突飞猛进的发展。从20世纪初到20世纪50年代，内燃机汽车的性能得到空前的提高。如代表汽车综合性能的最高车速，1902年的世界纪录是120.79km/h，而在1947年美国举行的汽车赛中，创下了634.39km/h的世界纪录。

二、汽车工业的发展概况

1. 国外汽车工业的发展

19世纪末到20世纪初，欧美一些主要资本主义国家相继完成了工业革命。随着生产力的大幅度提高，要求交通运输工具也要有相应的发展。石油工业和机械工业的发展已能提供足够的燃料和先进的加工设备。因此，继德国人卡尔·本茨和戈特利布·戴姆勒分别于1886年先后成功发明世界上第一辆三轮内燃机汽车和第一辆四轮内燃机汽车以后，法国于1890年、美国于1893年、英国于1896年、日本于1907年、苏联于1910年，相继制造出了汽车，使世界汽车工业有了日新月异的变化。

世界主要汽车公司创建时间见表1-1。

表1-1　世界主要汽车公司创建时间

公司	国家	创建时间/年	公司	国家	创建时间/年
奔驰	德国	1886	克莱斯勒	美国	1925
戴姆勒	德国	1890	沃尔沃	瑞典	1927
标致	法国	1896	法拉利	意大利	1929

(续)

公司	国家	创建时间/年	公司	国家	创建时间/年
雷诺	法国	1899	保时捷	德国	1930
菲亚特	意大利	1899	日产	日本	1933
奥迪	德国	1910	大众	德国	1937
福特	美国	1903	丰田	日本	1937
劳斯莱斯	英国	1906	起亚	韩国	1944
通用	美国	1908	本田	日本	1946
宝马	德国	1916	一汽	中国	1956
雪铁龙	法国	1919	现代	韩国	1967
马自达	日本	1920	二汽	中国	1969

1908年，美国福特汽车公司推出了著名的T型车，并于1913年在汽车行业率先采用流水线大批量生产，使这种车型的产量迅速上升同时成本大幅下降，20年间T型车共生产了1500多万辆。美国通用汽车公司实行"专业化"生产模式，并于1927年超过福特汽车公司，成为世界上产量最大的汽车公司。汽车虽然诞生在欧洲，但从20世纪初至20世纪70年代的几十年间，美国的汽车产量一直遥遥领先。

日本汽车工业在第二次世界大战前规模较小，但在20世纪六七十年代，依靠引进国外的先进技术和科学的经营管理方法，使汽车工业迅猛发展，后来居上，汽车年产量先后超过意大利、英国、法国、德国等一些老牌的汽车工业国，并曾于1980—1993年期间，超过美国而跃居世界第一位。

与此同时，在一些新兴工业国家和发展中国家，由于人民生活水平的提高，致使汽车需求量迅速增长。但由于工业基础薄弱和缺乏自主开发能力，这些国家往往利用优惠政策吸引外资，引进先进的技术和装备，进口全拆散或半拆散零件装车，逐步提高零件的国产化率，以此模式发展自己国家的汽车工业。韩国和西班牙的汽车工业就是采取这种模式成功发展起来的，在逐步增强自主开发能力之后，其汽车产品已开始打入国际市场参与竞争。此外，巴西、我国和墨西哥也采取这种模式使汽车工业得到了飞速发展。

汽车工业发展的初期，曾有过百家争鸣的纷乱局面，经过激烈的竞争、优胜劣汰和兼并改组，逐渐趋于集中垄断。美国、日本、法国等发达国家发展汽车工业的特点是资本集中垄断，利用高科技优势进行自主开发，采取大批量和规模经济的生产方式。例如，美国的通用、福特、克莱斯勒三家汽车公司垄断了美国90%以上的汽车生产；世界上10家主要的汽车公司垄断了全球80%左右的汽车生产。10余年来，许多发达国家的汽车保有量和需求量已渐趋饱和，汽车工业在20世纪五六十年代迅速发展的势头已减缓，企业之间竞争激烈，有些企业生产不景气，严重亏损，导致股权转让和兼并改组。各大汽车公司为了在激烈的竞争中生存，一方面采取频繁更换车型增强竞争力的手段，采取"动态报废"方法刺激购买力；另一方面采取将产品输出变为资本输出的对策，寻求多样化的合作方式，实现跨国经营，进行合资入股、渗透兼并，使汽车生产渐趋国际化。

目前，全世界汽车年产量约为9000万辆，总保有量超过了10亿辆，其中轿车占近80%。世界平均每千人汽车拥有量约为140辆，美国千人汽车拥有量约为800辆，居首位，我国约为 90 辆。2022 年世界汽车年产量前 10 名的国家见表 1-2。2022 年世界汽车年销量前 10 名的汽车公司见表 1-3。

表 1-2　2022 年世界汽车年产量前 10 名国家

名次	国家	年产量/万辆	名次	国家	年产量/万辆
1	中国	2702.1	6	德国	367.8
2	美国	1006.0	7	墨西哥	350.9
3	日本	783.6	8	巴西	237.0
4	印度	545.7	9	西班牙	221.9
5	韩国	375.7	10	泰国	188.4

表 1-3　2022 年世界汽车年销量前 10 名的汽车公司

名次	汽车公司	年销量/万辆	名次	汽车公司	年销量/万辆
1	丰田	1080	6	通用	410
2	大众	903	7	福特	390
3	现代	723	8	本田	381
4	Stellantis	680	9	日产	335
5	比亚迪	427	10	吉利	334

注：Stellantis（斯特兰蒂斯集团）是一家由 PSA（标致雪铁龙集团）和 FCA（菲亚特克莱斯勒集团）以 50∶50 股比合并而来的汽车制造商，Stellantis 集团成立于 2021 年 1 月。

2. 我国汽车工业的发展

在新中国成立前，我国没有自己的汽车工业。新中国成立后，汽车工业实现从无到有的发展，至 2009 年，我国汽车产量已经位居世界第一。我国汽车工业发展总体经历了以下三个阶段：

（1）汽车工业创建成长阶段（1953—1981 年）　在计划经济指导下，国家集中资金，创建了第一和第二汽车制造厂，奠定了我国的汽车工业基础。第一汽车制造厂于 1953 年 7 月在长春破土动工，1956 年 7 月生产出第一辆解放牌载货汽车，结束了我国不能生产汽车的历史。1958 年 5 月生产出第一辆红旗牌轿车。第二汽车制造厂于 1967 年 4 月动工兴建，1975 年 7 月投产，主要生产东风牌载货汽车。在这个历史时期，由于"大跃进"和"文化大革命"运动的影响，先后形成了两次"汽车热"，全国各省市自治区都办起了汽车厂，全国汽车企业达 2000 余家，除部分基础较好的汽车厂外，大多数汽车厂产品重复、"小而全"、质量差。产品类型主要是中型载货汽车，出现"缺重少轻，轿车基本空白"的局面。至 1981 年，我国汽车年产量才达 17.6 万辆。

（2）汽车工业改革开放阶段（1982—1993 年）　1982 年，中国汽车工业公司再次成立。1985 年，中央在"七五"规划中，把汽车工业列为国家支柱产业。1987 年，我国政府确定了重点发展轿车工业的战略决策。在国家一系列正确方针的指引下，汽车工业一方面进行内部结构调整，产品改型换代；另一方面积极进行改革开放，1984 年，我国汽车行业第一个合资企业——北京吉普汽车有限公司成立（与美国克莱斯勒公司合资）。其后，长安机器厂与日本铃木、南京汽车公司与意大利菲亚特、上海汽车集团与德国大众、广州汽车厂与法国标致、天津汽车公司与日本大发、一汽与德国大众、二汽与法国雪铁龙等纷纷进行合作和合资。至 1993 年年底，我国汽车年产量达 129.7 万辆，跃居世界第 12 位。

（3）汽车工业快速发展期（1994年至今） 1994年，国务院颁布《汽车工业产业政策》，提出"增强企业开发能力，提高产品质量和技术装备水平，促进产业组织的合理化，实现规模经济，到2010年成为国民经济的支柱产业"的奋斗目标。这个时期，我国改革开放进一步深入，各个主要汽车集团公司都与国外大汽车公司"联姻"。国内汽车企业进一步改组兼并，形成了以一汽、东风、上汽为首的三大汽车集团，以及广州本田、重庆长安、安徽奇瑞、沈阳华晨、南京菲亚特、浙江吉利等独立骨干轿车企业。汽车产量快速增长，从1950年到1992年的40多年时间内，汽车年产量从0增长到100万辆；从100万辆到200万辆用了8年时间；从200万辆到300万辆只用了2年时间；从300万辆到400万辆只用了1年时间，汽车工业正突飞猛进地发展。我国历年汽车产量统计见表1-4。

表1-4 我国历年汽车产量统计

年份	产量/万辆	年份	产量/万辆	年份	产量/万辆	年份	产量/万辆
2022	2702.1	2015	2450.3	2008	934.5	2001	234.2
2021	2625.7	2014	2372.5	2007	888.2	2000	206.8
2020	2532.5	2013	2212.0	2006	728.0	1990	50.92
2019	2572.1	2012	1927.2	2005	570.7	1980	22.23
2018	2780.9	2011	1841.9	2004	507.1	1970	8.72
2017	2901.5	2010	1826.5	2003	444.3	1960	2.26
2016	2811.9	2009	1379.1	2002	325.4	1956	0.16

如今，我国汽车产量已经位居世界第一，遥遥领先于汽车产量位居世界第二的美国。但是，我国汽车的品牌多来自国外，自主开发能力较弱，亟待改进，以使我国从一个汽车大国变为汽车强国。

第二节　汽车总体构造

一、汽车的基本组成

汽车是由成千上万个零件所组成的结构复杂的交通工具。根据其动力装置、使用条件等不同，汽车的具体构造可以有很大的差别，但总体结构通常由发动机、底盘、车身以及电器与电子设备四大部分组成。典型轿车的总体构造如图1-13所示。

1. 发动机

发动机是利用输送进来的燃料燃烧而发出动力的部件，是汽车的动力装置。在现代汽车上广泛应用的发动机是往复活塞式汽油或柴油内燃机，它们通常由曲柄连杆机构、配气机构、供给系统、冷却系统、润滑系统、点火系统和起动系统组成。

2. 底盘

底盘是接受发动机的动力，使汽车运动并按驾驶人的操纵正常行驶的部件。它是汽车的基体，发动机、车身、电器与电子设备以及各种附属设备都直接或间接地安装在底盘上。底盘主要由传动系统、行驶系统、转向系统和制动系统四大部分组成。

3. 车身

车身是驾驶人工作的场所，也是装载乘客和货物的部件。它有承载式车身和非承载式车

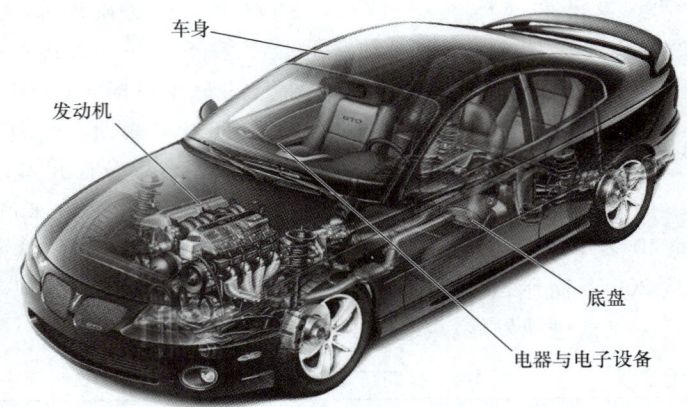

图 1-13 典型轿车的总体构造

身之分。车身主要包括发动机罩、车身本体,还包括货车的驾驶室和货箱以及某些汽车上的特种作业设备。

4. 电器与电子设备

电器与电子设备由电源和用电设备组成,包括发电机、蓄电池、起动系统、点火系统以及汽车的照明装置、信号装置和仪表等。此外,在现代汽车上越来越多地装用各种电子设备,如微处理器、中央计算机系统及各种电控装置等,显著地提高了汽车的使用性能。

二、汽车传动系统的布置

汽车传动系统的布置形式主要与发动机的位置及汽车的驱动形式有关,常见的布置形式有五种。

1. 发动机前置后轮驱动

发动机前置后轮驱动(Front-Engine Rear-Drive,FR)的布置形式如图 1-14 所示。发动机安置在汽车前部,后轮为驱动轮。发动机发出的动力经过离合器、变速器和传动轴等传动装置传到后驱动轮。这种布置形式目前广泛用在普通载货汽车上,因为载货汽车装载后重心偏向后轮,采用后轮驱动的附着力大,易获得足够的牵引力。

图 1-14 发动机前置后轮驱动的布置形式

2. 发动机前置前轮驱动

发动机前置前轮驱动(Front-Engine Front-Drive,FF)的布置形式如图 1-15 所示。发动机安置在汽车前部，前轮为驱动轮。由于取消了纵贯前后的传动轴，车身底板高度可以降低，有助于提高汽车高速行驶时的稳定性。整个传动系统集中在汽车前部，因而其传动装置比较简单。这种布置形式目前已在微型和普及型轿车上广泛应用，在中、高级轿车上的应用也日渐增多。

图 1-15　发动机前置前轮驱动的布置形式

3. 发动机后置后轮驱动

发动机后置后轮驱动（Rear-Engine Rear-Drive，RR）的布置形式如图 1-16 所示。将发动机安置在汽车后部，后轮为驱动轮。这种布置形式多用在大型客车上。大型客车采用这种布置形式更容易做到汽车总质量在前后车轴之间的合理分配。这种布置形式具有室内噪声小、空间利用率高等优点。但是，在此情况下，发动机冷却条件较差，发动机、变速器、离合器的操纵机构都较复杂。

图 1-16　发动机后置后轮驱动的布置形式

4. 发动机中置后轮驱动

发动机中置后轮驱动（Middle-Engine Rear-Drive，MR）的布置形式如图 1-17 所示。将发动机安置在驾驶室后面的汽车中部，后轮为驱动轮。这种布置形式有利于实现前、后轴较为理想的轴载分配，是赛车和部分大、中型客车采用的布置形式。

5. 发动机前置四轮驱动

发动机前置四轮驱动（4-Wheel Drive，4WD）的布置形式如图 1-18 所示。为了充分利用所有车轮与地面之间的附着条件以获得尽可能大的牵引力，越野汽车采用四轮驱动。为了将发动机传给变速器的动力分配给前、后两驱动桥，在变速器后增设了分动器。

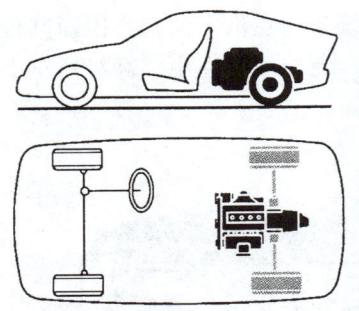

图 1-17　发动机中置后轮驱动的布置形式

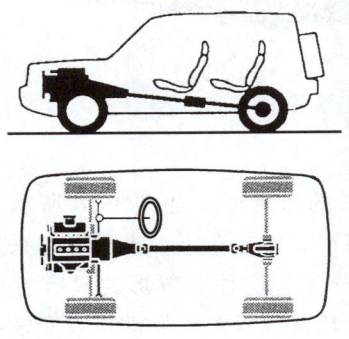

图 1-18　发动机前置四轮驱动的布置形式

第三节　汽车分类

一、依据 GB/T 3730.1—2022《汽车、挂车及汽车列车的术语和定义　第 1 部分：类型》分类

GB/T 3730.1—2022《汽车、挂车及汽车列车的术语和定义　第 1 部分：类型》给出了各种车辆的术语和定义，下面仅介绍汽车的术语和定义。汽车主要用于载运人员和/或载运货物（物品），分为乘用车、客车、载货汽车、专用汽车。

1. 乘用车

设计、制造和技术特性上主要用于载运乘客及其随身行李和/或临时物品，包括驾驶员座位在内最多不超过 9 个座位的汽车。按使用特性乘用车分为轿车、运动型乘用车、越野乘用车、多用途乘用车、专用乘用车。

2. 客车

设计、制造和技术特性上用于载运乘客及其随身行李，包括驾驶员座位在内的座位数超过 9 个的汽车。客车分为公路客车、长途客车、旅游客车、团体客车、城间客车、城市客车、专用客车、铰接客车、双层客车、轻型客车、无轨电车、越野客车。

3. 载货汽车

设计、制造和技术特性上主要用于载运货物和/或牵引挂车的汽车，也包括装备一定的专用设备或器具但以载运货物为主要目的,且不属于专项作业车、专门用途汽车的汽车。载货汽车分为普通货车、侧帘式货车、封闭式货车、多用途货车、皮卡车、越野货车、半挂牵引车、牵引货车、专用货车。

4. 专用汽车

设计、制造和技术特性上,用于载运特定人员、运输特殊货物(包括载货部位为特殊结构),或装备有专用装置用于工程专项(包括卫生医疗)作业或专门用途的汽车。专用汽车包含专用乘用车、专用客车、专用货车、专项作业车、专门用途汽车。

二、依据 GB/T 15089—2001《机动车辆及挂车分类》分类

GB/T 15089—2001《机动车辆及挂车分类》按乘客座位数及汽车总质量对汽车进行分类,将汽车分为 M 类、N 类、O 类、L 类和 G 类。

1. M 类

M 类汽车是至少有 4 个车轮且用于载客的机动车辆,可分为 M_1 类、M_2 类和 M_3 类。

1)M_1 类。包括驾驶人座位在内,座位数不超过 9 座的载客车辆。

2)M_2 类。包括驾驶人座位在内,座位数超过 9 个,且最大设计总质量不超过 5000kg 的载客车辆。

3)M_3 类。包括驾驶人座位在内,座位数超过 9 个,且最大设计总质量超过 5000kg 的载客车辆。

2. N 类

N 类汽车是至少有 4 个车轮且用于载货的机动车辆,可分为 N_1 类、N_2 类和 N_3 类。

1)N_1 类。最大设计总质量不超过 3500kg 的载货车辆。

2)N_2 类。最大设计总质量超过 3500kg,但不超过 12000kg 的载货车辆。

3)N_3 类。最大设计总质量超过 12000kg 的载货车辆。

另外,还有 O 类、L 类和 G 类。O 类为挂车(包括半挂车),L 类为两轮或三轮机动车辆,G 类为越野车,本书略去不述。

汽车还可按动力装置的不同分为内燃机汽车、电动汽车和混合动力汽车;按行驶道路条件的不同分为公路用车和非公路用车。此外,汽车也可按驱动轮的数量、发动机在汽车中的位置等进行分类。

第四节 汽车行驶基本原理

要使汽车行驶,必须具备两个基本行驶条件:驱动条件和附着条件。

一、驱动条件

汽车必须具有足够的驱动力,以克服各种行驶阻力,才能够正常行驶。

汽车的驱动力来自发动机。驱动力的产生原理如图 1-19 所示。发动机发出的功率经过汽车传动系统施加给驱动车轮的转矩为 M_t,力图使驱动车轮旋转。在 M_t 的作用下,驱动车轮与路面接触处对地面施加一个作用力 F_0,其方向与汽车行驶方向相反,其数值为 M_t 与车轮滚动半径 r 之比,即

$$F_0 = M_t/r \tag{1-1}$$

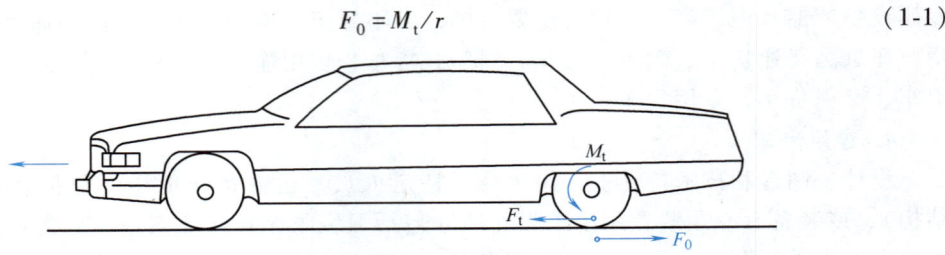

图 1-19 驱动力产生原理示意图

与此同时,地面对车轮施加一个与 F_0 大小相等、方向相反的反作用力 F_t,这就是使汽车行驶的驱动力。图中把 F_0 与 F_t 绘在不同的物体上,其实它们应在同一直线上。

汽车的行驶总阻力 $\sum F$ 包括滚动阻力 F_f、空气阻力 F_w 和上坡阻力 F_i,即

$$\sum F = F_f + F_w + F_i \tag{1-2}$$

滚动阻力 F_f 是由于车轮滚动时轮胎与路面在两者的接触区域发生变形而产生的,它与汽车的总质量、轮胎的结构与气压以及路面的性质有关;空气阻力 F_w 是由于汽车行驶时与其周围的空气相互作用而产生的,它与汽车的形状、汽车的正面投影面积有关,且与汽车与空气相对速度的平方成正比;上坡阻力 F_i 是汽车重力沿坡道向下的分力。

汽车行驶的过程是驱动力克服各种阻力的变化过程。当 $F_t = \sum F$ 时,汽车匀速行驶;当 $F_t > \sum F$ 时,汽车加速,同时空气阻力也随车速的增大而增大,在某个较高车速处达到新的平衡后匀速行驶;当 $F_t < \sum F$ 时,汽车减速直至停驶。

二、附着条件

汽车能否充分发挥其驱动力,还受到车轮与路面之间附着作用的限制。在平整的干硬路面上,汽车附着性能的好坏取决于轮胎与路面间摩擦力的大小。这个摩擦力阻止车轮在地面上的滑动,使车轮能够正常地向前滚动并承受路面的驱动力。如果驱动力大于轮胎与路面间的摩擦力时,车轮与路面之间就会发生滑转。在松软的路面上,除了轮胎与路面间的摩擦力阻止车轮滑转外,嵌入轮胎花纹凹处的软路面凸起部分还起一定的抗滑作用。通常把车轮与路面之间的相互摩擦以及轮胎花纹与路面凸起部分的相互作用综合在一起,称为附着作用。

由附着作用所决定的阻碍车轮滑转的最大力称为附着力,用 F_φ 表示。附着力的大小与车轮所承受的垂直于路面的法向力 G(附着重力)成正比,即

$$F_\varphi = G\varphi \tag{1-3}$$

式中,G 为附着重力,即汽车总重力分配到驱动轮上的那部分力;φ 为附着系数,其值与轮胎的类型及路面的性质有关,一般由试验确定。例如,良好的混凝土和沥青路面,干燥时 φ 为 0.7~0.8,潮湿时 φ 为 0.5~0.6;土路干燥时 φ 为 0.5~0.6,潮湿时 φ 为 0.2~0.4。

由此可知,附着力是汽车所能发挥驱动力的极限,汽车行驶的附着条件为

$$F_t \leq F_\varphi \tag{1-4}$$

在冰雪或泥泞路面上,由于附着力很小,汽车的驱动力受到附着力的限制而不能克服较大的阻力,导致汽车减速甚至不能前进。即使增加节气门开度,或将变速器换入低档,车轮也只会在地面上滑转而驱动力仍不能增大。为了增加车轮在冰雪路面上的附着力,可采用特殊花纹的轮胎、镶钉轮胎或在普通轮胎上绕装防滑链(见图 1-20),以提高其对冰雪路面的

抓着能力。非全轮驱动汽车的附着重力仅为分配到驱动轮上的那部分汽车总重力;而全轮驱动汽车的附着重力则是全车的总重力,因而其附着力较前者显著增大。

图 1-20　镶钉轮胎与轮胎防滑链

第五节　汽车特征参数与性能指标

一、汽车的主要特征参数

1. 质量参数

(1) 整备质量　汽车完全装备好(但不包括货物、驾驶人及乘客)的质量。除了包括发动机、底盘和车身外,还包括燃料、润滑油、冷却水、随车工具和备用轮胎等的质量。

(2) 装载质量　载货汽车在硬实、良好的路面上行驶时所允许的最大额定装载质量。客车和轿车的装载质量一般以乘坐人数表示,其额定载客人数即为车上的额定座位数。

(3) 总质量　汽车在满载时的总质量,即汽车整备质量与装载质量之和。

2. 尺寸参数

汽车的主要尺寸参数有轴距、轮距、车长、车宽、车高、前悬、后悬、接近角 γ_1、离去角 γ_2 和最小离地间隙等(见图 1-21)。

(1) 轴距　轴距指车轴之间的距离。对于双轴汽车,轴距是指前、后轴之间的距离;对于三轴汽车,轴距是指前轴至中轴与后轴中点的距离。

汽车轴距短,汽车总长就短,质量就小,最小转弯半径和纵向通过半径也小,机动灵活。但是,轴距过短会导致车厢长度不足或后悬过长,汽车行驶时纵向振动过大,汽车加速、制动或上坡时轴荷转移过大而导致其制动性和操纵稳定性变坏。

(2) 轮距　轮距指同一车轴左右轮胎胎面中心线间的距离。汽车轮距对总宽、总质量、横向稳定性和机动性都有较大影响。轮距越大,则悬架的宽度越大,汽车的横向稳定性越好。但轮距过大会使汽车的总宽和总质量过大。

(3) 汽车的外廓尺寸　汽车的外廓尺寸指车长、车宽和车高。各国对公路运输车辆的外廓尺寸都有法规限制,以便使其适应该国的公路、桥梁、涵洞和铁路运输的有关标准。我国对公路车辆的限制尺寸是:总高不大于 4m;总宽(不包括后视镜)不大于 2.5m,左、右后视镜等凸出部分的侧向尺寸总共不大于 250mm;总长对于载货汽车及越野汽车不大于 12m,牵引汽车带半挂车不大于 16m,汽车拖带挂车不大于 20m,挂车不大于 8m,大客车不

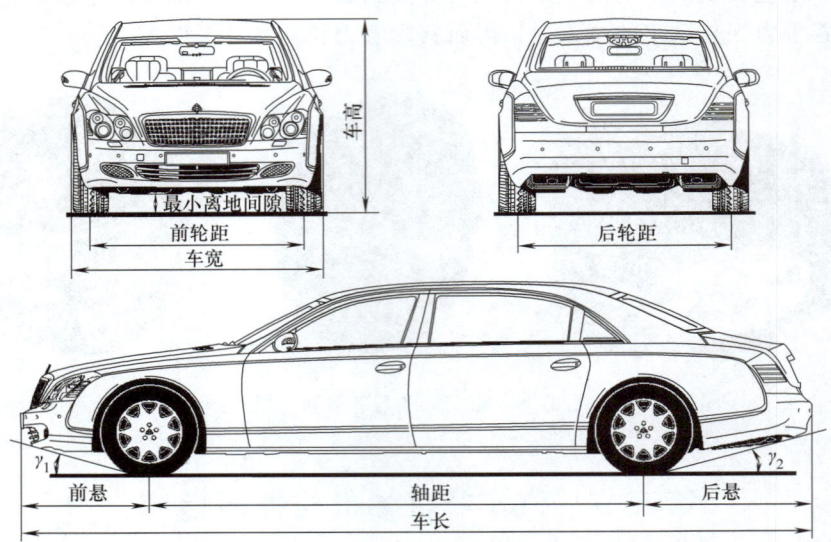

图 1-21 汽车的主要尺寸参数

大于 12m，铰接式大客车不大于 18m。

（4）**汽车的前悬和接近角** 汽车的前悬是指汽车前端至前轮中心的悬置部分。接近角是指汽车前端凸出点向前轮引切线与地面的夹角（图 1-21 中 γ_1 角）。前悬不宜过长，以免使汽车的接近角过小而影响通过性。

（5）**汽车的后悬和离去角** 汽车的后悬是指汽车后端至汽车后轮中心的悬置部分。离去角是指汽车后端凸出点向后轮引切线与地面的夹角（图 1-21 中 γ_2 角）。后悬不宜过长，以免使汽车的离去角过小而引起上、下坡时刮地，同时转弯也不灵活。

（6）**最小离地间隙** 最小离地间隙是指车体最低点与地面的距离。最小离地间隙必须确保汽车在崎岖道路、上下坡行驶时的通过性，即保证不刮底。但最小离地间隙大也意味着重心高，影响操控性。

二、汽车的主要性能指标

汽车的性能是指汽车满足使用要求的程度，也是衡量汽车好坏的重要指标。**通常用来评定汽车性能的指标有：动力性、燃油经济性、制动性、操控稳定性、行驶平顺性和通过性等。**

1. 动力性

汽车的动力性是汽车各种性能中最基本、最重要的性能，主要用以下三方面的指标来评定：

（1）**汽车的最高车速** 最高车速是指在水平良好的路面上汽车能达到的最高行驶车速。此时，发动机的节气门全开，变速器应挂入最高档。

（2）**汽车的加速时间** 加速时间表示汽车的加速能力，常用原地起步加速时间和超车加速时间来表明汽车的加速能力。

原地起步加速时间是指汽车由 1 档或 2 档起步，并以最大的加速强度（包括选择恰当的换档时机）逐步换至最高档后达到某一预定的距离或车速所需的时间。一般常用 0~1/4mile（1mile＝1609.344m）或 0~400m 的时间（s）来表示汽车原地起步加速时间；也有用 0~60mile/h 或 0~100km/h 所需时间来表示加速时间。图 1-22 所示为几种轿车的原地起步加速过程曲线。

超车加速时间是指用最高档或次高档由某一较低车速全力加速至某一高速所需的时间。因为超车时汽车与被超汽车并行，容易发生安全事故，所以超车加速能力强，并行距离短，行驶就安全。

（3）汽车的爬坡能力　汽车的爬坡能力用满载时汽车在良好路面上以 1 档行驶时的最大爬坡度 i_{max} 表示（如果汽车能爬上角度为 θ 的坡，则 $i_{max}=\tan\theta\times100\%$）。轿车经常在较好的路面上行驶，因此一般不强调它的爬坡能力。而载货汽车经常要在各种道路上行驶，所以必须具备足够的爬坡能力，一般 i_{max} 在 30%（约为 16.7°）左右。越野汽车要在坏路或无路条件下行驶，因而爬坡能力是一个很重要的指标，它的最大爬坡度可达 60%（约为 30°）左右或更高。

2. 燃油经济性

汽车以尽可能少的燃油消耗量经济行驶的能力，称为汽车的燃油经济性。汽车的燃油经济性常用一定运行工况下汽车行驶百公里的燃油消耗量或一定燃油量汽车行驶的里程来衡量。在我国及欧洲，燃油经济性指标的单位为 L/100km，即行驶 100km 所消耗的燃油体积（L）数，该数值越大，汽车燃油经济性越差。美国为 MPG［mile/gal（1gal＝3.785L）］，这个数值越大，汽车燃油经济性越好。

等速行驶百公里燃油消耗量是常用的一种评价指标，指汽车在一定载荷（我国标准规定轿车为半载、载货汽车为满载）下，以最高档在水平良好路面上等速行驶 100km 的燃油消耗量。常测出每隔 10km/h 或 20km/h 速度间隔的等速百公里燃油消耗量，然后在图上连成曲线，称为等速百公里燃油消耗量曲线。图 1-23 所示为某汽车在不同车速下测得的等速百公里燃油消耗量曲线。

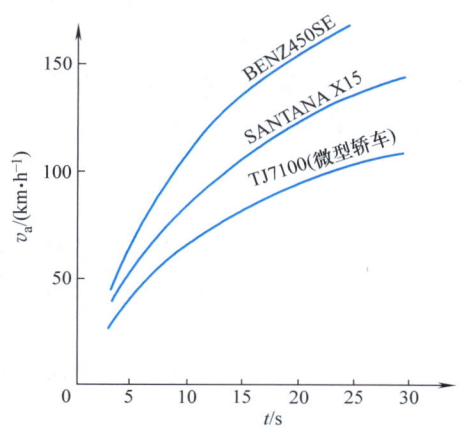

图 1-22　几种轿车的原地起步加速过程曲线

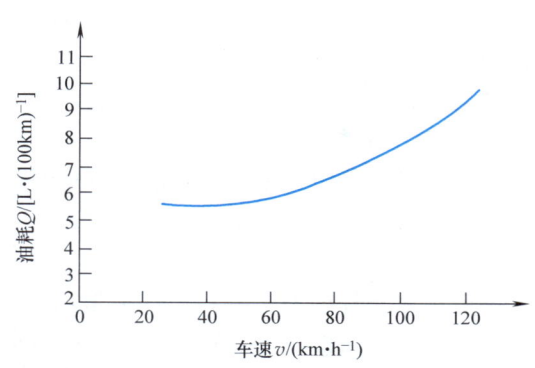

图 1-23　等速百公里燃油消耗量曲线

等速行驶工况并没有全面反映汽车的实际运行情况，特别是在市区行驶中频繁出现的加速、减速、急速以及停车等行驶工况。因此，在对实际行驶车辆进行跟踪测试统计的基础上,各国都制定了一些典型的循环行驶试验工况来模拟实际汽车运行状况,并以百公里燃油消耗量(或 MPG)来评定相应行驶工况的燃油经济性。

3. 制动性

汽车行驶时能在短距离内减速停车且维持行驶方向的稳定性,在下长坡时能维持一定车速的能力,以及在一定坡道上能长时间停车不动的驻车性能,称为汽车的制动性。

汽车的制动性主要由下列三个方面的性能来评价:

(1) 制动效能 制动效能是指在良好路面上,汽车以一定初速度制动到停车的制动距离或制动时汽车的减速度,它是制动性能最基本的评价指标。图 1-24 所示为普通小车类不同速度制动的停车距离。

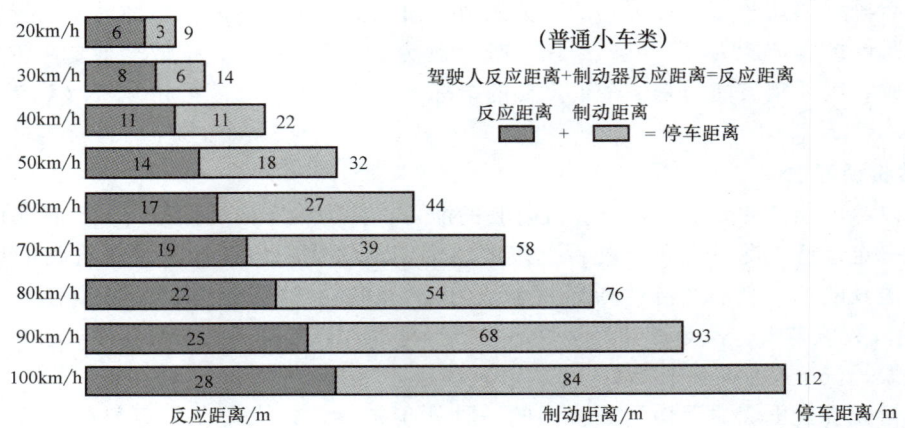

图 1-24 普通小车类不同速度制动的停车距离

(2) 制动效能的恒定性 制动效能的恒定性主要指抗热衰退性,即汽车高速行驶制动时或下长坡连续制动时制动效能保持的程度。因为制动过程实际上是把汽车行驶的动能以及下坡的势能通过制动器转变为热能,所以制动器温度升高后能否保持在冷态时的制动效能,是制动器的重要性能指标。此外,涉水行驶后,制动器还存在水衰退性问题。

(3) 制动时的方向稳定性 制动时的方向稳定性是指汽车在制动时按照指定轨迹行驶的能力,即制动时汽车不发生跑偏、侧滑以及失去转向能力。若制动时发生跑偏、侧滑或失去转向能力,则汽车将偏离原来的路径,这对行车安全影响极大。

4. 操控稳定性

汽车的操控稳定性是指在驾驶人不感到过分紧张、疲劳的条件下,汽车能遵循驾驶人通过转向系统及转向车轮给定的方向行驶,且当遭遇外界干扰时,汽车能抵抗干扰而保持稳定行驶的能力。

随着道路条件的不断改善,特别是现代高速公路的发展,汽车以 100km/h 或更高车速行驶的情况是常见的,许多轿车设计的最高车速常超过 200km/h。汽车的操控稳定性不仅影响到汽车驾驶的操控方便程度,而且也是决定高速汽车安全行驶的一个主要性能指标。

汽车操控稳定性涉及的问题较为广泛,需要采用较多的物理参量从多方面来进行评价,其中基本且重要的评价指标是汽车的稳态转向特性。稳态转向特性包括不足转向、过度转向以及中性转向三种状况(见图 1-25)。不足转向特性的汽车,在固定转向盘转角的情况下绕圆周加速行驶时，转弯半径会增大；过度转向特性的汽车在同种条件下转弯半径会逐渐减小；中性转向特性的汽车则转弯半径不变。由于具有过度转向特性的汽车在转弯时容易发生剧烈回转，从而导致翻车事故的发生，因此在汽车设计中要避免汽车具有过度转向特性。汽车的转向特性与汽车的前后桥轴荷分配、轮胎和悬架种类以及转向结构形式等有关。易操控的汽车应具有适当的不足转向特性，以防止汽车出现突然甩尾现象。

5. 行驶平顺性

汽车行驶时，由于路面不平以及发动机、传动系统和车轮等旋转部件的运转都会引起汽车的振动。通常，路面不平是汽车振动的基本输入。因此，行驶平顺性主要是指路面不平引起的汽车振动。

汽车行驶平顺性是指汽车在行驶过程中产生的振动和冲击对乘员舒适性的影响应保持在一定限度之内。因此，行驶平顺性主要根据乘员主观感觉的舒适性来评价。由于行驶平顺性主要是根据乘坐的舒适度来评价的，所以它又称为乘坐舒适性。对于载货汽车还包括保持货物完好的性能。

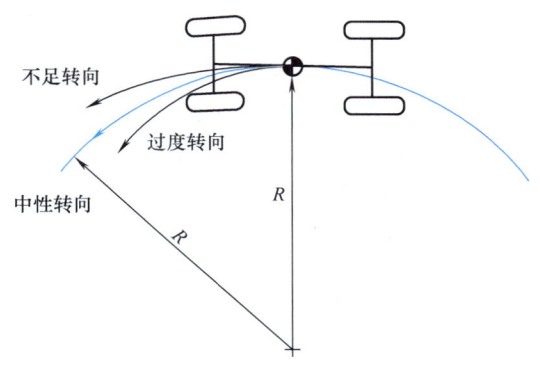

图 1-25　汽车的稳态转向特性

汽车行驶平顺性主要与汽车悬架系统的参数密切相关，即与悬架的刚度、阻尼、车身质量、车轮质量以及车轮刚度有关。改善行驶平顺性主要是使汽车的振动频率按人体对不同频率的感受程度保持在一定界限内。

6. 通过性

汽车的通过性是指汽车能以足够高的平均车速通过各种坏路和无路地带及各种障碍的能力。

汽车的通过性主要取决于地面的物理性质及汽车的结构参数和几何参数。同时，它还与汽车的其他性能，如动力性、平顺性、机动性、稳定性、视野等密切相关。

由于汽车与地面的间隙不足而被地面托住、无法通过的情况，称为间隙失效。当汽车前端或尾部触及地面而不能通过时，则分别称为触头失效或托起失效。

与间隙失效、触头失效以及托起失效有关的汽车整车几何参数，称为汽车的通过性几何参数。例如，最小离地间隙 C、纵向通过半径 ρ_1、横向通过半径 ρ_2、接近角 γ_1、离去角 γ_2 等，如图 1-26 所示。

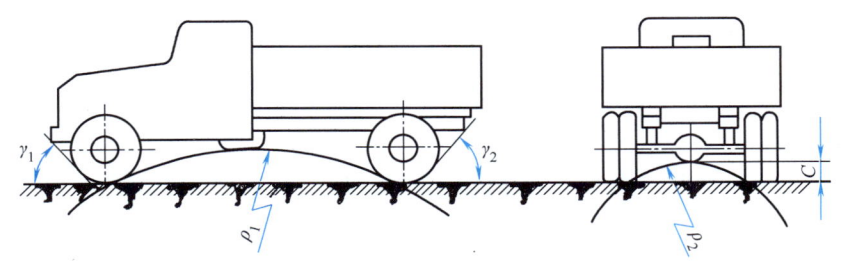

图 1-26　汽车的通过性几何参数

习 题

1-1 19 世纪末到 20 世纪中期，汽车经历了什么样的发展过程？
1-2 我国汽车工业的发展经历了哪三个阶段？
1-3 汽车是由哪几大部分组成的？各部分的作用是什么？
1-4 汽车常见的布置形式有哪几种？各有何特点？
1-5 汽车是如何分类的？
1-6 汽车等速行驶时主要存在哪些阻力？
1-7 什么是附着力？附着力的大小与哪些因素有关？如何增大汽车的附着力？
1-8 汽车的主要特征参数有哪些？
1-9 汽车有哪些主要性能指标？

第二章

汽车发动机

第一节　发动机概述

汽车发动机是将热能转变成机械能的机器，也称为热力发动机。热力发动机根据燃料在机外还是机内燃烧分为外燃机和内燃机两种。蒸汽机是典型的外燃机，其特点是燃料在机器外部的锅炉内燃烧，将锅炉内的水加热而产生高温、高压水蒸气，输送到机器内部转变为机械能。外燃机由于机体庞大、结构复杂，无法用在现代汽车上。内燃机的特点是将燃料直接输入机器内部燃烧而产生热能，并将热能转变成机械能。内燃机具有体积小、重量轻、热效率高等一系列优点，因而广泛应用于飞机、轮船及汽车等各种机械上。

内燃机根据其将热能转变成机械能的工作原理不同，可分为活塞式内燃机和燃气轮机两大类。燃气轮机很少用于汽车上。活塞式内燃机按活塞运动的方式又可分为往复活塞式和旋转活塞式两种。往复活塞式内燃机在汽车上应用最广泛，本书主要介绍往复活塞式内燃机。

根据汽车发动机所用燃料的不同分为汽油发动机（简称汽油机）、柴油发动机（简称柴油机）和其他燃料发动机。汽油机是先将汽油与空气混合成可燃混合气，再进入发动机气缸进行压缩，然后再点火燃烧而做功，这种发动机称为点燃式发动机。柴油机所用燃料是轻柴油。它是通过高压油泵和喷油器将柴油直接喷入发动机气缸，在缸内与压缩后的高温高压空气混合并自行燃烧做功，这种发动机称为压燃式发动机。其他燃料发动机的燃料有甲醇、乙醇、液化石油气和天然气等，也称为代用燃料发动机。

发动机从吸入新鲜空气或可燃混合气，到燃烧做功后排出废气，这一系列连续过程称为一个工作循环。根据每一工作循环中活塞的行程数不同，可将发动机分为四冲程发动机和二冲程发动机两类。凡活塞往复四个单程（或曲轴旋转两转）完成一个工作循环的称为四冲程发动机；活塞往复两个单程（或曲轴旋转一转）完成一个工作循环的称为二冲程发动机。

此外，根据发动机的冷却方式不同，可将发动机分为水冷式发动机和风冷式发动机；根据发动机的气缸数不同，可将发动机分为单缸发动机和多缸发动机等。

一、发动机的构造

发动机是由许多机构和系统组成的复杂机器。虽然发动机的结构形式很多，但是，如果按功能将其零部件分成若干机构和系统，则各种发动机都有大致相同的总体构造。以四冲程汽油机为例，它们都是由两个机构和五个系统组成的，即曲柄连杆机构、配气机构、供给系统、点火系统、冷却系统、润滑系统和起动系统。图2-1所示为四冲程汽油机示意图。

（1）曲柄连杆机构　曲柄连杆机构是将活塞的往复运动转变成曲轴的旋转运动并输出

动力的机构，又是其他系统和零部件的安装基础，是发动机最主要的部分。曲柄连杆机构包括曲轴、连杆、活塞、缸体、缸盖和飞轮等。

（2）配气机构　配气机构的功用是与曲柄连杆机构密切配合，准时打开或关闭进、排气门，将可燃混合气及时充入气缸，并将废气及时排出气缸。配气机构包括正时齿轮、凸轮轴、挺柱、推杆、摇臂、摇臂轴、进气门和排气门等。

（3）供给系统　供给系统的功用是把燃油与空气混合成浓度合适的混合气，通过配气机构进入气缸以供燃烧，并将燃烧生成的废气排出发动机。供给系统包括汽油箱、汽油泵、汽油滤清器、化油器、空气滤清器、进气管、排气管和消声器等。现代汽车普遍采用电控汽油喷射系统取代化油器。

（4）点火系统　点火系统的功用是准确及时地让火花塞产生足够能量的电火花，以点燃气缸中的压缩可燃混合气。传统的点火系统由蓄电池、发电机、分电器、点火线圈和火花塞等组成。现代汽车普遍采用微型计算机控制点火系统。

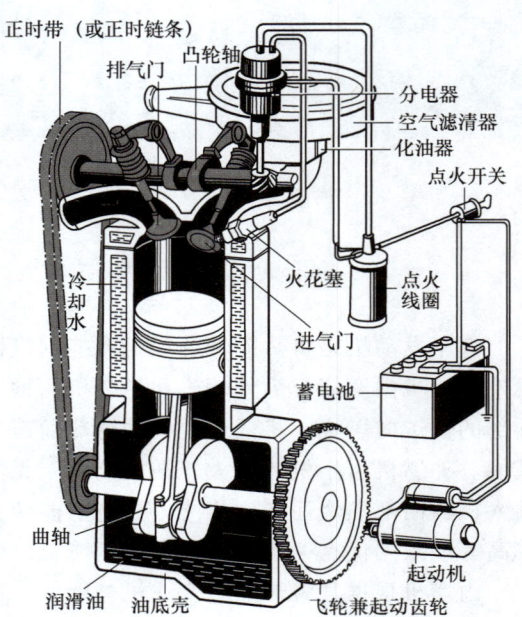

图2-1　四冲程汽油机示意图

（5）冷却系统　冷却系统的功用是把燃烧室和气缸周围的热量带走并散到大气中去，以保持发动机在正常的温度下工作。冷却系统包括水泵、散热器、风扇、节温器以及气缸体、气缸盖内铸出的空腔水套等。

（6）润滑系统　润滑系统的功用是将润滑油用压力输送到具有相对运动的零件表面，以减少它们之间的摩擦，减少零件的磨损。润滑系统主要由机油泵、集滤器、机油滤清器、油底壳和润滑油道等组成。

（7）起动系统　起动系统的功用是使静止的发动机起动并进入正常运转，包括起动机和控制电路。

与汽油机相比，柴油机没有点火系统，其供给系统中装有高压喷油泵和喷油器。在一些现代汽车柴油机中，还装有进气增压和中冷系统，用来增大气缸的充气量，从而提高发动机功率。

二、发动机常用术语

1. 活塞行程与上、下止点

图2-2所示为单缸发动机的示意图。发动机主要由气缸、活塞、连杆、曲轴以及进气门、排气门等构件构成。活塞可以在气缸内上下运动。活塞顶部距离曲轴中心最远处，即活

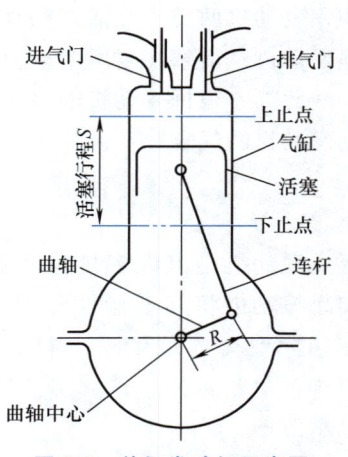

图2-2　单缸发动机示意图

塞最高位置，称为上止点；活塞顶部距离曲轴中心最近处，即活塞最低位置，称为下止点。上、下止点间的距离 S 称为活塞行程，曲轴与连杆下端的连接中心至曲轴中心的距离 R 称为曲柄半径。活塞每走一个行程相应于曲轴转角180°。活塞行程 S 等于曲柄半径 R 的两倍。

2. 气缸容积

活塞在上止点时，活塞顶部以上的容积称为燃烧室容积，用 V_C 表示。活塞从上止点到下止点所扫过的容积称为气缸工作容积或气缸排量，用 V_S 表示。多缸发动机各气缸工作容积的总和称为发动机排量，用 V_L 表示，活塞在下止点时，活塞顶部以上的气缸容积称为气缸总容积，用 V_a 表示，即

$$V_a = V_C + V_S$$

3. 压缩比

如图 2-3 所示，压缩前气缸中气体的最大容积与压缩后的最小容积之比，即气缸总容积与燃烧室容积之比称为压缩比，用 ε 表示，即

$$\varepsilon = V_a / V_C$$

压缩比 ε 表示气缸内气体被压缩的程度。现代汽车发动机的压缩比，汽油机一般为6~9（轿车有的可达9~12），柴油机一般为16~22。压缩比越大，发动机的燃烧效率越高。由于汽油机压缩的是可燃混合气，为了避免爆燃⊖，压缩比不宜过大。

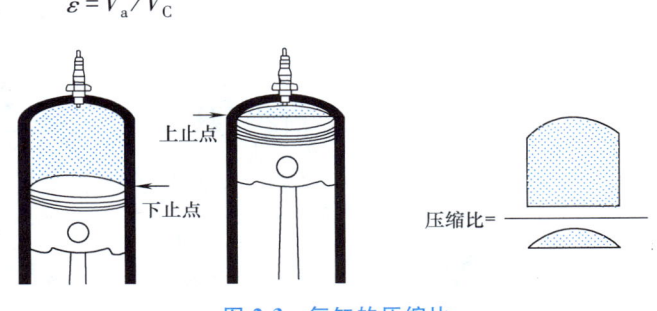

图 2-3 气缸的压缩比

三、发动机工作原理

汽车发动机所用的燃料主要是汽油和柴油，两者都是从石油中提炼出来的。将石油加热，温度在 40~200℃ 范围内蒸发出来的轻馏分蒸气冷凝后即成为汽油，汽油的密度低、黏度小、挥发性高；温度在 200~350℃ 范围内蒸发出来的馏分蒸气冷凝后得到的是柴油，柴油的密度高、黏度大、挥发性低。

由于汽油与柴油特性的不同，使得汽油机与柴油机的工作原理也不相同。下面分别介绍四冲程汽油机和四冲程柴油机的工作原理。

1. 四冲程汽油机工作原理

四冲程汽油机的每个工作循环包括四个活塞行程，分别是进气行程、压缩行程、做功行程和排气行程。其工作原理如图 2-4 所示。

（1）进气行程（见图 2-4a） 在进气行程中，进气门打开，排气门关闭，转动的曲轴带动活塞从上止点向下止点运动（曲轴旋转180°），缸内容积增大、压力降低而形成真空，将汽油与空气所形成的可燃混合气吸入气缸。

⊖ 在汽油机的压缩行程中，若可燃混合气的温度超过汽油的自燃温度，混合气就会自燃，这种现象称为爆燃，爆燃使发动机不能正常工作，功率下降，发出尖锐噪声，甚至损坏发动机。

（2）压缩行程（见图2-4b）随着曲轴转动，活塞由下止点向上止点运动（曲轴旋转180°）。在此行程中，进、排气门均关闭，活塞压缩缸内的可燃混合气，使其温度和压力同时升高。

（3）做功行程（见图2-4c）在此行程中，进、排气门均保持关闭。当活塞接近上止点时，火花塞产生电火花点燃缸内混合气。混合气燃烧放出大量热能，缸内压力和温度急剧上升。高温高压气体推动活塞向下止点运动（曲轴旋转180°），通过连杆使曲轴旋转，产生转矩对外做功。

（4）排气行程（见图2-4d）在曲轴飞轮系统惯性力的作用下，活塞从下止点向上止点运动（曲轴旋转180°）。此时进气门关闭，排气门开启，混合气燃烧后形成的废气被活塞挤出气缸。

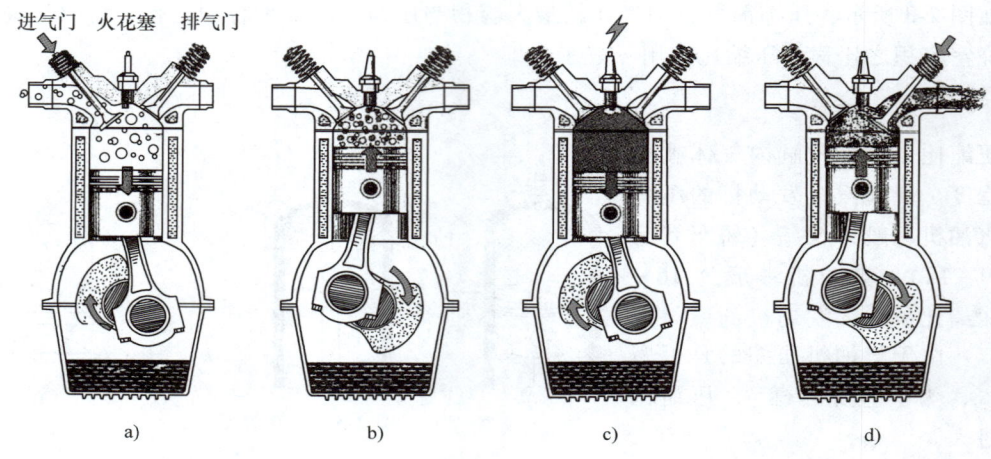

图2-4 四冲程汽油机工作原理示意图
a）进气行程 b）压缩行程 c）做功行程 d）排气行程

曲轴继续旋转，活塞从上止点向下止点运动，又开始了下一个工作循环。可见，四冲程汽油机经过进气、压缩、做功和排气四个行程完成了一个工作循环。这期间活塞在上、下止点间往复运动了四个行程，相应地曲轴旋转了两圈。

2. 四冲程柴油机工作原理

四冲程柴油机每个工作循环也经过进气、压缩、做功和排气四个行程，如图2-5所示。

由于柴油机所用燃料是柴油，其特点是黏度比汽油大且不易蒸发。因此，不能采用汽油机的方式形成可燃混合气。柴油机进气行程吸入气缸的为纯空气。柴油机采用比汽油机大得多的压缩比，在压缩行程接近上止点时，缸内压缩空气的温度已超过柴油的自燃温度，这时将喷油泵产生的高压柴油通过喷油器直接喷入气缸，与高温空气混合并自燃，经过做功行程后，排气门打开，废气被排出气缸，完成一个工作循环。

四冲程发动机在一个工作循环的四个活塞行程中，只有一个行程是做功的，其余三个行程则是做功的辅助行程，因而发动机运转就不平稳。采用多缸发动机可以弥补上述缺点。气缸数越多，发动机的工作越平稳。但发动机气缸数增多，将使发动机结构复杂，尺寸及质量增加。

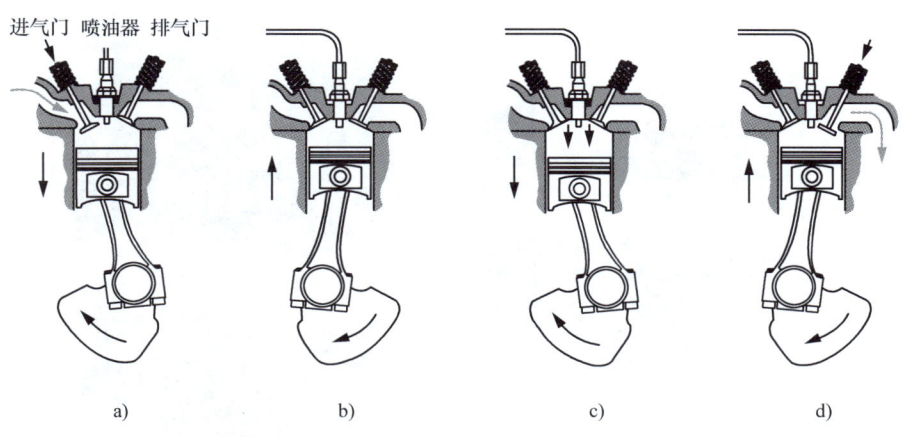

图 2-5　四冲程柴油机工作原理示意图
a）进气行程　b）压缩行程　c）做功行程　d）排气行程

汽油机与柴油机相比各有特点。汽油机具有转速高（目前轿车汽油机最高转速一般为 6000r/min 左右，载货汽车汽油机转速一般为 4000r/min 左右）、质量小、工作噪声小、起动容易、制造和维修费用低等特点，故在轿车和轻型载货汽车及越野车上得到广泛的应用。其不足之处是燃油消耗率高，燃油经济性差。柴油机因压缩比高，燃油消耗率平均比汽油机低 20%～30% 左右，且柴油价格较低，所以燃油经济性好。一般装载质量为 5t 以上的载货汽车大都采用柴油机。柴油机的缺点是转速较汽油机低（一般转速在 2500～3000r/min 左右）、质量大、制造和维修费用高（因为喷油泵和喷油器等零部件加工精度要求高）。但目前柴油机的这些缺点正在逐渐得到克服，其应用范围正在向中、轻型载货汽车及轿车扩展。

第二节　曲柄连杆机构

曲柄连杆机构的功用是把燃气作用在活塞顶上的力转变为曲轴的转矩，以向工作机械输出机械能。曲柄连杆机构的主要零件可以分成三组：机体组、活塞连杆组以及曲轴飞轮组。

一、机体组

机体组由气缸体、气缸盖、气缸垫和油底壳（机油盘）等组成，如图 2-6 所示。

气缸体一般由铸铁或铸铝制造，气缸体的作用是支承发动机的各总成和附件。活塞在气缸体的圆柱形空腔内往复运动，为了提高气缸工作表面的耐磨性，缸筒内镶有用耐磨材料制成的气缸套，以延长缸体的使用寿命。

为了保证气缸表面能在高温下正常工作，必须对气缸体和气缸盖及时加以冷却。冷却方式有水冷和风冷两种。汽车发动机上广泛采用的是水冷。水冷发动机的气缸体和气缸盖中都加工有冷却水套（见图 2-7），冷却水在水套内循环，带走热量，从而起到冷却作用。风冷发动机的气缸体和气缸盖周围外表面铸有许多散热片（见图 2-8），以增加散热面积，其结构简单，但冷却效果比较差。

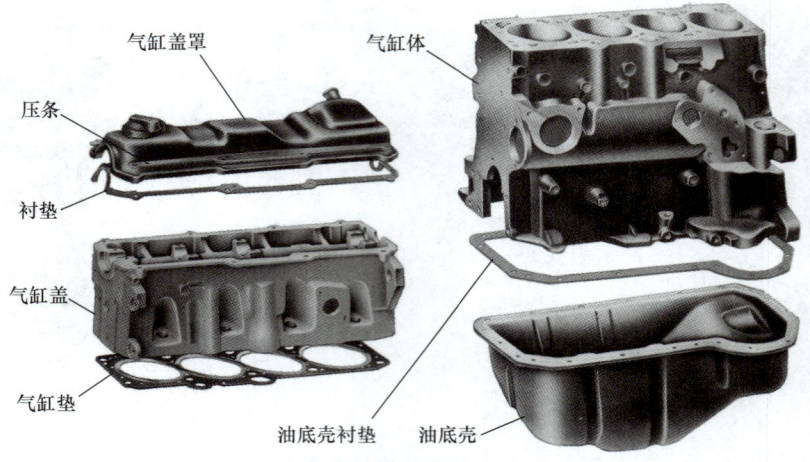

图 2-6 机体组

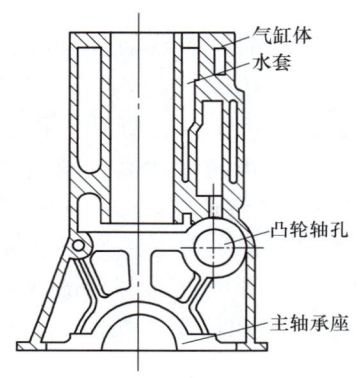

图 2-7 水冷式气缸体

图 2-8 风冷式气缸体

按照多缸发动机气缸排列形式的不同，气缸体可以分成单列式、V形式和对置式三种，如图2-9所示。单列式（直列式）气缸体如图2-9a所示，气缸排成一列，结构简单，加工容易，但发动机长度和高度较大。一般气缸数≤6的发动机多采用单列式。

V形式气缸体如图2-9b所示，气缸V形排成两列，与单列式气缸体相比，缩短了机体长度和高度，增加了机体的刚度，重量也有所减轻，但加大了发动机的宽度，且形状较复杂，加工困难。一般用于气缸数≥6的发动机。

对置式气缸体如图2-9c所示，气缸排成两列，左右两列气缸在同一水平面上。它的特点是高度小，在某些情况下，使得汽车（特别是轿车和大型客车）的总体布置更方便。

气缸盖的主要功用是密封气缸上部，并与活塞顶部和气缸壁一起形成燃烧室，气缸盖内部也有冷却水套，利用循环水来冷却燃烧室等高温部分。

气缸垫（见图2-6）安装在气缸盖与气缸体之间，其作用是保证气缸盖与气缸体接触面的密封，防止漏气、漏水和漏油。目前应用较多的是铜皮-石棉结构的气缸垫。

油底壳的主要功用是贮存润滑油并封闭曲轴箱。油底壳受力很小，一般采用薄钢板冲压而成。油底壳与气缸体的连接处有密封垫，以防止润滑油泄漏。

第二章 汽车发动机

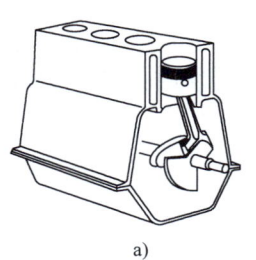 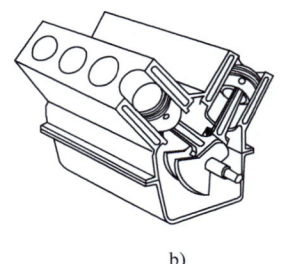 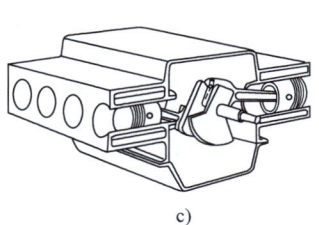

a)　　　　　　　　　　b)　　　　　　　　　　c)

图 2-9　多缸发动机的排列形式

a) 单列式　b) V 形式　c) 对置式

二、活塞连杆组

活塞连杆组由活塞、活塞环、活塞销和连杆等组成，如图 2-10 所示。

活塞的主要作用是承受气缸中的气体压力，并将此力通过活塞销传给连杆，以推动曲轴旋转。活塞顶部还与气缸盖、气缸壁共同组成燃烧室。

活塞是在高温、高压和受化学腐蚀的条件下高速运动的。为保证其可靠工作，要求活塞质量小、导热性好、耐磨、耐腐蚀。目前广泛采用的活塞材料是铝合金。

活塞头部一般有 3~4 道环槽，上部 2~3 道环槽用以安装气环，汽油机一般有 2 道气环，柴油机压缩比大，一般有 3 道气环。下面 1 道环槽用以安装油环。气环和油环统称为活塞环。活塞环是具有弹性的开口环，装在活塞头部的环槽中，如图 2-11 所示。

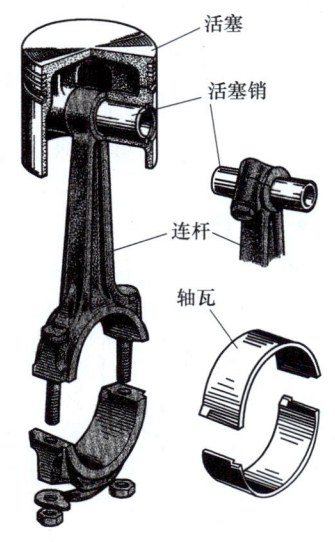

图 2-10　活塞连杆组

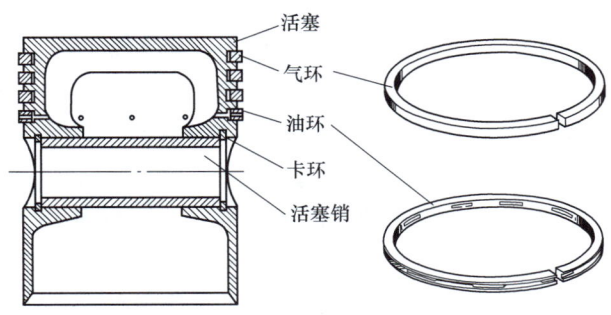

图 2-11　活塞与活塞环结构

气环的作用是保证活塞与气缸壁间的密封，防止气缸中的高温、高压燃气大量漏入曲轴箱，同时还将活塞顶部的大部分热量传导到气缸壁，再由冷却水或空气带走。

油环的作用是刮除气缸壁上多余的机油，并在气缸壁面布上一层均匀的机油膜，这样既可以防止机油窜入气缸燃烧，又可以减小活塞、活塞环与气缸的磨损和摩擦阻力。此外，油环也起到密封气体的辅助作用。

连杆的作用是连接活塞与曲轴，将活塞承受的气体压力传给曲轴，如图 2-12 所示。连杆小头与活塞销相连，将活塞承受的气体作用力传给连杆。连杆大头与曲轴的连杆轴颈相连，通常做成剖分式的，用螺栓加以紧固。连杆大头中装有分开式轴瓦，轴瓦内表面浇铸有减摩合金层，具有保持油膜和减摩耐磨作用。

三、曲轴飞轮组

曲轴飞轮组主要由曲轴和飞轮以及其他附件组成，如图 2-13 所示。

图 2-12　活塞连杆组与曲轴连接

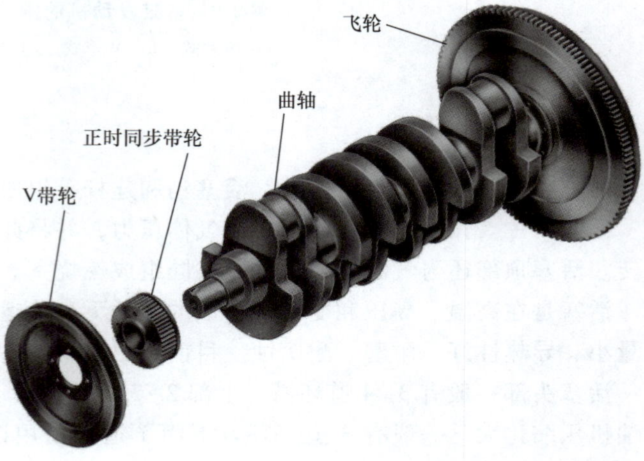

图 2-13　曲轴飞轮组

曲轴与连杆配合将作用在活塞上的气体压力变为曲轴的旋转动力，传给汽车底盘的传动机构，同时驱动配气机构和其他辅助装置（如风扇、水泵、发电机等）运转。

曲轴前端轴上装有正时同步带轮（或正时齿轮）、驱动风扇和水泵的 V 带轮等。曲轴的后端凸缘用来安装飞轮。

飞轮是一个转动惯量很大的圆盘，其主要作用是储存做功行程的能量，用于克服进气、压缩和排气行程的阻力和其他阻力，使曲轴能匀速旋转。飞轮外缘的齿圈与起动机的驱动齿轮啮合，供起动发动机用；离合器也装在飞轮上，利用飞轮后端面作为驱动件的摩擦面，对外传递动力。

曲轴的形状以及曲拐的相对位置（即曲拐的布置）取决于气缸数、气缸排列形式和发动机的点火顺序。在发动机完成一个工作循环的曲轴转角内，每个气缸点火做功一次。

四冲程直列 4 缸发动机的 4 个曲拐布置在同一平面内（见图 2-14）。点火间隔角为 $720°/4 = 180°$。点火顺序有两种，即 1—2—4—3 或 1—3—4—2。按 1—2—4—3 点火顺序的工作循环见表 2-1。

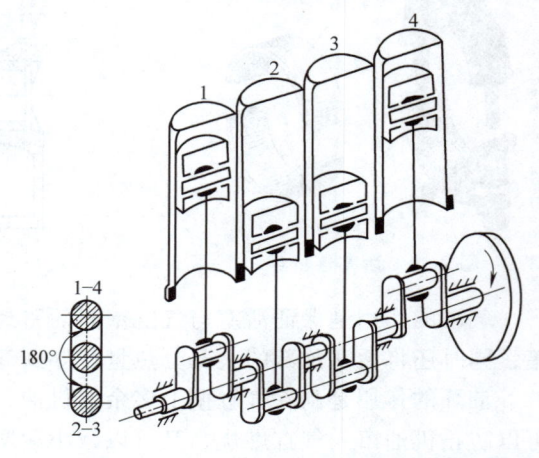

图 2-14　四冲程直列 4 缸发动机的曲拐布置

表 2-1 4 缸发动机工作循环（点火顺序：1—2—4—3）

曲轴转角/(°)	第 1 缸	第 2 缸	第 3 缸	第 4 缸
0~180	做功	压缩	排气	进气
180~360	排气	做功	进气	压缩
360~540	进气	排气	压缩	做功
540~720	压缩	进气	做功	排气

四冲程直列 6 缸发动机的曲拐布置如图 2-15 所示，它的点火间隔角为 720°/6 = 120°。点火顺序有两种，第一种点火顺序是：1—5—3—6—2—4，这种方案应用较普遍，国产的直列 6 缸发动机都用这种点火顺序；另一种点火顺序是：1—4—2—6—3—5。

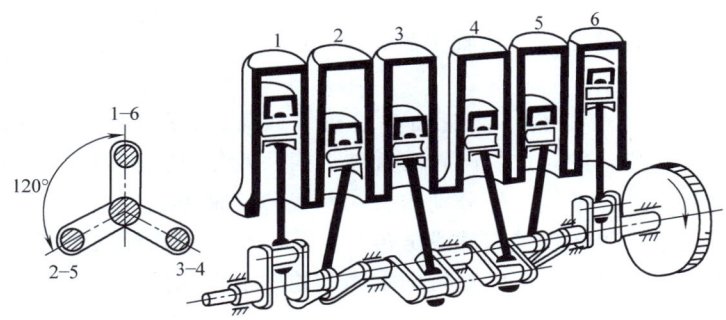

图 2-15 四冲程直列 6 缸发动机的曲拐布置

第三节 配气机构与进、排气系统

一、配气机构

配气机构的功用是按照发动机每一气缸内所进行的工作循环和点火顺序的要求，定时开启和关闭进、排气门，使新鲜可燃混合气（汽油机）或空气（柴油机）得以及时进入气缸，废气得以及时从气缸排出。

1. 配气机构的布置

四冲程发动机每完成一个工作循环，曲轴转两圈，而各气缸只进、排气一次，即控制气门开、闭的凸轮轴只需转一圈。曲轴通过传动机构带动凸轮轴转动，所以曲轴与凸轮轴的传动比为 2。凸轮轴如图 2-16 所示，凸轮轴上主要配置有各缸的进气凸轮和排气凸轮，用以使各缸气门按一定的工作顺序和配气相位开闭。

四冲程发动机的配气机构按凸轮轴的布置位置不同，可分为凸轮轴下置式、凸轮轴中置式和凸轮轴上置式三种配气机构。

（1）**凸轮轴下置式配气机构** 这种布置

图 2-16 四冲程汽油发动机的凸轮轴

方式是将凸轮轴布置在曲轴箱内,如图 2-17 所示。其特点是:气门与凸轮轴相距较远,凸轮是通过挺柱、推杆、摇臂来驱动气门运动的。因传动环节多,且有往复运动构件,在高速运动时冲击大,系统的弹性变形大,影响气门运动的准确性,所以它广泛用于中、低速发动机。曲轴与凸轮轴距离近,通常采用齿轮传动,传动比为 2,则曲轴转两圈,凸轮轴转一圈。

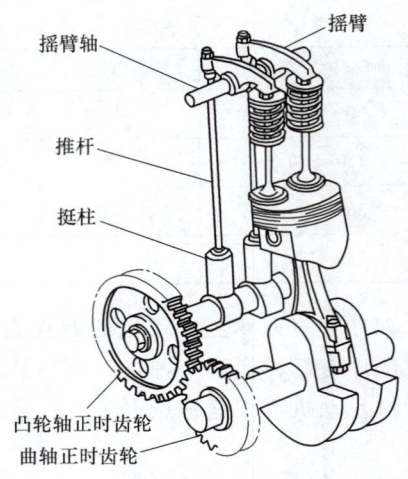

图 2-17　凸轮轴下置式配气机构示意图

（2）凸轮轴中置式配气机构　当发动机转速较高时,为了减小气门传动机构的往复运动质量,将凸轮轴位置移到气缸体的上部,由凸轮轴经过挺柱直接驱动摇臂,从而省去推杆。凸轮轴中置式配气机构应用较少。

（3）凸轮轴上置式配气机构　凸轮轴布置在气缸盖上,气门开启的结构方式有两种:一种是利用摇臂驱动气门,进、排气凸轮布置在一根凸轮轴上,如图 2-18a 所示；另一种是由凸轮直接驱动气门,进、排气凸轮分别布置在两根凸轮轴上,如图 2-18b 所示。由于曲轴与凸轮轴距离远,通常采用同步带传动或链传动。凸轮轴上置式配气机构中没有往复移动构件,因此适用于高速发动机。轿车发动机均采用凸轮轴上置式配气机构。

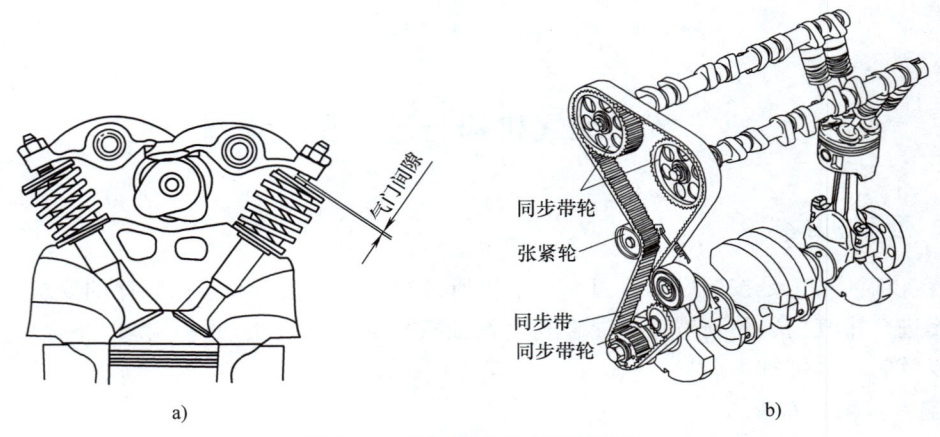

图 2-18　凸轮轴上置式配气机构
a）凸轮摇臂驱动式　b）凸轮直接驱动式

2. 气门组

气门组包括气门、弹簧座、气门弹簧和气门锁片等零件（见图 2-19）。其主要功用是维持气门的关闭。

气门用来控制进、排气道的开、闭,为了改善充气情况,多数发动机的进气门头部直径比排气门的大。一般发动机都采用每缸两个气门,即一个进气门和一个排气门的结构。当发动机转速较高时,每缸一进一排的气门结构就不能保证良好的换气质量。因此,在转速较高的汽车发动机上,多采用每缸 4 气门甚至 5 气门的结构,即 2~3 个进气门和 2 个排气门,如图 2-20 所示。

3. 气门间隙

气门间隙是指发动机冷态、气门关闭时，气门传动组件之间的间隙（见图2-18a）。其作用是为气门及传动组件工作时留有热膨胀的余地，气门间隙约为0.2～0.3mm。如果气门间隙过小，发动机在热态时，可能造成气门关闭不严而发生漏气，导致功率下降，甚至烧坏气门。气门间隙也不宜过大，否则工作时气门传动零件之间将产生撞击，加速零件的磨损，同时也使得气门开启的持续时间减少，气缸的充气及排气情况变坏。

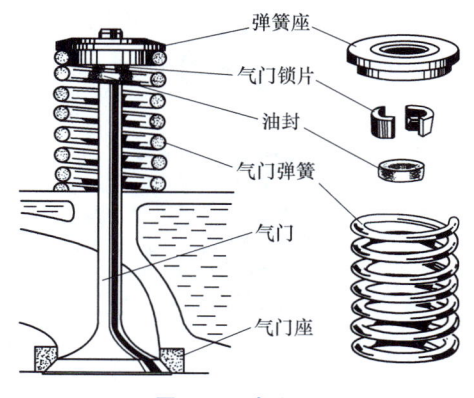

图2-19 气门组

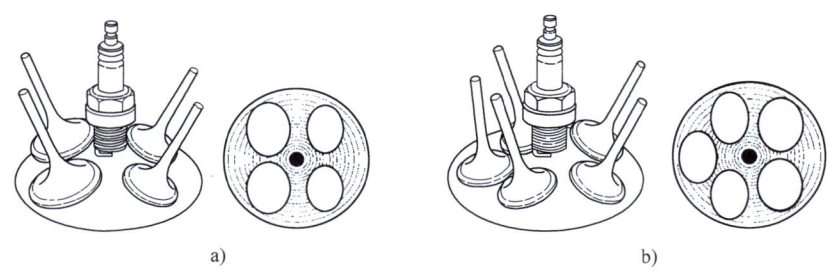

图2-20 每缸4气门和5气门的结构
a）4气门 b）5气门

4. 液压挺柱

目前轿车发动机上广泛采用液压挺柱。液压挺柱的长度能自动变化，随时消除配气机构中的间隙，减小各零件间的撞击和噪声，减小进、排气阻力，改善发动机的换气质量，提高发动机的性能。

液压挺柱的工作原理如图2-21所示。发动机润滑系统的液压油进入液压挺柱，使挺柱体和柱塞相对于液压缸产生位移，以消除气门间隙。当凸轮推动气门高速运动时，液压挺柱中的单向阀阻止柱塞与液压缸腔体中的油液流出，此时液压挺柱如同一个刚性挺柱（见图2-21a）。当气门关闭后，润滑系统的液压油再次进入液压挺柱补充油液，使挺柱体顶面保持与凸轮紧贴（见图2-21b），因此不论由于气门温度变化而引起气门杆伸缩，还是由于磨损造成气门间隙增大，液压挺柱都能保证随时消除气门间隙。液压挺柱实物如图2-21c所示。

5. 配气相位

配气相位就是指进、排气门的实际开闭时刻，通常用配气相位图（见图2-22）来表示。

理论上四冲程发动机的进气门应是在活塞位于上止点时开启、到下止点时关闭，排气门应是在活塞位于下止点时开启、到上止点时关闭，进气时间和排气时间各占180°曲轴转角。但由于发动机的转速都很高，因而气门开启时间很短，难以保证气缸有足够的进气量，也难以排尽废气。为了使发动机气缸进气充分、排气彻底，发动机的进、排气门实际开启和关闭时间并不恰好在活塞的上、下止点，而是适当提前和迟后。进气门提前开启角为α，延迟关闭角为β，进气相位为（180°+α+β）曲轴转角。α一般为10°～30°，β一般为40°～80°。排

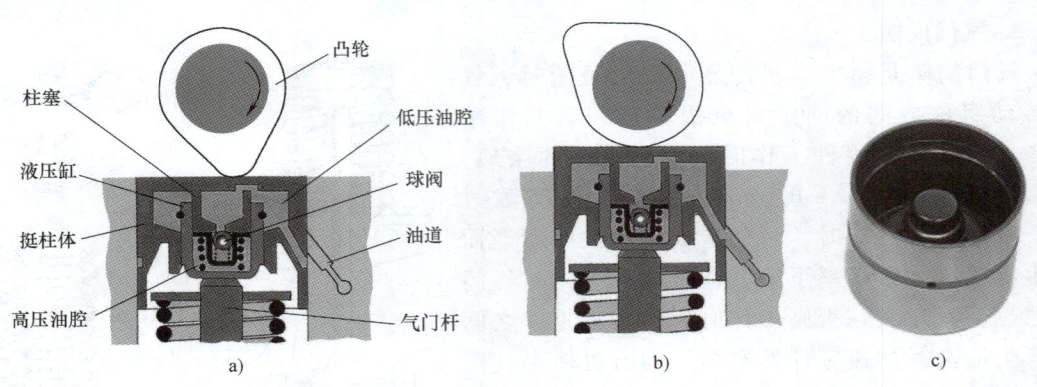

图 2-21 液压挺柱的工作原理

a）气门开启 b）气门关闭 c）液压挺柱实物

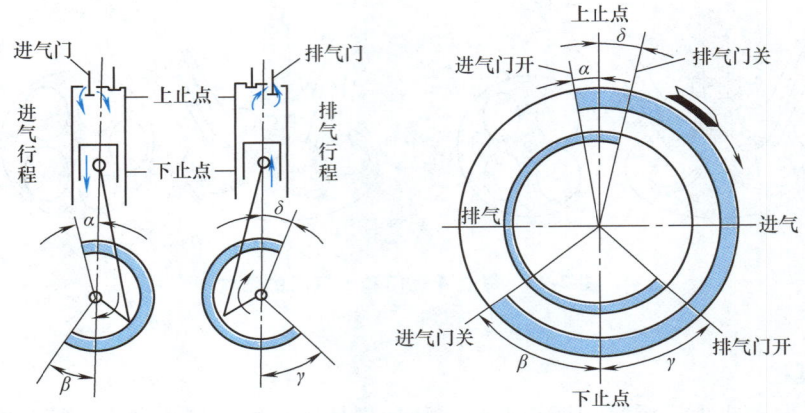

图 2-22 配气相位图

气门提前开启角为 γ，延迟关闭角为 δ，排气相位为（$180°+\gamma+\delta$）曲轴转角。γ 一般为 40°~80°，δ 一般为 10°~30°。

进气门提前开启可使新鲜气体或可燃混合气能顺利、充足地充入气缸；而进气门晚关闭是为了在压缩行程开始时，利用气缸内的压力暂低于大气或环境压力，靠进气气流的惯性使新鲜气体或可燃混合气继续进入气缸。

排气门早开启的原因是：当活塞做功行程接近下止点时，可燃混合气的燃烧膨胀已基本结束，但气缸内的气体压力仍然较高，利用此压力可使气缸内的废气迅速排出。高温废气迅速排出，还可防止发动机过热；排气门迟关闭是由于活塞到达上止点时，气缸内的压力仍高于大气压，利用排气流的惯性可使废气继续排出。

进气门和排气门同时开启所对应的曲轴转角，称为气门重叠角，即进气门早开角与排气门晚关角之和 $\alpha+\delta$。由于气门的重叠角较小，且新鲜气流和废气流的惯性要保持原来的流动方向，所以只要气门重叠角取得合适，就不会发生废气倒流入进气管和新鲜气体随废气排出的问题。

二、进气系统

进气系统的功用是将新鲜空气过滤后送入气缸（柴油机），或与燃料混合后送入气缸

（汽油机）。普通汽油机的进气系统主要由空气滤清器、进气歧管等组成。在空气滤清器与进气歧管之间装有燃油供给装置。柴油机的燃油直接喷入气缸，因此，空气滤清器与进气歧管之间直接用进气管相连。汽油机的进气系统如图2-23所示。

1. 空气滤清器

空气滤清器的功用主要是滤除空气中的杂质或灰尘，让洁净的空气进入气缸。另外，空气滤清器也有消减进气噪声的作用。

汽车发动机上的空气滤清器有油浴式和纸滤芯式等多种结构形式。油浴式空气滤清器用于多尘条件下工作的发动机，如越野车发动机；纸滤芯式空气滤清器具有重量轻、成本低和滤清效果好等优点，广泛应用于各种汽车发动机。纸滤芯式空气滤清器一般由进气管组件、滤清器外壳和纸质滤芯等组成（见图2-24）。

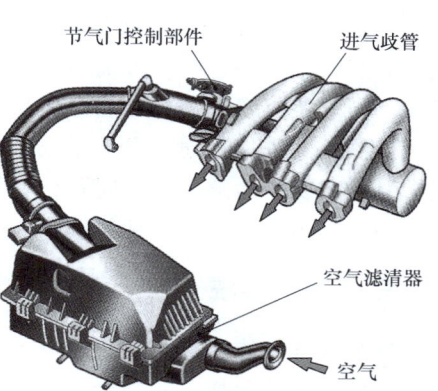

图2-23 汽油机的进气系统

2. 进气歧管

进气歧管是把进气分配给各缸的通道，如图2-25所示。进气歧管用螺栓固定安装在缸

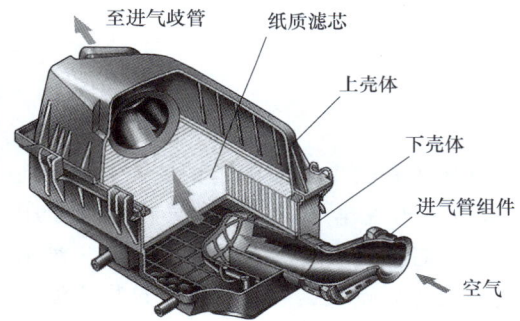

图2-24 纸滤芯式空气滤清器

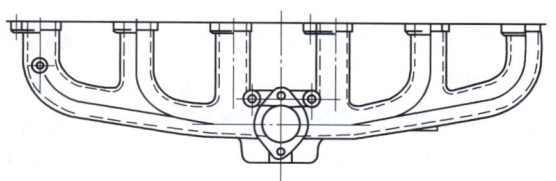

图2-25 进气歧管

盖的侧面。为了使进气歧管内的汽油尽快雾化，许多汽油机把进、排气歧管布置在缸盖的同一侧，进气歧管布置在排气歧管上面，二者紧靠在一起，利用排气热量加热进气歧管。还有些汽油机用冷却水或电热器加热进气歧管。

3. 废气涡轮增压器

现代柴油发动机为了提高进气量，在进气系统中装有增压器以提高充气压力。图2-26所示为带中冷器的废气涡轮增压器示意图。这种增压器由两个涡轮组成，装在排气管路的称为废气涡轮（或动力涡轮），装在进气管路的称为进气涡轮。发动机排出的废气推动废气涡轮高速转动，由此带动与它同轴安装的进气涡轮。进气涡轮实际上是一个压

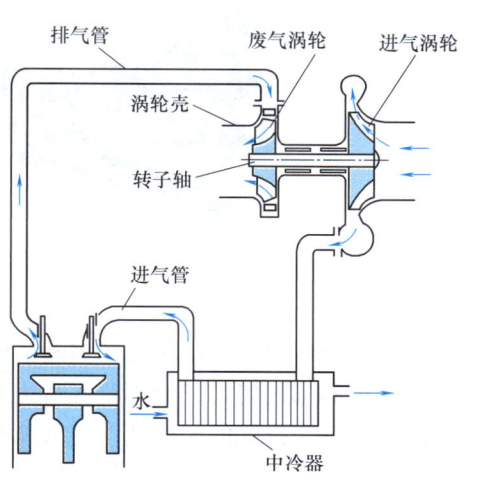

图2-26 带中冷器的废气涡轮增压器示意图

气机，把进气压力提高，当进气门打开时，把空气压入气缸。带有增压器的柴油机可使充入气缸的空气量增多，因而可提高发动机的功率，由于压缩比增大，因此燃烧效率提高，油耗降低。同时还将废气的部分能量回收利用，进一步提高了发动机的效率。

柴油机的进气经过增压后，温度也随之上升，这就使实际进入气缸的空气量（质量）比常温时减少。为解决这一问题，有的柴油机在增压器后面串联一个冷却器，用空气或水对升温的空气进行冷却。这种装置称为中冷器。装有中冷器的发动机又可进一步提高进气量。

三、排气系统

汽车排气系统的功用是把燃烧后的废气排出机外，减小排气噪声，并对废气进行净化。汽车的排气系统包括排气歧管、排气管、三元催化转化器和消声器，如图2-27所示。

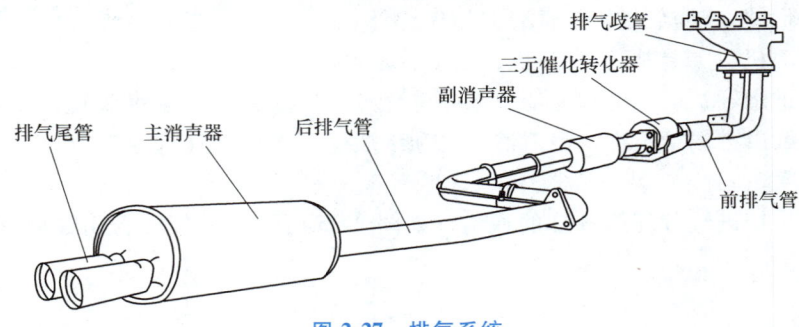

图2-27 排气系统

1. 排气歧管

排气歧管像进气歧管一样，安装于缸盖的一侧，其作用是收集各缸排气，并集中到排气管，如图2-28所示。为了不使各缸排气相互干扰，以及不出现排气倒流现象，按点火顺序先后点火做功的两个气缸的排气歧管不能过早合流，而且各排气歧管要有足够的长度。对于4缸发动机，由表2-1可知，1缸与4缸，2缸与3缸不会先后点火，它们的排气过早合流不会造成排气干扰。

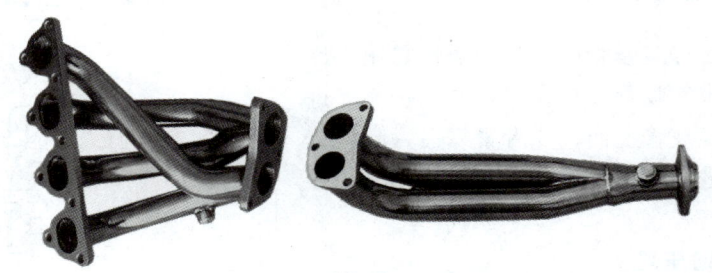

图2-28 不锈钢排气歧管的结构

2. 消声器

消声器的作用是减小排气噪声和消除废气中的火焰及火星，使废气安全地排入大气。

发动机的排气门打开时，排气压力为0.3~0.5MPa，温度为600~800℃，具有一定的能量。同时，由于排气的间歇性，使气流呈脉动形式。如果让废气直接排入大气，必然产生强烈的气流脉动噪声，同时高温气体排入大气也会对环境造成危害。消声器的基本原理是通过逐渐降低排气压力和衰减排气压力的脉动来消减排气噪声。

排气消声器的结构如图 2-29 所示。消声器的外壳用不锈钢板制造,两端有气流进口和出口,中间有隔板,将其分割成几个尺寸不同的消声室。各消声室之间由带许多小孔的钢管连接。废气进入多孔管和消声室后,在这里膨胀冷却,反射改变流向,又多次与消声器内壁碰撞消耗能量,逐渐降低压力和压力脉动,使振动减轻,噪声消减,最后从出口排入大气。

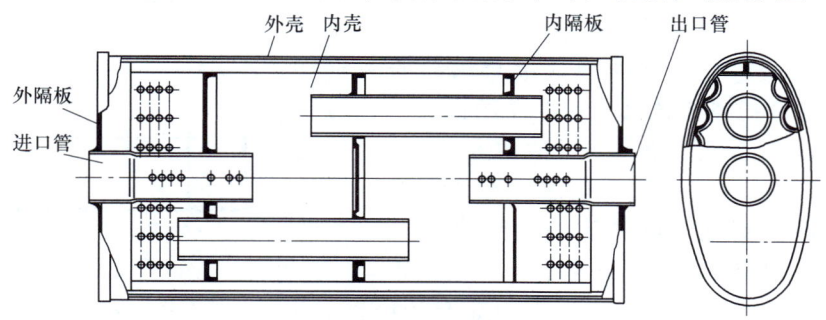

图 2-29　排气消声器的结构

3. 排放污染与废气净化

汽车发动机排放的废气中的有害成分主要有一氧化碳（CO）、氮氧化物（NO_x）、碳氢化合物（HC）、二氧化硫（SO_2）和炭黑等。汽车废气对人体和大气环境产生严重危害。如 CO 会引起人类神经中毒，HC 是致癌物质，NO_x 对呼吸系统有强烈刺激作用，SO_2 会形成酸雾、酸雨。这些有害成分还会产生温室效应，破坏大气层等。

废气净化通常有发动机机内净化和机外净化两种途径。机内净化是指改善混合气的品质和燃烧状况，使排气中的有害成分减至最少。汽油机采用电控汽油喷射系统取代化油器系统，可有效减少排气中的有害成分。机外净化是指用设置在发动机外部的排气净化装置改变废气的成分，三元催化转化器就是使用最普遍的汽油机机外废气净化装置。

图 2-30 所示为三元催化转化器，它串联在排气歧管与消声器之间。三元催化转化器内装有用陶瓷或金属制成的蜂窝状催化体，上面涂有含催化剂的涂层。催化剂一般为贵金属，如铂（Pt）、铑（Rh）和钯（Pd）。催化剂的作用是使 CO 和 HC 产生氧化反应，使 NO_x 产生还原反应，反应后变成无害的 CO_2、N_2 和 H_2O。这种催化转化器因能净化三种主要有害成分，所以称为三元催化转化器。汽车上装用三元催化转化器后必须安装氧浓度传感器，用以检测排气中的氧含量，以便对供油量进行调节。三元催化转化器仅对标准浓度混合气燃烧产生的废气具有良好的净化效果。

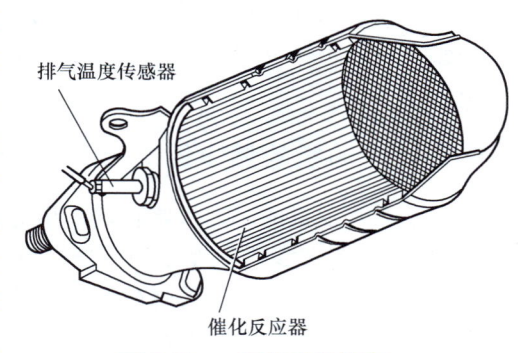

图 2-30　三元催化转化器

第四节　燃油供给系统

一、混合气基本知识

燃油与空气按一定比例混合、雾化而成的混合物称为可燃混合气，简称混合气。混合气中燃油与空气的质量比称为混合气浓度。混合气的浓度和雾化程度对发动机的动力性、经济性和排放性能具有极其重要的影响。

表征混合气浓度的参数有两个。一个是空燃比 A/F，即空气质量与燃油质量的比值。理论上，1kg 汽油完全燃烧约需 14.7kg 空气（其准确数量与汽油的品质有关）。因此，通常把空燃比 $A/F = 14.7$ 的混合气称为标准混合气，标准混合气中空气与燃油在体积上的对比关系如图 2-31 所示。若混合气的空燃比 $A/F<14.7$，则其中空气含量不足，燃油含量有余，这种混合气称为浓混合气；若 $A/F>14.7$，则称为稀混合气。表征混合气浓度的另一个参数是过量空气系数 φ_a，其定义为燃烧 1kg 燃油实际供给的空气量（质量）与理论所需空气量的比值。因此，$\varphi_a<1$ 时为浓混合气；$\varphi_a>1$ 时为稀混合气；$\varphi_a=1$ 时为标准混合气。

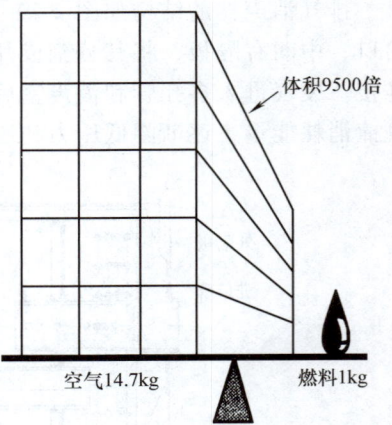

图 2-31　标准混合气中空气与燃油在体积上的对比关系

发动机在不同工况时对混合气的浓度要求是不一样的。起动工况转速过低（一般为 250~300r/min），温度过低，燃油雾化差，需要最浓混合气（$\varphi_a = 0.4~0.6$）；怠速时转速低（一般为 600~800r/min），节气门开度过小，缸内氧气含量低，燃烧速度慢，也需要浓混合气（$\varphi_a = 0.6~0.8$）；小负荷时燃烧情况有所改善，需较浓混合气（$\varphi_a = 0.7~0.9$）；中等负荷时需较稀的经济混合气（$\varphi_a = 1.0~1.15$），因为汽车发动机大部分时间是在中等负荷下工作，燃油经济性要求是首要的；大负荷和加速时需较浓混合气（$\varphi_a = 0.85~0.95$），此时要充分利用缸内空气发出最大功率，但燃油没有充分燃烧。

混合气过浓或过稀都不能着火燃烧。一般情况下，当混合气浓到 $\varphi_a = 0.4~0.5$ 或混合气稀到 $\varphi_a = 1.3~1.4$ 时，火焰便不能传播。通常称前者为火焰传播上限，称后者为火焰传播下限。

二、汽油机的燃油供给系统

目前，汽油机的燃油供给普遍采用电控汽油喷射系统。大多数汽车采用低压缸外喷射系统（见图 2-32），少数汽车采用高压缸内喷射系统（见图 2-33）。缸内喷射式汽油机可以实现混合气稀薄分层燃烧，燃烧效率高、排放污染小，但成本比较高。下面分别介绍汽油缸外喷射系统和汽油缸内喷射系统。

（一）汽油缸外喷射系统

图 2-34 所示为电控汽油缸外喷射系统示意图，由进气系统、燃油供给系统和电子控制系统三部分组成。

1. 进气系统

电控汽油缸外喷射的进气系统装有空气流量传感器和空气温度传感器，通过这些传感器可计算出进入发动机的空气质量，空气质量是计算供油量的最重要的依据。

2. 燃油供给系统

燃油供给系统主要由电动汽油泵、汽油滤清器、喷油器以及燃油压力调节器等组成。电动汽油泵将燃油从油箱中泵出，经过汽油滤清器除去杂质后，再送至喷油器，喷油压力由燃油压力调节器调节。喷油器根据控制器的喷油指令，将适量的汽油喷入进气道。电控缸外汽油喷射系统采用电磁式喷油器，通过控制喷油器中电磁阀的通电时间，可精确控制喷油量。

图 2-34 中所示的活性炭罐和活性炭罐电磁阀用于回收利用汽油箱泄出的汽油蒸气。当汽油箱内的温度升高，则箱内的燃油蒸气压升高，燃油蒸气经通气管进入活性炭罐，被罐内的活性炭吸附。当发动机工作时，进气歧管产生的真空将外界空气经活性炭罐吸入进气歧管。这样，罐内活性炭吸附的燃油蒸气被带到发动机内进行燃烧，活性炭罐电磁阀用于控制流经活性炭罐的空气流量。

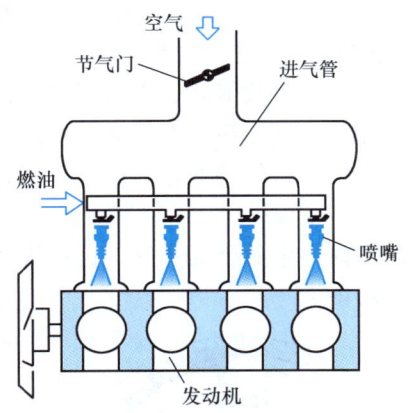

图 2-32 低压缸外喷射系统示意图

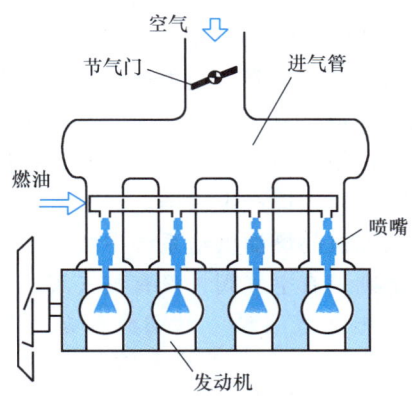

图 2-33 高压缸内喷射系统示意图

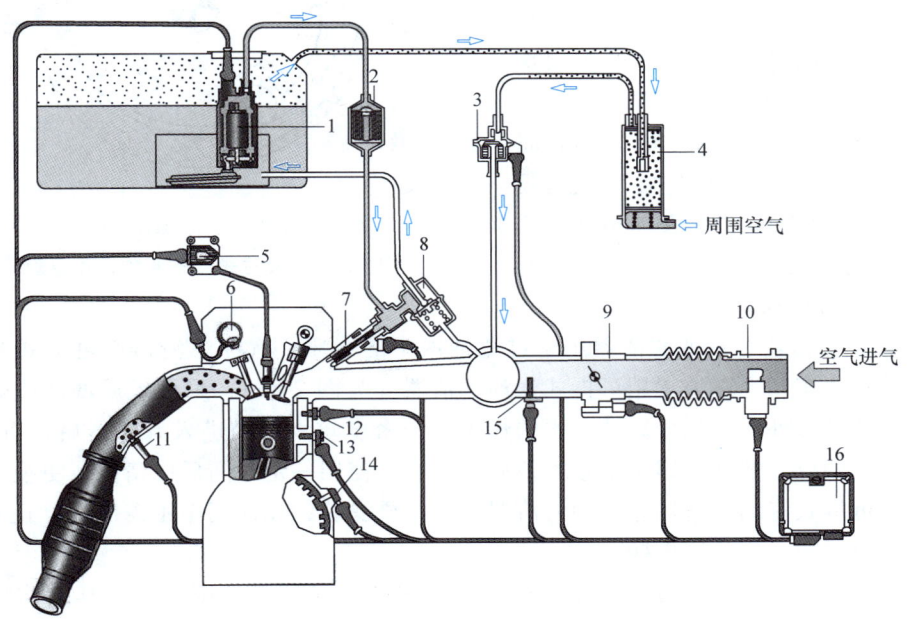

图 2-34 电控汽油缸外喷射系统示意图

1—电动汽油泵　2—汽油滤清器　3—活性炭罐电磁阀　4—活性炭罐　5—点火线圈组件
6—相位传感器　7—喷油器　8—燃油压力调节器　9—节气门控制部件　10—空气流量传感器
11—氧传感器　12—冷却液温度传感器　13—爆燃传感器　14—发动机转速传感器
15—空气温度传感器　16—控制器

3. 电子控制系统

电子控制系统主要由传感器、控制器和执行器三部分构成。

电控汽油缸外喷射系统中装有多种传感器，这些传感器比较全面地把汽车的行驶状况以及发动机的工况信息传递给控制器。控制器实际上就是一台微型计算机，根据采集到的各路传感器的信号，进行计算、分析、判断和发出指令，驱动执行器工作。执行器主要是喷油器，通过控制喷油器中电磁阀的开闭时间实现对喷油量的控制。

下面介绍汽油箱、电动汽油泵、汽油滤清器、电磁式喷油器、燃油压力调节器和节气门控制部件。

（1）汽油箱　汽油箱用来贮存汽油，其容量随各种汽车的性能和要求而定，一般可供汽车行驶 300~600km。为了保持油箱内压力正常，一般采用装有空气阀和蒸气阀的油箱盖。随着油箱内油面下降，箱内产生一定的真空度，当压力低于某一数值时，空气阀打开，使空气进入汽油箱，避免油箱在内外空气压力差的作用下损坏。当汽油箱温度过高，箱内汽油的蒸气压超过规定值时，蒸气阀打开，将汽油蒸气泄到大气中，以保持油箱内的正常压力。这种汽油箱会对环境产生污染。

若汽油机的燃油供给系统中装有活性炭罐吸收汽油箱内产生的燃油蒸气，这种汽油箱的油箱盖上则只有空气阀，没有蒸气阀，不会对环境产生污染。

（2）电动汽油泵　电动汽油泵一般安装在油箱内，由电动机和滚柱式转子泵组成。滚柱式转子泵的工作原理如图 2-35 所示。装有滚柱的转子偏置在泵体内，当电动机驱动转子旋转时，滚柱在离心力的作用下压靠在泵体的内表面上，相邻两个滚柱之间形成密封的空腔。随着转子的转动，各密封空腔的容积将发生变化，容积增大的密封空腔成为低压吸油腔，与汽油泵的进油口相通；容积减小的密封空腔成为高压泵油腔，与汽油泵的出油口相通。

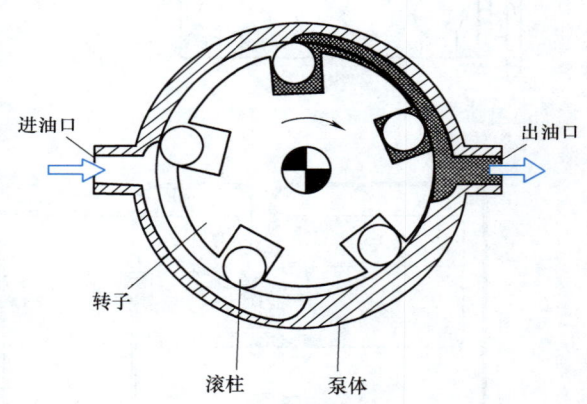

图 2-35　滚柱式转子泵的工作原理

（3）汽油滤清器　汽油滤清器用于过滤油液中的杂质。汽油滤清器有可拆式和不可拆式两种。载货汽车和客车上常用可拆式汽油滤清器（见图 2-36），采用纸质滤芯或烧结式滤芯。滤清器的杯形外壳起到分离油、水的作用，当密度较大的水进入滤清器后便沉入杯底，定期拧开杯底的放油螺塞，即可把水等杂质放出去，使用一定时间后应清洗或更换滤芯。轿车上常用不可拆式汽油滤清器。这种滤清器采用纸质滤芯，在使用中不需清洗，且滤清效果好，使用一定时间后应整体更换。

（4）电磁式喷油器　电控汽油缸外喷射系统采用的是电磁式喷油器，其结构如图 2-37 所示。喷油器体内有一个电磁线圈，喷油器头部的针阀与衔铁结合成一体。当电磁线圈通电时会产生电磁力，将衔铁与针阀吸起，燃油从喷油器的喷嘴喷出；电磁线圈断电时电磁力消失，衔铁与针阀在弹簧力的作用下回位，喷油停止。针阀前部的轴针用于将燃油喷散。

（5）燃油压力调节器　燃油压力调节器如图 2-38 所示。由金属壳体组成的内腔，被一个膜片分成上、下两室。下室内装有弹簧压在膜片上，上室通燃油。当油压超过预调的压力时，将克服弹簧力使膜片下移，打开回油孔使超压的燃油流回油箱，以保持一定的燃油压力。在下室内有一根通气管与发动机节气门后的进气管相连（见图2-34），用进气管内变化的进气压力来调节供油压力，使喷油器内的油压与进气管内的气压之差为定值。

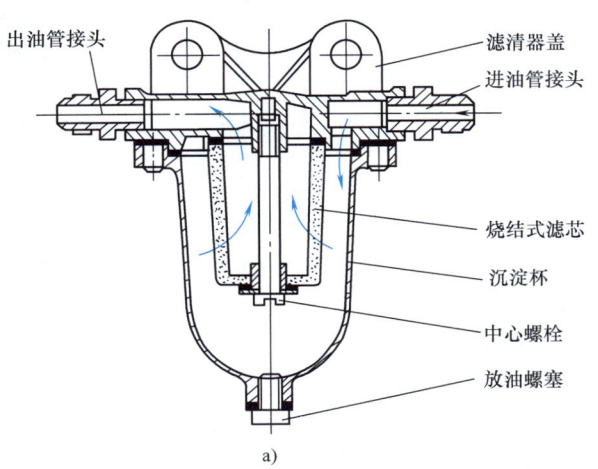

图 2-36 可拆式汽油滤清器
a）滤清器结构　b）纸质滤芯

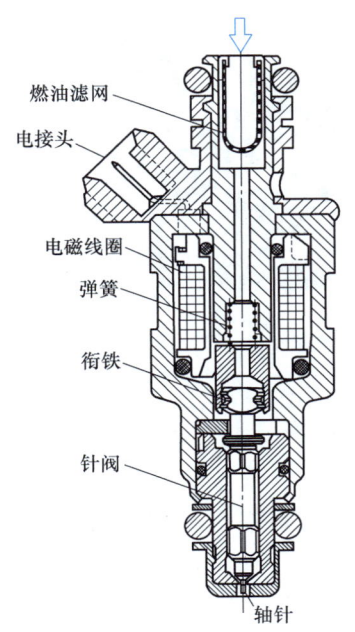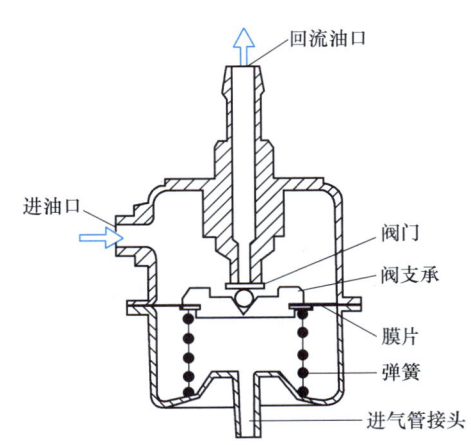

图 2-37 电磁式喷油器的结构　　　　图 2-38 燃油压力调节器

（6）节气门控制部件　节气门控制部件如图2-39所示，主要由驱动电动机、齿轮传动机构、节气门和节气门开度传感器组成。节气门控制部件的功用是控制发动机的进气量。节气门开度增大，则进入气缸的空气量增加，发动机的功率增大；反之，节气门开度减小，发动机的功率也减小。在电控汽油缸外喷射系统中,汽车的工作状况以及驾驶人操纵加速踏板的位置由传感器采集,并将信号传给发动机控制器进行运算,通过节气门控制部件来控制节气门开度。

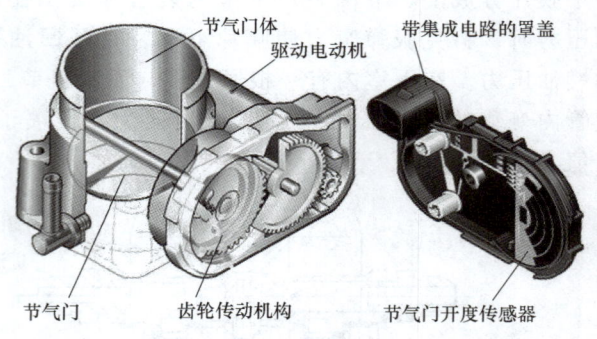

图 2-39 节气门控制部件

在汽油机缸外喷射系统中,混合气由进气门进入气缸,经过进气行程和压缩行程的混合,燃油分子与空气混合得比较均匀,因此,其燃烧为均匀燃烧。为了使均匀混合气能被火花塞可靠地点燃,混合气的浓度不能过低,否则火焰不能传播。然而能被可靠点燃的均匀混合气,其燃烧的热效率并不高,燃油经济性较差,排放污染较大。为了进一步降低排放污染,提高燃油经济性,汽油机缸内喷射技术得到推广。

(二)汽油缸内喷射系统

电控汽油缸内喷射系统主要由低压输油泵、高压泵、燃油分配管(又称为共轨)、喷油器、燃油压力传感器、燃油压力调节阀和电控单元等组成。图 2-40 所示为电控汽油缸内喷射系统示意图。

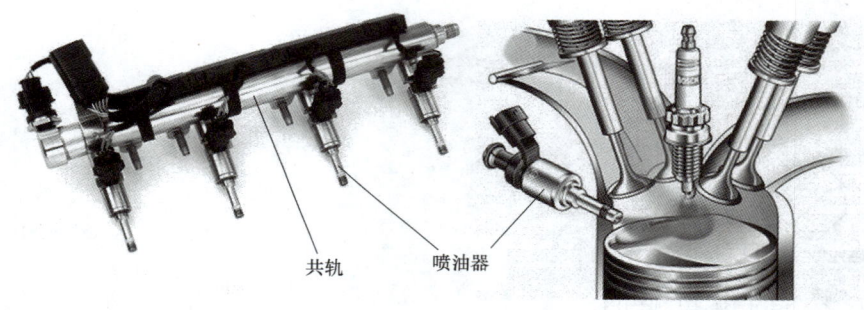

图 2-40 电控汽油缸内喷射系统示意图

燃油箱中的燃油经低压输油泵(0.6MPa)和高压泵(12MPa)增压后送入燃油分配管中,电控单元通过燃油压力传感器检测燃油分配管内的燃油压力,通过燃油压力调节阀调节燃油系统压力,由喷油器将燃油以雾化状态喷入气缸中。

汽油缸内喷射系统的喷油时刻可根据需要进行控制,若在进气行程中喷油,可得到均匀混合气,与汽油缸外喷射系统相似;若在压缩行程终了时喷油,得到的将是不均匀混合气。

汽油缸内喷射系统在气缸压缩行程终了时,将高压燃油以雾化状态喷入缸内,使火花塞附近具有较浓的混合气,易于点燃,远离火花塞处则为稀混合气。火花塞点燃附近较浓混合气,火焰传播进一步使周围稀混合气燃烧,从而使缸内的燃油分子得到充分燃烧。这种由浓到稀的燃烧又称为分层燃烧,此时缸内不是均匀混合气,因此不受前面所讲的均匀混合气火焰传播下限的限制,燃油可以在更稀薄的条件下燃烧。缸内喷射式汽油机可以实现混合气稀薄分层燃烧,有效提高了汽油发动机的燃烧热效率,进一步降低了排放污染。

三、柴油机的燃油供给系统

柴油黏度大,挥发性差,不可能通过缸外喷射柴油与空气混合形成满足燃烧要求的可燃混合气。因此,都采用高压缸内喷射的办法。柴油机用喷油泵和喷油器将高压柴油喷入气缸,喷出的柴油呈油雾状,瞬间即与空气混合成可燃混合气,并自行燃烧做功。

柴油发动机燃油供给系统可分为位置控制型、时间控制型以及时间压力控制型三种形式。传统柴油机普遍采用位置控制型燃油供给系统,其供油精度不高,排放污染较大,不能满足日趋严格的节能与排放法规,正逐步被淘汰;时间控制型燃油供给系统的供油精度有了较大的提高,但是其供油规律无法柔性调节,供油精度受到燃油压力变化的影响;时间压力控制型燃油供给系统的供油压力、供油时刻和供油持续时间均可柔性控制,供油精度高,可有效提高柴油机的燃烧热效率,进一步降低排放污染。

下面分别介绍传统柴油发动机燃油供给系统(位置控制型)和高压共轨燃油供给系统(时间压力控制型)的组成和工作原理。

（一）传统柴油机燃油供给系统

传统柴油机燃油供给系统如图 2-41 所示,主要由燃油箱、输油泵（低压泵）、燃油滤清器、喷油泵（高压泵）、喷油器、调速器和喷油提前器等组成。

1. 喷油泵

柱塞式喷油泵如图 2-41 所示。4 缸发动机的柱塞式喷油泵有 4 个柱塞分泵,一个柱塞分泵为一个气缸供油。

柱塞式喷油泵一般安装在发动机缸体侧面。它的前端有一个正时齿轮与曲轴前端的正时齿轮啮合。齿轮的传动比是 2,即曲轴转两圈,喷油泵的正时齿轮转一圈。正时齿轮的轴通过喷油提前器带动喷油泵的凸轮轴转动。凸轮轴上的凸轮数与缸数相同。凸轮驱动柱塞在柱塞套筒内做上下往复运动,将柴油经高压油管压入喷油器。转动柱塞,改变柱塞体上的螺旋槽与进油孔的相对位置,即可改变柱塞一次循环（上下往复一次）的泵油量。驾驶人脚下

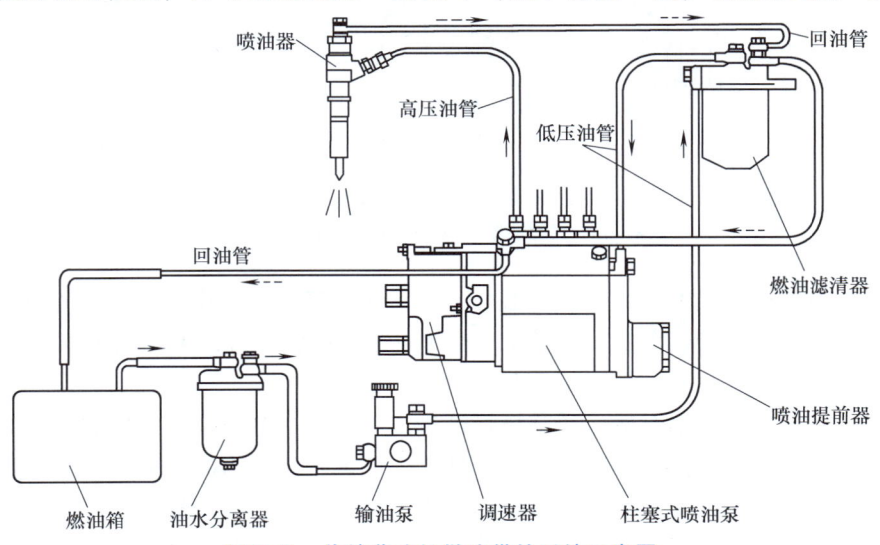

图 2-41 传统柴油机燃油供给系统示意图

的加速踏板通过传动装置可使调节齿杆移动（见图2-42），并通过调节齿圈使柱塞转动，从而改变供油量。

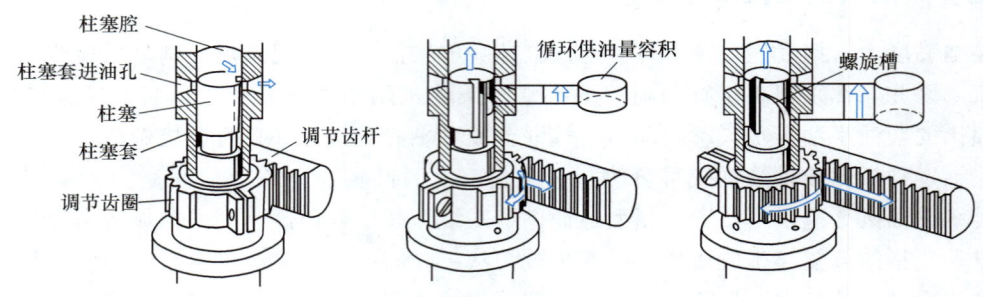

图 2-42　循环供油量的调节

2. 喷油器

喷油器的作用是将喷油泵提供的高压燃油喷入气缸。喷油器安装在气缸盖上，其喷口伸入燃烧室中，高压燃油以油雾状态高速喷入气缸，与被压缩的高压、高温空气极快混合并自行燃烧。如图2-43所示，喷油器主要由针阀、针阀体、调压弹簧以及外壳等零部件组成。喷油器在不喷油时，喷孔被针阀关闭，将燃烧室与高压油管分隔开。

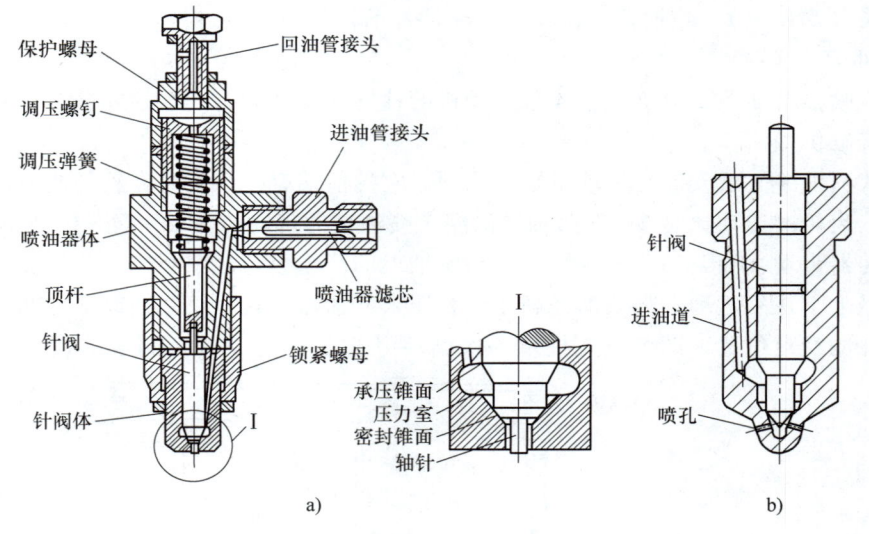

图 2-43　喷油器结构
a）轴针式喷油器结构　b）孔式喷油器结构

根据喷油嘴结构形式的不同，喷油器可分为轴针式喷油器和孔式喷油器两种。轴针式喷油器的喷嘴处伸出一轴针（与针阀相连），改变轴针的形状即可改变喷射油雾的形状；孔式喷油器的喷嘴上有数个喷孔，可以喷出几束油雾。

发动机工作时，从喷油泵输入的高压燃油进入喷油器，油压作用在针阀上，对针阀上的承压锥面作用一个向上的推力，当推力大于针阀上的弹簧压紧力时，针阀升起，针阀的密封锥面离开阀座，高压燃油便从喷孔喷入气缸。当喷油泵停止向喷油器供油时，由于油压迅速下降，针阀在弹簧力作用下回落阀座，喷孔关闭，喷油器停止向气缸内喷油。

3. 喷油提前器

高压燃油虽然喷入气缸后瞬间即可燃烧，但从开始燃烧到着火最旺盛是需要时间的。要使活塞到达压缩上止点时是气缸内着火最旺盛的时刻（试验证明这样能获得最大功率和最低燃油消耗率），必须在活塞到达压缩上止点之前开始喷油，以给气缸内一个合适的初燃期。从喷油开始到活塞到达压缩上止点，曲轴所转过的角度称为喷油提前角。喷油提前角过大或过小均会使柴油机的动力性和经济性恶化。喷油提前器就是一套能使喷油时刻随着发动机转速和功率的变化而提前或推后的自动调节装置。

4. 调速器

不带调速器的柴油机喷油泵每次的供油量是随发动机转速变化而变化的。转速升高，每次的供油量也随之加大，反之则减小。这种特性给驾驶人稳定发动机转速带来很大困难。例如发动机在正常工作中，遇到负载减小，发动机的转速必然升高，转速的升高带来供油量的增加和功率的提高，功率提高又使转速进一步升高，最后超过额定转速而失去控制，这种现象称为"飞车"。调速器是一种负反馈装置，它能在驾驶人给定的油门位置上，自动增减供油量，来稳定发动机的转速。

传统柴油发动机燃油供给系统的供油量由调节齿杆的位置确定，供油时刻由供油提前器中调节元件的位置确定，因此又称为位置控制型燃油供给系统。

（二）柴油机高压共轨燃油供给系统

柴油机高压共轨燃油供给系统如图 2-44 所示，主要由燃油箱（内含电动燃油泵）、滤清器、高压泵、压力调节阀、轨压传感器、共轨、喷油器、传感器和电控单元等组成。

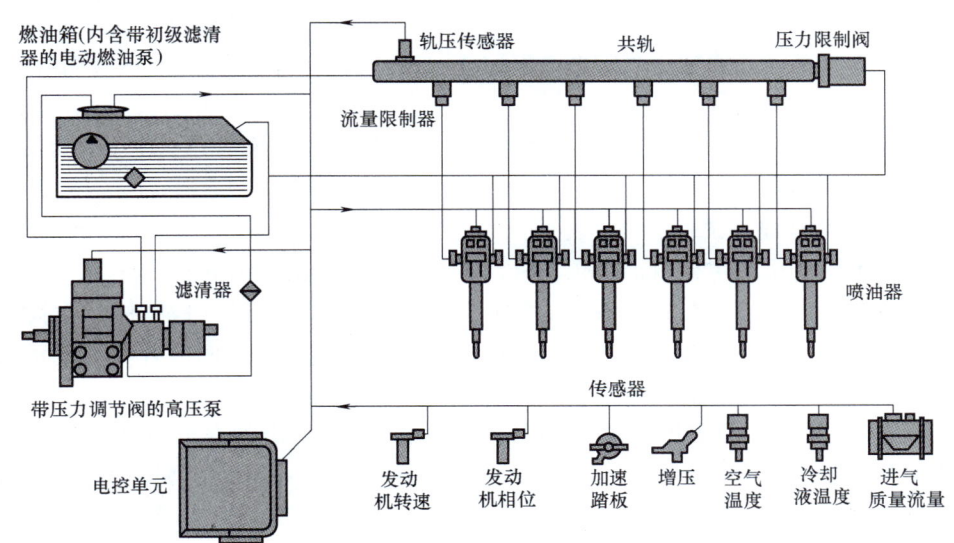

图 2-44　柴油机高压共轨燃油供给系统

燃油箱中的燃油经低压电动燃油泵和高压泵增压后送入共轨腔中，共轨腔的油压由压力调节阀控制，与发动机的转速高低无关。

电控单元根据传感器传来的信息进行工况判定，得出对应于该工况的目标控制量，如喷油时刻、喷油量和喷油压力等。电控单元通过控制喷油器的通电时刻和通电脉宽来控制燃油的喷射时刻和喷射量；通过控制高压泵的压力调节阀来控制喷射压力。目前，高压共轨燃油供给系统的喷油压力已提高到 150~200MPa，以满足日益严格的排放法规要求。

高压共轨燃油供给系统中的喷油器的开闭是由高频电磁阀控制的，由于高频电磁阀存在固有的电感效应，其响应特性和控制精度已适应不了最新的多段喷射控制要求。为此，新一代以压电晶体驱动的压电式喷油器登上了柴油机燃油供给系统的舞台，压电式喷油器具有更高的响应特性，可实现更加精确的供油量控制。

第五节　润滑系统与冷却系统

一、润滑系统

1. 润滑系统的功用及润滑方式

润滑系统的主要功用是将润滑油不断地输送到各摩擦表面，减小摩擦和磨损。此外，润滑系统还兼起防腐、密封、清洁和冷却的作用。需要润滑的表面一般都是精密表面，润滑油膜可以有效地防止氧化和锈蚀；活塞与缸壁之间的润滑油又加强了密封性；流动的润滑油带走了摩擦表面的屑末、污垢和热量，又起到了清洁和冷却的作用。

发动机的润滑方式有压力润滑、飞溅润滑和润滑脂润滑三种。

（1）压力润滑　压力润滑是将具有一定压力的润滑油强制送到各润滑表面的缝隙内，在两个相对运动的表面之间形成油膜，以达到减摩的目的。采用压力润滑方式的有曲轴上的主轴颈、连杆轴颈、凸轮轴颈、摇臂轴和正时齿轮等。

（2）飞溅润滑　飞溅润滑是利用运动部件（主要是曲轴的曲拐和平衡块）工作时击打润滑油，飞溅起来的油滴和油雾吸附在摩擦表面从而起到润滑作用。采用飞溅润滑方式的有活塞与气缸壁、凸轮与挺杆等。

（3）润滑脂润滑　润滑脂润滑是通过定期加注润滑脂来润滑零件的工作表面，如水泵及发电机轴承等的润滑。

2. 润滑系统的组成与工作原理

发动机压力润滑系统主要由油底壳、机油泵、集滤器、机油滤清器、油道、机油压力表和机油标尺等组成。润滑油在发动机内的循环路线如图 2-45 所示。机油泵将润滑油从集滤器吸入，加压后经机油滤清器过滤进入主油道，然后分成若干支路润滑各轴承滑动工作面。有的大型发动机还装有机油散热器。

（1）机油泵　机油泵的功用是提高润滑油压力，保证润滑油在润滑系统内不断循环。常见的机油泵有齿轮泵和转子泵。齿轮泵如图 2-46 所示，由一对大小相等的齿轮构成，在齿轮转动过程中，两齿轮的齿槽将左腔的润滑油带入右腔，齿轮啮合处阻止油液回流，从而改变进、出油腔的容积，实现泵油作用。

（2）集滤器与机油滤清器　集滤器装在机油泵进油管的进油口上，其上的金属丝网起着第一级过滤作用，防止润滑油中较大的杂质进入机油泵。机油滤清器起着滤除润滑油中各种微粒杂质的作用。滤芯有纸质、金属质等各种形式。纸滤芯机油滤清器（见图 2-47）由于价格低廉、滤清效果好而被广泛使用。为防止滤清器过脏阻碍润滑油通过，滤清器内设有与滤芯并联的旁通阀。当滤芯堵塞严重时，润滑油推开旁通阀进入主油道，以免主油道断油,从而保证发动机得到可靠的润滑。

(3) **油底壳** 油底壳是盛放润滑油的容器,同时,还起着冷却润滑油的作用,安装在缸体下面。一般都是由钢板冲压而成,有的大型发动机采用铸造油底壳,壳体上带有散热肋片。

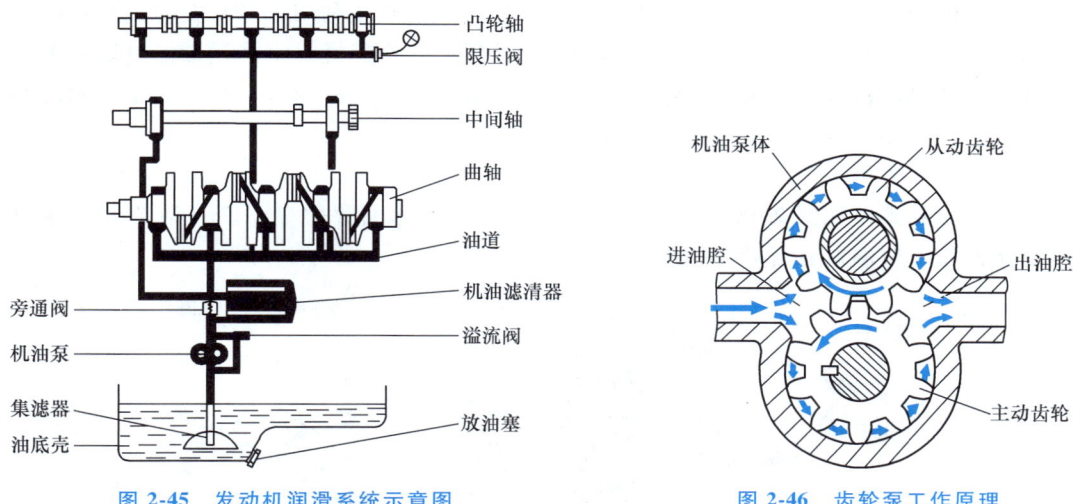

图 2-45 发动机润滑系统示意图　　　　图 2-46 齿轮泵工作原理

(4) **油道与机油标尺** 油道是指在缸体、缸盖上铸出或在零件上(如曲轴)钻出的润滑油的通道。机油标尺是插进油底壳里的带有刻度标记的尺杆,用来检查油底壳里的润滑油存量和察看润滑油的颜色、黏度,以判断润滑油的存量和质量。

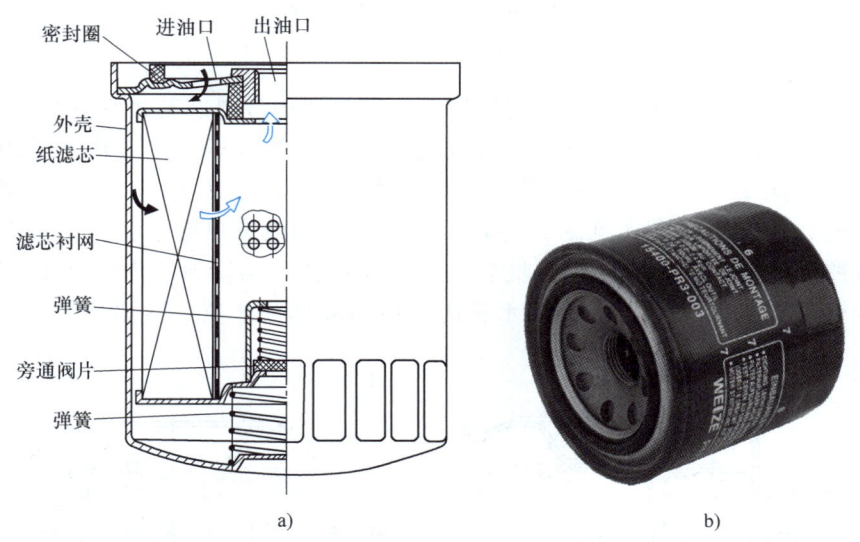

图 2-47 不可拆式纸滤芯机油滤清器
a) 滤清器内部构造　b) 机油滤清器

二、冷却系统

1. 冷却系统的功用及冷却方式

发动机在正常工作时,燃烧室及附近零部件的温度可高达 2000℃ 以上,若不及时加以冷却，则将导致零件的损坏，使燃烧效率下降，甚至引起致命故障。要保证发动机正常工作，必须对发动机高温零部件进行冷却。发动机冷却系统的功用就是根据发动机的工况对发动机进行适度的冷却，从而保持发动机在最适宜的温度范围内（85~95℃）工作。

发动机的冷却方式有风冷式和水冷式两种。风冷式是直接利用空气对发动机的缸体、缸盖等高温零件进行冷却。水冷式是用水作介质，让循环水流经燃烧室附近带走热量，再在发动机外对冷却水进行冷却。风冷式结构简单但冷却效果不佳，故通常只在摩托车发动机上使用，汽车上广泛使用的是水冷式冷却系统。

2. 冷却系统的组成与工作原理

水冷式冷却系统如图 2-48 所示，主要由水泵、缸体水套、缸盖水套、散热器、冷却风扇、膨胀水箱、节温器和百叶窗等组成。

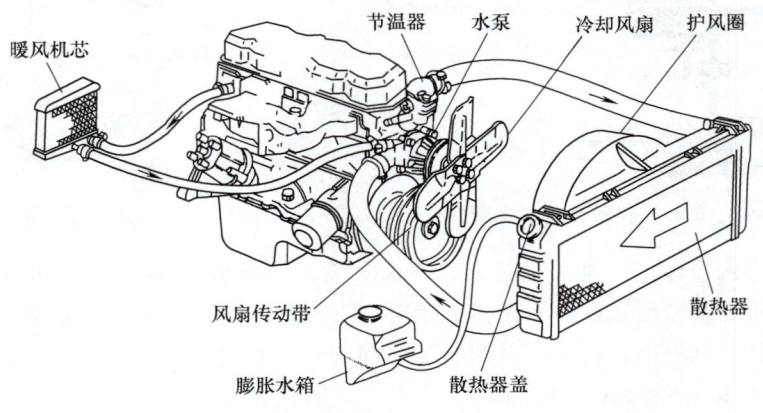

图 2-48　水冷式冷却系统

（1）散热器　冷却液在散热器中得到冷却，散热器的散热芯是由导热性能良好的铜、铝材料制成的。为防止散热器内压力过高或过低而损坏散热器，在散热器盖内设有压力阀和真空阀（见图 2-49）。发动机工作时，冷却液的温度和压力升高，当散热器内的压力超过预定值时，压力阀开启（见图 2-49a），一部分冷却液流出散热器进入膨胀水箱，以防止冷却液胀裂散热器。当发动机停机后，散热器内的压力降到大气压力以下出现真空时，真空阀开启（见图 2-49b），膨胀水箱内的冷却液部分地流回散热器，可以避免散热器被大气压力压坏。

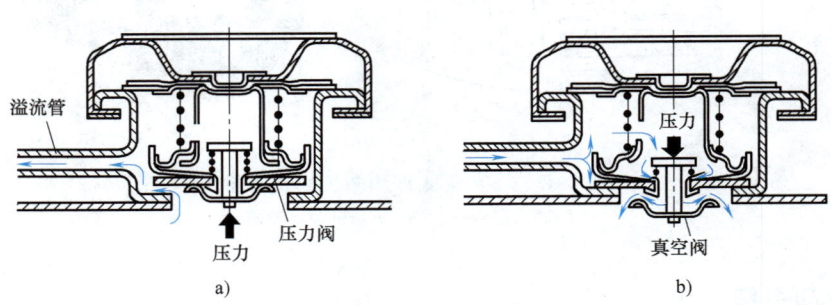

图 2-49　散热器盖的结构及工作原理
a）压力阀开启　b）真空阀开启

（2）水泵　水泵的作用是强制冷却液循环流动。汽车发动机使用的大多是离心式水泵，如图2-50所示。离心式水泵的特点是尺寸小，流量大，结构简单，成本较低。

（3）风扇　风扇紧靠在散热器的后面，风扇与水泵由曲轴前端的带轮驱动（见图2-48），或由电动机驱动。与普通风扇不同的是汽车风扇在转动时是向内吸风的。有的汽车在风扇的叶片与带轮之间装有风扇离合器。当冷却液温度较低时（如低于70~75℃时），离合器自动脱开，扇叶停止转动或转速很慢，以使发动机尽快升温，或保持发动机的温度。

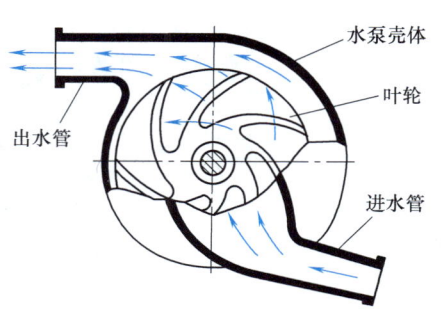

图2-50　离心式水泵的工作原理

（4）节温器　节温器是控制冷却液流动路径的阀门，它根据冷却液温度的高低，自动打开或关闭冷却液的通道。汽车上广泛采用的是蜡式节温器，如图2-51所示。在节温器的感温体外壳和胶管之间充满石蜡，当冷却液温度低于规定值时，感温体内的石蜡呈固态，节温器主阀门处于关闭状态，副阀门处于打开状态，如图2-51a所示；当冷却液温度高于规定值时，石蜡逐渐熔化变成液体，体积随之增大，推动节温器主阀门打开，副阀门关闭，如图2-51b所示。

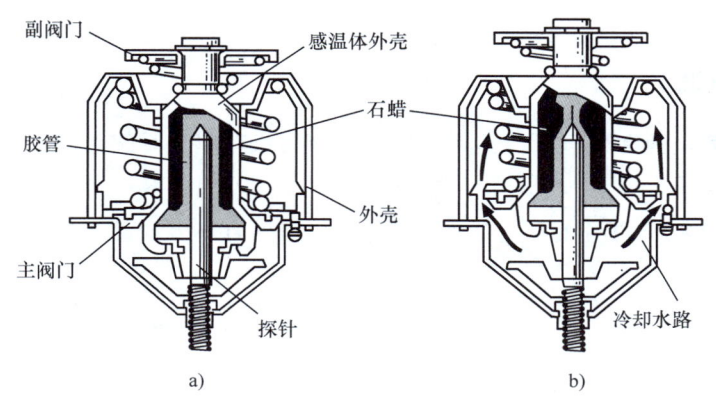

图2-51　蜡式节温器
a）节温器关闭　b）节温器打开

通过节温器可以根据发动机的温度变化，自动控制冷却液的流动路径。冷却液在发动机水套与水泵之间流动，而不经过散热器的循环方式称为小循环。冷却液在发动机水套、散热器、水泵之间流动的循环方式称为大循环。

当冷却液温度低于70~75℃时，节温器主阀门关闭，冷却液走小循环水路，如图2-52a所示；当冷却液温度高于80~85℃时，节温器主阀门打开，冷却液进入散热器走大循环水路，如图2-52b所示；当冷却液温度介于两者之间时，节温器的主阀门和副阀门都处于半开状态，大、小循环都存在。图2-52中来自暖风机的水流的通断由其他阀门控制。

（5）防冻液　发动机的冷却液不应当使用普通自来水，都要使用防冻液。特别是在北方的冬季，普通自来水因温度低而冻结，将损坏散热器和发动机。防冻液是在去除了钙、镁

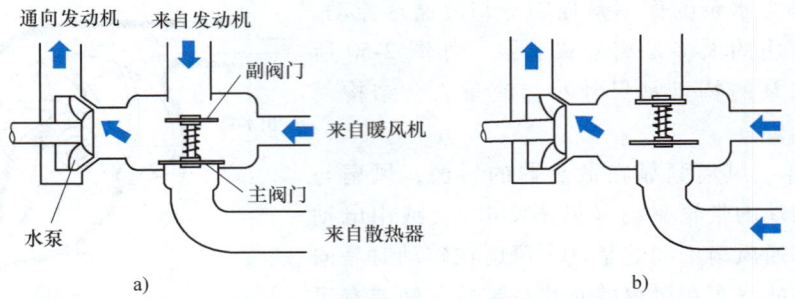

图 2-52 大、小两种循环水路径
a) 小循环 b) 大循环

离子的软水中加入有机溶液和防腐溶液配成的专用液体。防冻液价格较贵，容易蒸发散失。为防止其散失，在汽车散热器上方设置有一膨胀水箱（见图 2-48）。膨胀水箱里装有半桶冷却液，其上有水管通往散热器。由于膨胀水箱在整个冷却水路中所处位置最高，且常布置在温度较低的地方，故所有蒸发了的冷却液蒸汽都上升到膨胀水箱里，冷凝成液体后再进入循环。这种封闭式的冷却系统可以数年不更换冷却液。

第六节　点火系统与起动系统

一、汽车电源

汽车电源由蓄电池和发电机及其调节器组成，为汽车点火系统、起动系统、灯光、信号等全车电器设备供电。

在发动机正常工作的情况下，由发电机给各用电设备供电；当发动机转速较低时或用电负荷较大时，由发电机和蓄电池共同供电；当发电机供电量较大而用电量较小时，蓄电池可以把多余的电量储存起来；在起动发动机时，则完全由蓄电池供电。

图 2-53 所示为汽车电源示意图。其中的电流表是双向的。当发电机向蓄电池充电时，电流表指示为正，蓄电池向用电器供电时，电流表指示为负。据此可以判断发电机的工作是否正常。此外，由于发电机的输出端带有二极管，不会出现蓄电池向发电机反灌电流的现象。

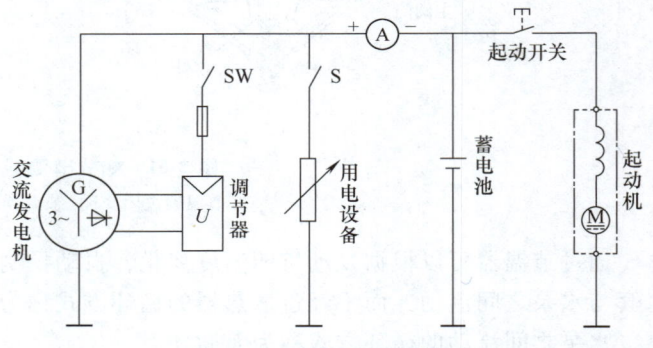

图 2-53　汽车电源示意图

1. 蓄电池

蓄电池是靠内部的化学反应来储存电能和向用电设备供电的装置。汽车上使用的蓄电池主要是为起动机供电，所以也称为起动蓄电池。又由于其极板所使用的活性物质是铅和铅的氧化物，所使用的电解液是硫酸，所以又称为铅酸蓄电池。

蓄电池是由几个独立的单格蓄电池串联而成的，每个单格蓄电池的电压为2V。因此，一个12V的蓄电池是由6个单格蓄电池串联而成的，如图2-54a所示。

在蓄电池使用过程中，由于飞溅、蒸发、电解等作用，蒸馏水会不断减少，因此要经常补充蒸馏水。目前，汽车上广泛使用免维护蓄电池（见图2-54b），其电解液由制造厂一次性加注，并封闭在壳体内，因此无需保养与维护。免维护蓄电池具有耐振、耐高温、自放电少、使用寿命长等许多优点。

a)　　　　　　　　　　b)

图2-54　蓄电池的结构

a）普通蓄电池　b）免维护蓄电池

2. 发电机与调节器

发电机是发动机正常工作时的主要电源，其功用是将发动机输入的机械能转变成电能。汽车上使用的发电机是三相交流发电机，用三相全波整流器将交流电变成直流电。三相交流发电机如图2-55所示，主要由转子和定子组成。

发电机发出的三相交流电通过整流器转变为直流电。当发电机的参数一定时，其输出电压与转子转速成正比，与磁极的磁场强度成正比。在发电机工作时，其转速随发动机转速变化而变化，因此，输出电压也是不断变化的。为了防止发电机的输出电压过高而损坏用电设备和蓄电池，应使其输出电压稳定在一定范围内，为此，必须为发电机装一个电压调节器，通过调节转子线圈的励磁电流大小来调节输出电压。

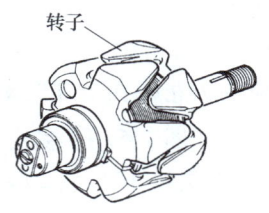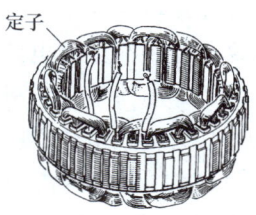

图2-55　三相交流发电机

二、点火系统

在汽油发动机中，燃油和空气的混合气是由点火系统产生的电火花点燃的。为了适应发动机的工作，要求点火系统能在规定的时刻，按发动机的点火顺序供给火花塞以足够能量的高压电，使其两电极间产生电火花，点燃缸内的混合气，使发动机做功。现代汽车的点火系统普遍采用微型计算机控制点火系统。在此之前，汽车采用传统的触点式点火系统和无触点式电子点火系统，考虑到使用这类点火系统的汽车仍未完全退出市场，因此下面也对传统点火系统做一简单介绍。

1. 微型计算机控制点火系统

微型计算机控制点火系统有多种类型，下面介绍每缸一个点火线圈的微型计算机控制点火系统。微型计算机控制点火系统由传感器、微型计算机控制单元、执行器、点火线圈和火花塞组成，如图 2-56 所示。

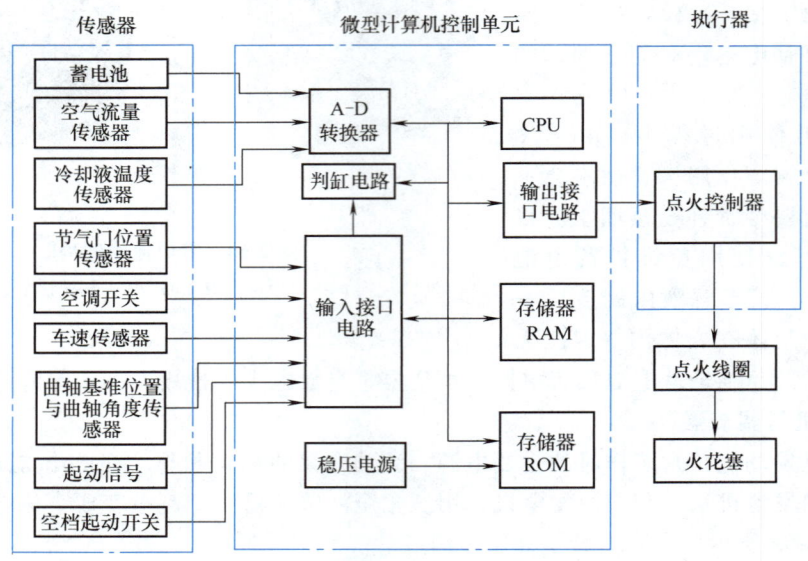

图 2-56　微型计算机控制点火系统原理框图

传感器用来监测与发动机有关的各种工况信息，有空气流量传感器、节气门位置传感器、冷却液温度传感器、车速传感器、曲轴基准位置传感器、曲轴角度传感器以及其他工况信号。将这些传感器采集的信号送入微型计算机控制单元进行分析处理，迅速得出需要点火的气缸位置，以及最佳点火时刻。点火时刻的早晚随汽车运行工况而变化，点火时刻偏早或偏晚都将造成发动机功率下降、排放污染增大。微型计算机控制单元发出控制指令给点火执行器，点火执行器由晶体管电路组成，根据点火控制指令将要求点火的气缸的点火线圈电路接通和断开，产生高压电，使对应的火花塞在最佳时刻点火。

点火线圈与火花塞组装在一起，如图 2-57 所示。

点火线圈又称为变压器，其功用是将 12V 或 24V 的低压直流电转变成 15～20kV 的高压直流电，其内部有铁心、一次绕组（低压绕组）和二次绕组（高压绕组）。当一次绕组中通入低压电时，电流在点火线圈中积聚能量，当一次绕组中的电流被切断时，电磁感应使点火线圈的二次绕组中感应出高压电。

火花塞由中心电极和侧电极组成，其头部的两电极之间有一小间隙，高压电击穿间隙时产生电火花。火花塞安装在气缸盖上，火花塞的头部伸入到燃烧室中，用来将点火线圈产生的高压电引入燃烧室，点燃气缸内的可燃混合气。

微型计算机控制点火系统的点火时刻控制精确，点火可靠性高，故障率低，使发动机的动力性、经济性都大为提高，排放污染大大降低。

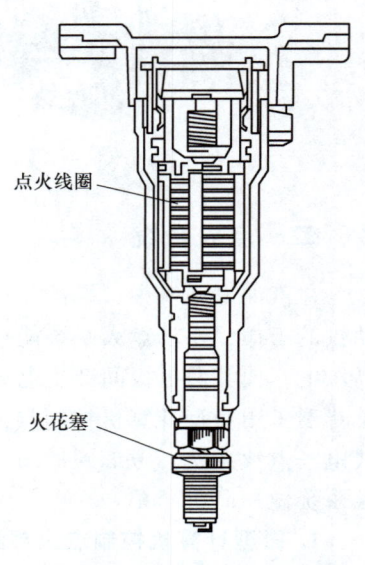

图 2-57　点火线圈与火花塞

2. 传统点火系统

传统点火系统的组成如图 2-58 所示，主要由蓄电池、点火开关、点火线圈、分电器和火花塞等组成。

分电器的功用是在发动机工作时接通与切断点火系统的一次绕组电路，使点火线圈的二次绕组中产生高压电，并按发动机要求的点火时刻与点火顺序，将点火线圈（只有一个点火线圈）产生的高压电分配到相应气缸的火花塞上。分电器主轴的转动是由凸轮轴上的齿轮驱动的，分电器由配电器、断电器以及点火提前器等组成。

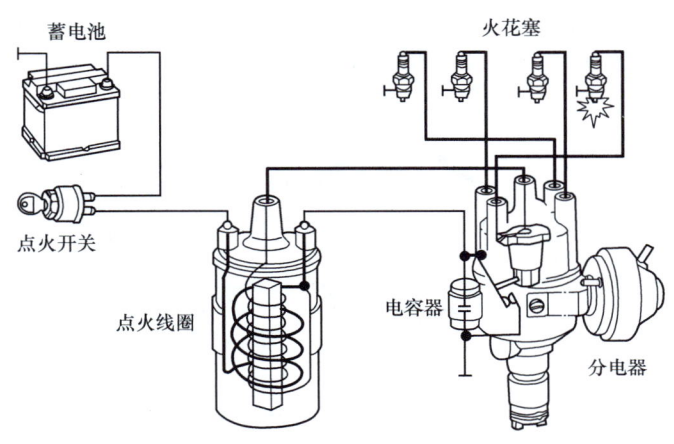

图 2-58 传统点火系统的组成

传统触点式点火系统的工作原理如图 2-59 所示。断电器主要由一对触点和凸轮组成，凸轮上的凸峰数与气缸数相同（图 2-59 所示为 4 缸汽油机的点火系统）。当凸轮的非凸峰对着活动触点臂时，触点闭合，电流在点火线圈的一次绕组中流动并积聚电能，如图 2-59a 所示；当凸轮的凸峰顶起触点臂时，触点断开，一次绕组中的电流迅速减小，此时在点火线圈的二次绕组中便感应出高压电，该高压电通过高压线传到配电器，配电器上的旋转分火头将高压电经旁电极、高压导线传到火花塞，在火花塞上产生电火花，点燃气缸内的压缩混合气，如图 2-59b 所示。然后触点再闭合、断开，点燃另一气缸的压缩混合气。周而复始，保持发动机连续运转。

传统触点式点火系统低压电路的电流较大（3~5A），常引起触点烧蚀，点火不可靠。

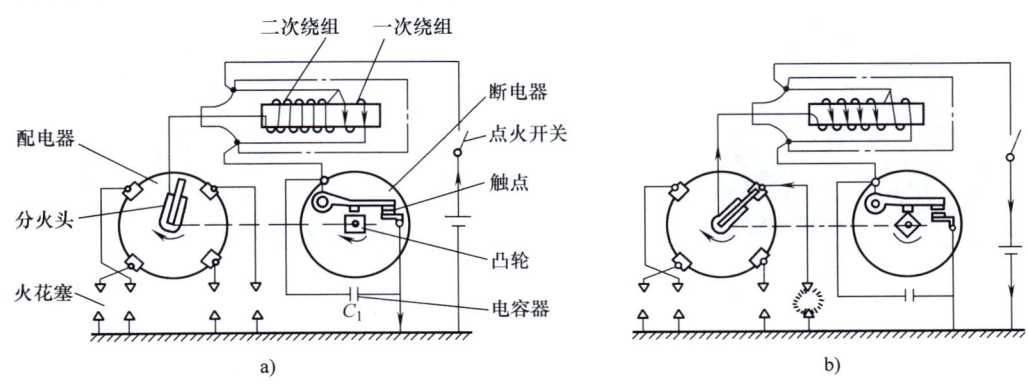

图 2-59 传统触点式点火系统工作原理
a）触点闭合　b）触点断开

无触点电子点火系统是用点火信号发生器替代触点式断电器,由点火控制器控制点火线圈一次绕组电路的接通和断开,点火可靠性大为提高。

点火信号发生器有磁感应式、霍尔效应式和光电效应式三种,如图2-60所示。信号转子与分电器主轴相连,信号转子的凸齿数(或缺口数)与发动机的气缸数相同,当信号转子旋转时,磁感应式点火信号发生器的线圈中产生磁电感应电压脉冲信号(见图2-60a),霍尔效应式点火信号发生器的电路中产生霍尔效应电压脉冲信号(见图2-60b),光电效应式点火信号发生器的光敏晶体管中产生光电脉冲信号(见图2-60c)。脉冲信号被送入点火控制器,经整形、放大,转变为点火控制信号,控制点火线圈一次绕组中电流的通、断,以便在点火线圈二次绕组中产生高压电,供火花塞点火。

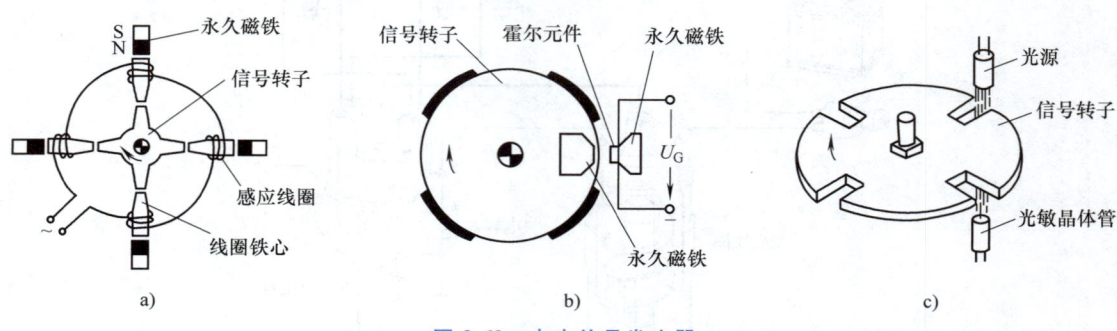

图 2-60 点火信号发生器
a)磁感应式 b)霍尔效应式 c)光电效应式

传统的触点式点火系统或无触点式电子点火系统的点火时刻是<u>由分电器上的机械式点火提前器调节的</u>,调节精度不高。因此,使用传统点火系统的发动机燃烧效率低、排放污染大。

三、发动机起动系统

用外力矩带动静止的发动机曲轴旋转,直到曲轴达到能保证进气、压缩、做功和排气各行程顺利进行的转速,使发动机进入自行运转的过程称为起动。<u>现代汽车发动机都采用起动机起动</u>,起动机如图2-61所示。起动机安装在发动机飞轮旁边(见图2-62),起动机上的小齿轮与飞轮上的大齿圈啮合,将动力传给曲轴。

图 2-61 起动机

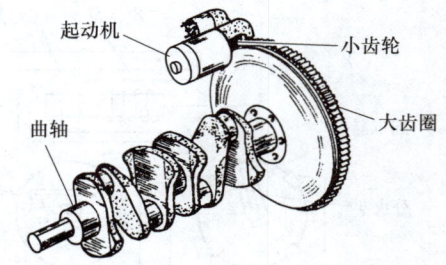

图 2-62 起动机的安装位置

起动机主要由<u>直流电动机、传动机构和控制机构</u>三部分组成,如图2-63所示。

1. 直流电动机

汽车起动机为直流电动机,与普通直流电动机的主要区别是电压很低(12V或24V),

电流很大（200~600A）。

2. 传动机构

起动机的传动机构安装在电动机转子的延长轴上，用来起动发动机。转子前端装有一个可轴向移动的小齿轮，起动时，在控制机构电磁力的作用下，将小齿轮向前推出，与飞轮上的大齿圈啮合。小齿轮与大齿圈之间的传动比为15~22。为防止发动机起动后转速提高，反拖起动机高速转动，使起动机转子超速转动而发生破坏，在起动机的转轴与小齿轮之间设置有超速保护装置，也称为单向离合器。单向离合器只能传递由小齿轮到飞轮大齿圈的力矩，而当飞轮大齿圈反拖小齿轮转动时，小齿轮在轴上滑转，保证了起动机转子不会超速运转。

3. 控制机构

起动机的控制机构也称为操纵机构，其作用是控制起动机主电路的通断和驱动转子轴上的小齿轮移出和退回。起动机的控制机构由电磁线圈、活动铁心和拨叉等组成。起动发动机时，按下起动按钮，电磁线圈通电，活动铁心在电磁力的作用下移动，通过拨叉推动小齿轮移出（见图2-63a）；电磁线圈断电后，活动铁心在弹簧力的作用下回位，通过拨叉使小齿轮退回（见图2-63b）。

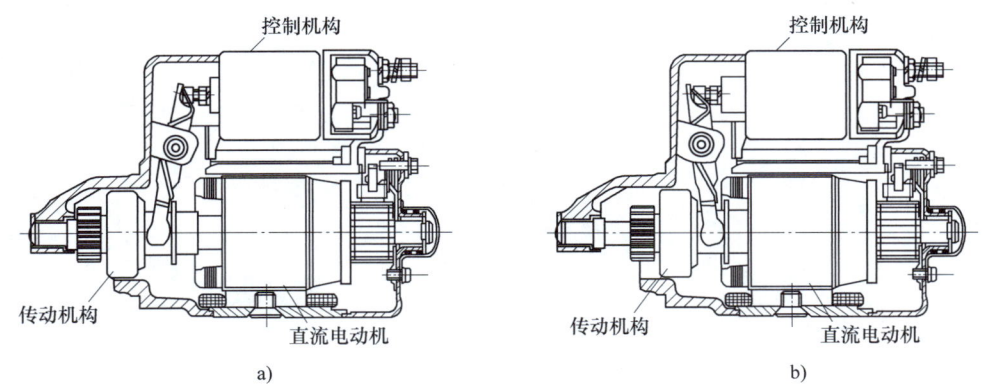

图 2-63 起动机的工作原理

a) 控制机构通电小齿轮移出 b) 控制机构断电小齿轮退回

习 题

2-1 发动机通常是由哪些机构与系统组成的？它们各有什么功用？

2-2 发动机压缩比的含义是什么？汽油机和柴油机的压缩比分别是多少？

2-3 汽油机与柴油机在可燃混合气形成方式和点火方式上有何不同？

2-4 曲柄连杆机构的功用是什么？

2-5 气环和油环的功用是什么？通常活塞上有几道气环和几道油环？

2-6 飞轮的功用是什么？

2-7 配气机构中的凸轮轴的转速与曲轴的转速有何对应关系？为什么？

2-8 为什么进、排气门要提前开启、延迟关闭？

2-9 在汽车配气机构中，设置液压挺柱的作用是什么？

2-10 废气涡轮增压器的功用是什么？通常用于汽油机还是柴油机？为什么？

2-11 什么是空燃比？什么是标准混合气？

2-12　发动机不同工况时对混合气的浓度有何不同要求？
2-13　电控汽油缸外喷射系统由哪几个主要部分组成？供油量是如何确定的？
2-14　电控汽油缸内喷射系统是如何降低排放污染的？
2-15　传统柴油机燃油供给系统是由哪些装置构成的？它们各有什么功用？
2-16　在柴油机供油系统中，什么是位置控制型供油系统？什么是时间压力控制型供油系统？
2-17　发动机的冷却强度为什么需要调节？可采用哪些方法进行调节？
2-18　齿轮泵与离心泵的工作原理有何不同？
2-19　汽车上装有蓄电池，为什么还要安装发电机？它们是如何工作的？
2-20　传统触点式点火系统、无触点电子点火系统和微型计算机控制点火系统各有何特点？
2-21　起动机的功用是什么？由哪几个主要部分组成？起动机上的单向离合器起什么作用？

第三章

汽车底盘

汽车底盘接受发动机的动力,使汽车正常行驶。它包括传动系统、行驶系统、转向系统、制动系统四大部分。图3-1所示为发动机前置后轮驱动汽车的典型结构。

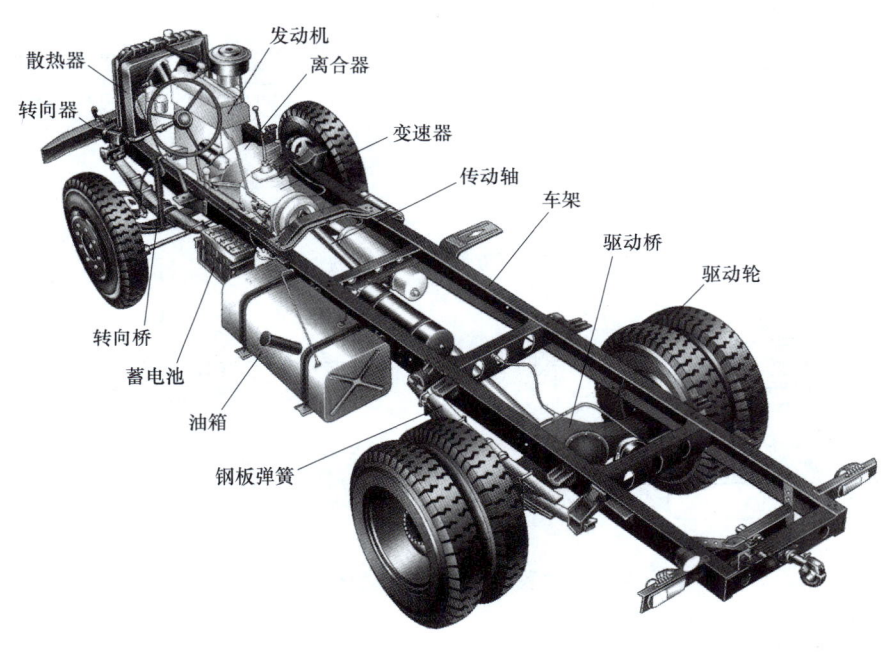

图 3-1 发动机前置后轮驱动汽车的典型结构

（1）传动系统　传动系统将发动机的动力传给驱动车轮。传动系统包括离合器、变速器、传动轴、主减速器、差速器和半轴等部分。

（2）行驶系统　行驶系统支承整车的质量,传递和承受路面作用于车轮上的各种力和力矩,缓和冲击,吸收振动,保证汽车在各种条件下正常行驶。行驶系统包括车架、悬架、车轴和车轮等部分。

（3）转向系统　转向系统使汽车按驾驶人选定的方向行驶。转向系统通常由转向操纵机构、转向器和转向传动机构组成,多数汽车还装有动力转向装置。

（4）制动系统　制动系统使汽车减速或停车,并保证汽车可靠地长时间停驻。制动系统包括制动器、控制装置、供能装置和传动装置等。

第一节 传动系统

一、传动系统概述

传动系统是位于发动机与驱动轮之间的一套传递动力的装置。它的主要功用是：①将发动机输出的动力传递给每一个驱动轮，并能改变动力的特性（转矩、转速和转向），以满足汽车各种行驶工况的需要；②能随时接通和断开动力传递；③能实现倒车。

发动机前置后轮驱动汽车的传动系统示意图如图3-2所示，载货汽车多采用这种传动系统。发动机发出的动力依次经过离合器、变速器、万向传动装置（包括万向节、传动轴）、主减速器、差速器和半轴传到驱动轮。

大多数轿车采用发动机前置前轮驱动的结构，如图3-3所示。其特点是变速器、主减速器和差速器等部件位于一个箱体内，结构紧凑。发动机前置前轮驱动汽车的传动系统示意图如图3-4所示。

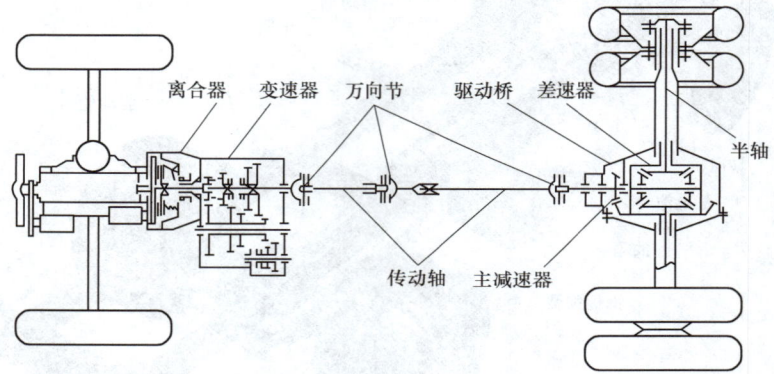

图3-2 发动机前置后轮驱动汽车的传动系统示意图

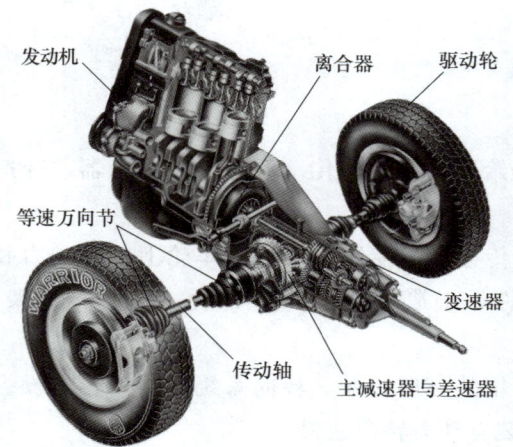

图3-3 发动机前置前轮驱动汽车的结构

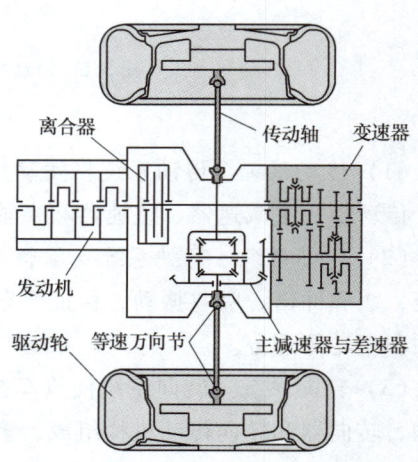

图3-4 发动机前置前轮驱动汽车的传动系统示意图

二、离合器

1. 离合器的功用

离合器安装在发动机与变速器之间,用于将两者接合以传递发动机的动力,并能随时将两者分离。它有如下三个功用:

1) 保证汽车平稳起步。汽车在由静止到行驶的过程中,其速度由零逐渐增大。起步时,驾驶人先迅速踩下离合器踏板,将离合器分离,再将变速器挂入低速档,然后加油并逐渐松开离合器踏板,使离合器逐渐接合,离合器主、从动盘接合的紧密程度逐渐增强,使传递到驱动轮的转矩逐渐增大,汽车缓慢加速,从而实现平稳起步。

2) 切断发动机与传动系统的联系,保证换档时工作平顺。汽车在行驶过程中,为了适应不断变化的行驶条件,传动系统经常要换用不同档位工作。在换档前也必须踩下离合器踏板,中断动力传递,以便使原档位的齿轮副脱开与变速器输出轴的连接,换入新档位,使新档位的齿轮副与变速器输出轴相连而进入工作。

3) 限制所传递的转矩,防止传动系统过载。汽车进行紧急制动时,若没有离合器,则发动机将因与传动系统刚性相连而急剧降低转速,使得其中所有传动零件将产生很大的惯性力矩,其数值可能大大超过发动机正常工作时所发出的最大转矩,造成传动系统零件超载而损坏。有了离合器,便可依靠离合器主动部分与从动部分之间的相对滑转来消除这一危险。

2. 摩擦式离合器的工作原理

汽车上广泛采用的是摩擦式离合器。摩擦式离合器的工作原理如图 3-5 所示。发动机飞轮、离合器盖和压盘是离合器的主动件,与发动机曲轴相连。从动件是位于飞轮与压盘之间的从动盘,通过花键与输出轴相连。膜片弹簧通过压盘将从动盘紧压在飞轮端面上,发动机发出的转矩通过飞轮及压盘与从动盘接触面间的摩擦作用传给从动盘,如图 3-5a 所示。当驾驶人踩下离合器踏板时,通过传动零件使膜片弹簧大端带动压盘右移,此时从动部分与主动部分分离,动力传递中断,如图 3-5b 所示。在重新接通动力传递时,需要适当控制离合器踏板的抬起速度,让压盘逐渐压紧从动盘,使主动部分传给从动部分的转矩逐渐加大。在这个过程中,主动部分与从动部分之间会发生相对滑动。

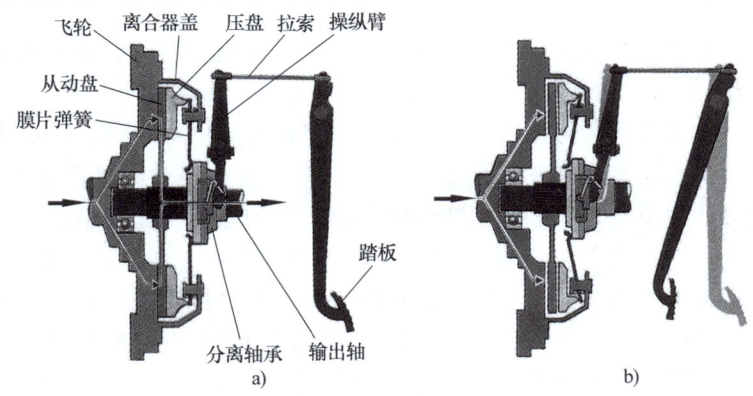

图 3-5 摩擦式离合器的工作原理
a) 接合状态 b) 分离状态

3. 离合器的构造

图 3-6a 所示为膜片弹簧离合器的结构，离合器的主动部分包括飞轮、离合器盖和压盘等零件。这部分零件与发动机曲轴连在一起，并始终与曲轴一起转动。离合器的从动部分为从动盘，它将动力通过输出轴传给变速器。

在离合器的压紧机构中采用膜片弹簧（见图 3-6b）。膜片弹簧是用薄弹簧钢板制成的带有锥度的碟形弹簧。其小端在锥面上均匀开有许多径向切槽，以形成分离指，起分离杠杆的作用，其余未切槽的大端部分起压紧弹簧的作用。膜片弹簧离合器具有结构简单，轴向尺寸小，质量小，高速旋转时离心力小等优点，广泛用于轿车、轻型和中型载货汽车及客车上。除了膜片弹簧外，螺旋弹簧也广泛用于离合器压紧机构。

离合器的从动盘由从动盘本体、摩擦片和从动盘毂等组成（见图 3-6c）。为了缓和传动系统受到的冲击载荷，从动盘上装有扭转减振器，扭转减振器中有减振弹簧和阻尼片，减振弹簧用来缓和冲击，阻尼片可衰减传动系统中的振动能量。

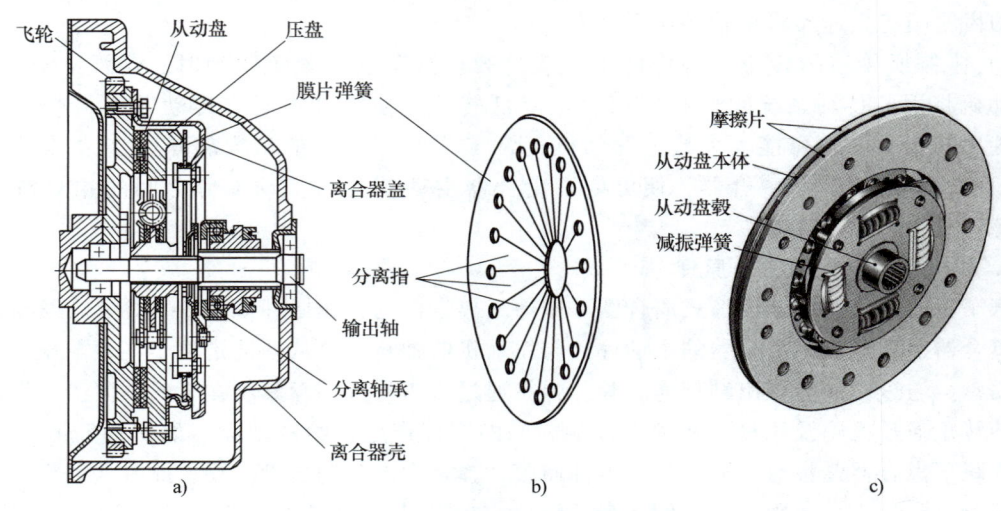

图 3-6 摩擦式离合器的结构
a）膜片弹簧离合器 b）膜片弹簧 c）从动盘

4. 离合器操纵机构

离合器操纵机构是为驾驶人控制离合器分离与接合而设置的一套操纵机构，分为机械式和液压式两种类型。

机械式离合器操纵机构有杆系传动机构和钢丝绳索传动机构两种。杆系传动机构中铰接点多，所以摩擦损失大，车身和车架的变形会影响其工作。钢丝绳索传动机构（见图 3-5）结构简单，布置灵活，不受车身和车架变形的影响，但传递的力比较小。

图 3-7 所示为液压式离合器操纵机构。它由离合器踏板、推杆、主缸、储液罐、工作缸、分离板和分离轴承等组成。当踩下离合器踏板时，通过推杆带动主缸活塞移动，管路中油压升高，液压油经高压油管进入工作缸，推动工作缸的活塞以及推杆移动，使分离板带动分离轴承向左移动，通过膜片弹簧的分离指使压盘右移，离合器分离（见图 3-5）。当放松离合器踏板时，膜片弹簧使工作缸活塞回位，压盘重新压紧从动盘，离合器接合，压入工作缸的液压油流回主缸。液压式离合器操纵机构具有摩擦阻力小、传动效率高、接合平顺、结

构比较简单、便于布置以及不受车身和车架变形的影响等优点，是汽车离合器普遍采用的一种操纵形式。

对于轿车和轻型汽车来说，离合器压盘弹簧的压紧力不大，离合器的操纵机构采用人力式操纵。而在中型和重型汽车中，压盘弹簧的压紧力很大，仅靠人力无法操纵离合器，常采用气压助力式离合器操纵机构。

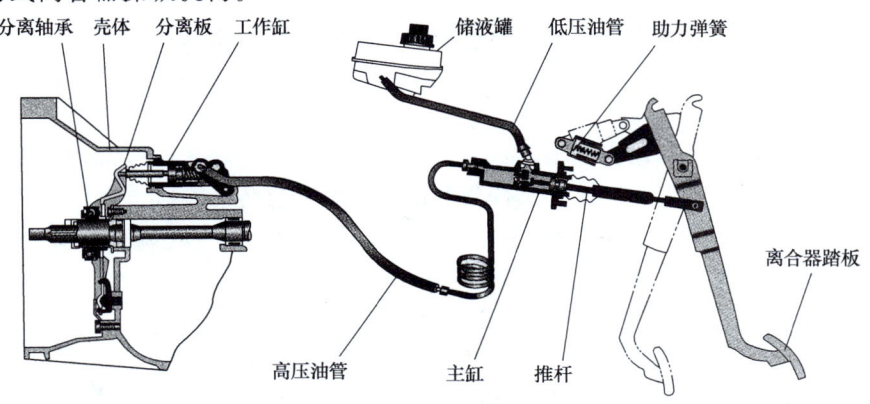

图 3-7　液压式离合器操纵机构

三、变速器

1. 变速器的功用

汽车发动机的转矩和转速变化范围不大，而复杂的使用条件则要求汽车的牵引力和车速能在相当大的范围内变化。为此，在传动系中设置了变速器。变速器的主要功用如下：

1）根据道路和交通状况，改变汽车的驱动力和行驶速度。变速器的这一功能是通过换档实现的。在发动机输出同样的转速和转矩条件下，使用不同的变速器档位，可使汽车得到不同的驱动力和车速。

2）切断发动机与驱动轮之间的动力传递，变速器的空档具有这一功能。虽然离合器也能切断动力传递，但由于离合器是常接合的，分离时必须踩下离合器踏板，只能短时间切断动力。若要较长时间停车，而又不让发动机熄火，必须使用变速器的空档。

3）实现倒车。发动机不能倒转，但汽车需要具有倒车功能。变速器不仅可以使输出轴与输入轴同方向转动，让汽车向前行驶，还可以使输出轴与输入轴反方向转动，实现倒车。

2. 变速器的分类

按传动比的变化方式划分，变速器可以分为有级式、无级式和综合式三种。

1）有级式变速器。这种变速器有几个可供选择的固定传动比，采用齿轮传动。有级式变速器又可分为齿轮轴线固定的普通齿轮变速器和部分齿轮轴线旋转的行星齿轮变速器。

2）无级式变速器。这种变速器的传动比可以在一定范围内连续变化。按变速的实现方式不同，又可分为液力式无级变速器、机械式无级变速器和电力式无级变速器。

3）综合式变速器。这种变速器由有级式变速器和无级式变速器共同组成，其传动比可以在最大值与最小值之间几个分段的范围内实现无级变化。

有级式变速器采用手动操纵方式，也称为手动变速器，它依靠驾驶人直接操纵变速杆进行换档。无级式变速器和综合式变速器采用自动操纵方式，也称为自动变速器。驾驶人只需操纵加速踏板，变速器就可以根据发动机的负荷信号和车速信号来控制执行元件，实现档位和传动比的自动变换。

3. 普通齿轮变速器的工作原理

图 3-8 所示为一对外啮合齿轮传动，若小齿轮 z_1（20 齿）为主动齿轮，大齿轮 z_2（40 齿）为从动齿轮，则传动比 $i_{12}=z_2/z_1=40/20=2$，从动齿轮的转速是主动齿轮的 1/2，而从动齿轮上的转矩是主动齿轮的 2 倍，且从动齿轮的旋转方向与主动齿轮相反。这说明在齿轮传动中，若小齿轮主动，大齿轮从动，则具有"减速增矩"作用。反之，若大齿轮主动，小齿轮从动，则具有"增速减矩"作用。

通过改变主动齿轮与从动齿轮的齿数，可以得到不同的传动比，也就是说在主动齿轮的输入转速和转矩不变的情况下，采用不同齿数的齿轮相啮合传动，可以得到不同的输出转速和转矩。如果一个变速器内设有几组不同齿数的齿轮传动，该变速器便有几个不同的传动比，每个传动比就称为一个档位。一般汽车具有 3~6 个档位。

发动机前置后轮驱动的汽车普遍采用三轴式齿轮变速器（见图 3-2），而发动机前置前轮驱动的汽车普遍采用两轴式齿轮变速器（见图 3-4），下面以两轴式齿轮变速器为例介绍普通齿轮变速器的工作原理。

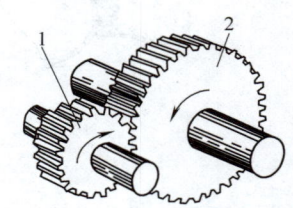

图 3-8　齿轮传动的基本原理
1—小齿轮　2—大齿轮

图 3-9 所示为两轴式的四档齿轮变速器结构图。它主要由两根轴、11 个齿轮和两套同步器组成。同步器是换档用的，与所在轴具有相同的转速，其上的接合套可以轴向移动。同步器左、右侧的两个齿轮均空套在轴上，可相对轴自由转动，其他齿轮则与轴固连为一体。当用外力拨动同步器上的接合套移向左、右某个齿轮时，该齿轮即通过同步器与所在轴连成一体。

若把同步器 B 的接合套向右拨，则输入轴的动力通过一档主、从动齿轮传给输出轴，变速器工作在一档状态（见图 3-9b）。若把同步器 B 的接合套向左拨，则输入轴的动力通过二档主、从动齿轮传给输出轴，变速器工作在二档状态（见图 3-9c）。同理，若把同步器 A 的接合套分别向右和向左拨，变速器将工作在三档状态（见图 3-9d）和四档状态（见图 3-9e）。若将 A、B 两同步器的接合套置于中间位置，变速器处于空档状态（见图 3-9a），此时输入轴的运动不能传给输出轴。

当两同步器的接合套均置于中间位置时，通过换档拨叉将倒档齿轮推入啮合位置，则变速器处于倒档状态（见图 3-9f）。因为在输入轴与输出轴之间增加了一级齿轮传动，所以输出轴将反向旋转，实现倒车。

一般轿车变速器设 3~5 个前进档，一般客车和载货汽车设 4~6 个前进档，大型客车和重型载货汽车设 6~8 个前进档。变速器的档位越多，汽车适应性越强，但变速器结构越复杂，体积和质量增大，成本也高。

平常所说某变速器有几个档，是指它有几个前进档，并不包括倒档和空档，因为倒档和空档都是必然要有的。

4. 变速器的操纵机构

图 3-10 所示为三轴式普通齿轮变速器及变速操纵机构的结构。

变速器操纵机构应保证驾驶人能准确可靠地操纵变速器使其挂入所需要的任一档位，或使其退到空档。大多数汽车变速器布置在驾驶人座位附近，变速杆由驾驶室底板伸出，驾驶人可直接操纵，这种操纵机构称为直接式变速器操纵机构。

变速杆头部位于不同位置即对应不同的档位，表示其对应位置的图称为档位图，位于变速杆头部，如图3-11所示。其中"R"表示倒档，数字表示前进档，线条相交处表示空档。图3-11中，左图和中间图为5档变速器的变速杆，右图为6档变速器的变速杆。

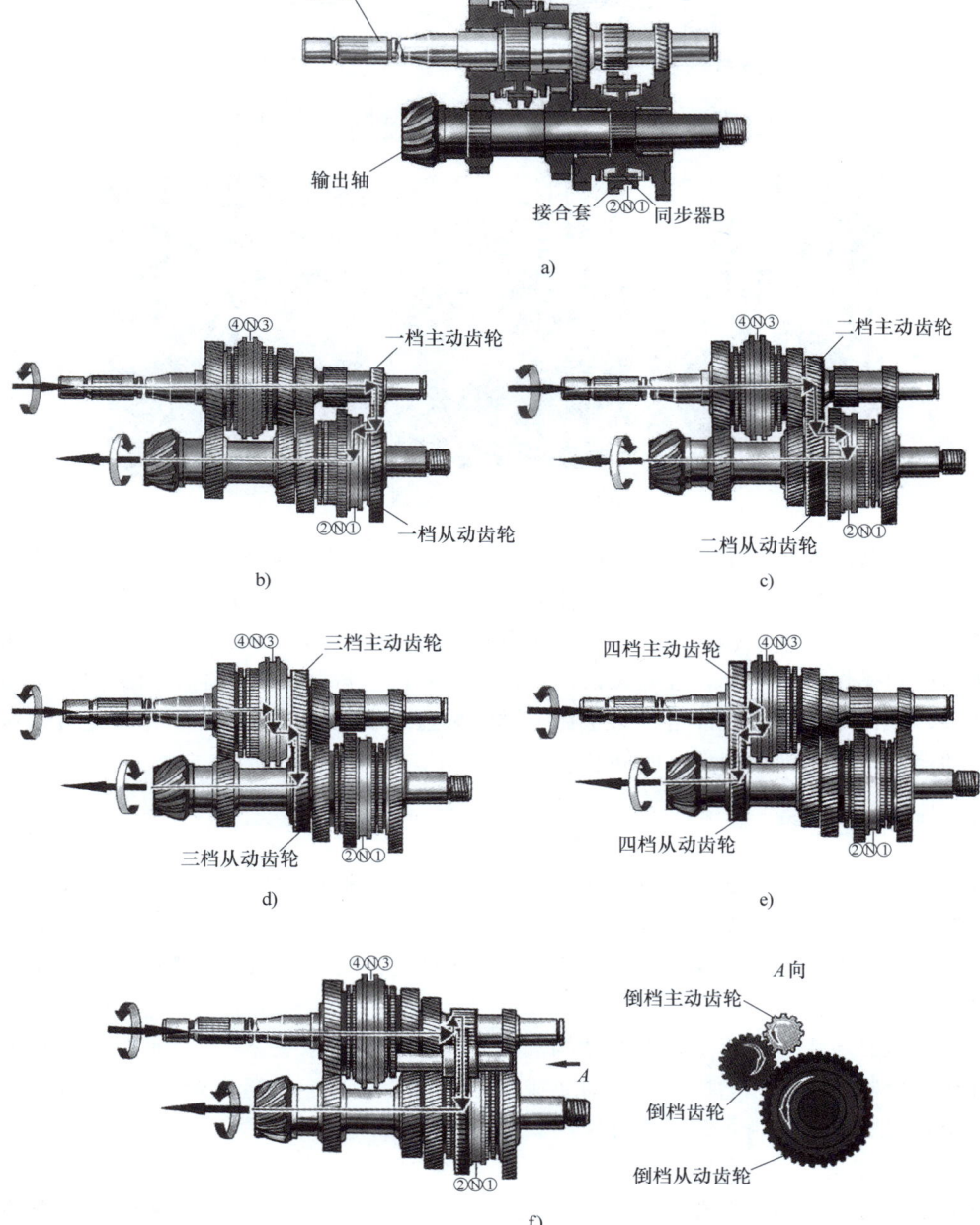

图3-9 两轴式四档齿轮变速器

a) 空档 b) 第一档 c) 第二档 d) 第三档 e) 第四档 f) 倒档

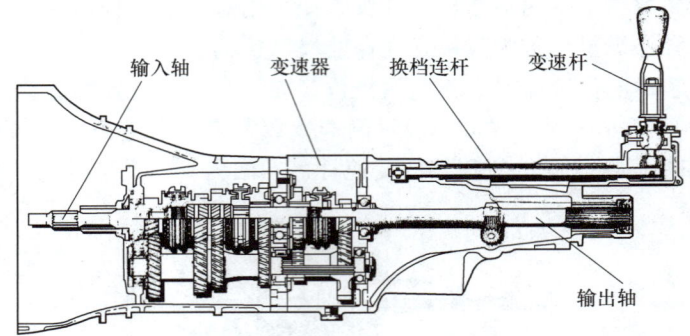

图 3-10 三轴式普通齿轮变速器及变速操纵机构的结构

图 3-11 变速器的变速杆

手动变速器的换档完全由驾驶人操作，换档时驾驶人需准确判断道路情况、载荷情况、交通情况以及发动机工作状况，选择最佳的档位和换档时机，以保证汽车具有良好的动力性和燃油经济性。在换档过程中，要求驾驶人有熟练的操作技术，保证对离合器踏板、加速踏板及变速杆的操作协调配合，准确无误，否则，会对汽车行驶性能产生不利影响。手动换档操作复杂，操作不当会引起冲击，甚至在关键时刻造成发动机熄火停车，尤其是对新驾驶人驾驶手动档汽车的培训难度大、时间长。

四、自动变速器

自动变速器能够根据发动机负荷和车速等情况自动变换传动比，使汽车获得良好的动力性和燃油经济性，并减少发动机排放污染。自动变速器简化了驾驶操作动作，降低了对驾驶技术和经验的要求，能够减少驾驶人在驾驶过程中的注意力分散和体力消耗，对安全行车更有保障。

自动变速器与普通齿轮变速器在结构和原理上差别很大。图 3-12 所示为一典型的电控液动自动变速器结构图。电控液动自动变速器由液力变矩器、行星齿轮组、换档执行机构、液压控制系统和电子控制系统五部分组成。

1. 液力变矩器

液力变矩器（简称变矩器）是利用油液循环流动过程中动能的变化来传递动力的。它能根据汽车行驶阻力的变化，在一定范围内自动地、无级地改变输入、输出之间的传动比和变矩比。

液力变矩器的基本组成零件是泵轮、涡轮和导轮，如图3-13所示。泵轮、涡轮和导轮上都有叶片，叶片具有不同的弯曲角度，三者装配后构成截面为圆形的圆环体。变矩器壳体内充满工作油液。图3-14所示为液力变矩器的结构示意图，泵轮、变矩器壳以及飞轮三者固连为一体，是主动件。涡轮是从动件，它与从动轴连在一起作为变矩器的输出件。导轮则固定在不动的套管上，工作中不转动。

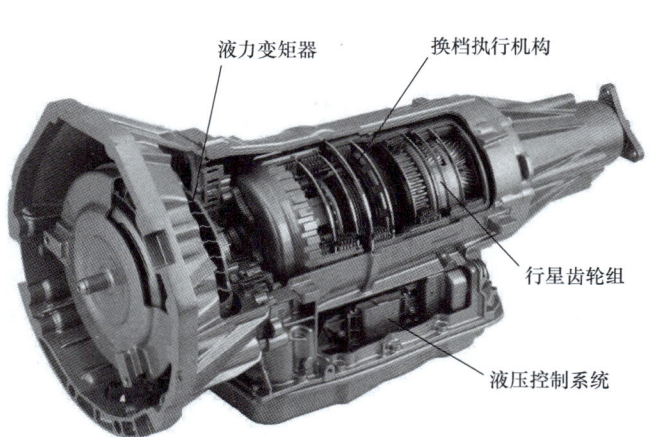

图3-12 电控液动自动变速器结构图

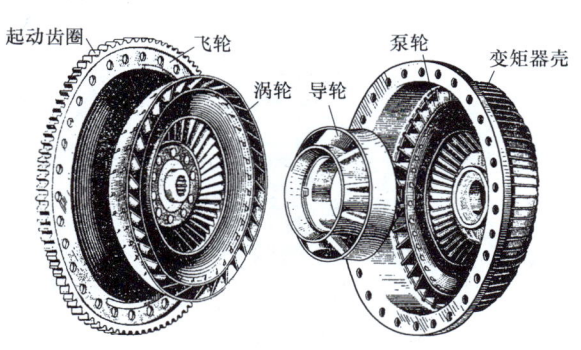

图3-13 液力变矩器的主要零件

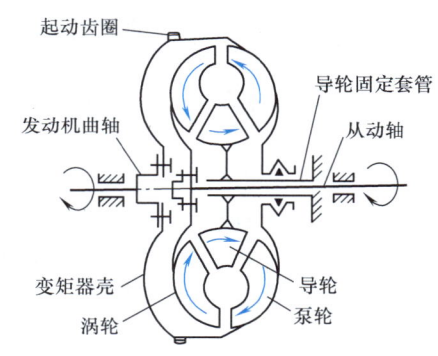

图3-14 液力变矩器结构示意图

在液力变矩器工作时，油液在三元件构成的圆环内做循环螺旋流动。由泵轮叶片带动的油液在离心力的作用下冲击涡轮叶片，便把动能传递给涡轮，涡轮将运动和动力输出，导轮的作用是改变液体流动的方向。液力变矩器不仅能传递转矩，而且能在泵轮转速和转矩（即发动机转速和转矩）不变的情况下，使涡轮输出的转速和转矩随负荷而变化。

随着涡轮转速的提高，固定在套管上不转动的导轮将对油液产生不利的导向，使涡轮上的输出转矩降得很低，传动效率也很低。为此，现代汽车液力变矩器在导轮与固定套管间设置有单向离合器，使导轮在特定时刻变成可转动的自由轮，有效地克服了导轮造成的不利影响。

液力变矩器靠工作油液传递转矩，比普通齿轮变速器的传动效率低。为了提高液力变矩器的传动效率，现代汽车在液力变矩器中设置有锁止离合器，当涡轮的转速与泵轮的转速相差不大时，通过控制使锁止离合器处于接合状态，即将泵轮与涡轮锁在一起，使液力变矩器成为一个传力构件，此时液力变矩器的传动效率 $\eta = 1$。

现代汽车液力变矩器中使用了单向离合器和锁止离合器，可有效地提高液力变矩器的传动效率。

液力变矩器虽能传递和增大发动机转矩，但最大变矩比不大（变矩比 $K_{max} = 2 \sim 3$），不能满足汽车使用工况的要求。为了进一步增大输出转矩，扩大变速范围，提高汽车的适应能力,通常在液力变矩器后面再加装一个机械有级式齿轮变速器,该齿轮变速器多采用行星齿轮组。

2. 行星齿轮组

行星齿轮组由太阳轮(中心齿轮)、内齿圈、行星架和安装在行星架上的数个(一般3~4个)行星齿轮组成,如图3-15所示。行星齿轮组是二自由度的机构,对太阳轮、内齿圈和行星架分别进行锁止或联动,就可以获得多种变速组合,从而得到低速档、中速档、直接档、倒档、空档等汽车变速器所需要的、传动比确定的档位。若把行星齿轮组与液力变矩器串联在一起进行传动,则每一个行星齿轮档位都变成了一个传动比连续变化的无级变速范围。这些范围连在一起(有重叠),构成一个更大的传动比范围。这一范围覆盖了从低档到高档、从前进到倒车各种工况的需要。

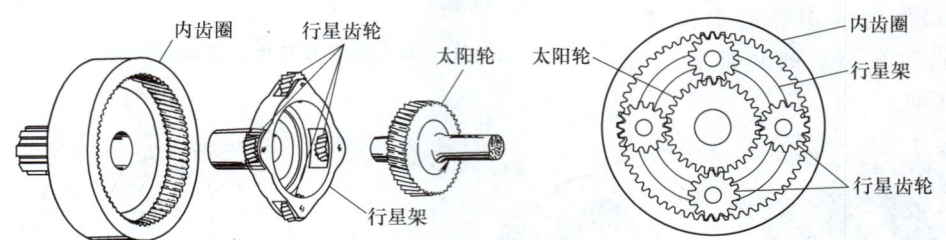

图 3-15 行星齿轮组

3. 换档执行机构

换档执行机构是通过将行星齿轮组中各个元件分别进行锁止或联动来实现换档操作的。它主要由带式制动器和摩擦式离合器组成。制动器实现固定和放松功能,离合器实现接合和分离功能。现代汽车自动变速器中,通常使用2~3个离合器和2~3个制动器,分别控制着不同的元件。图 3-16 所示为红旗CA7560型轿车液力机械变速器示意图。

4. 液压控制系统

液压控制系统由一系列液压阀、阀体和管路组成。液压控制系统的主要任务是:①在汽车行驶过程中接收电子控制系统的换

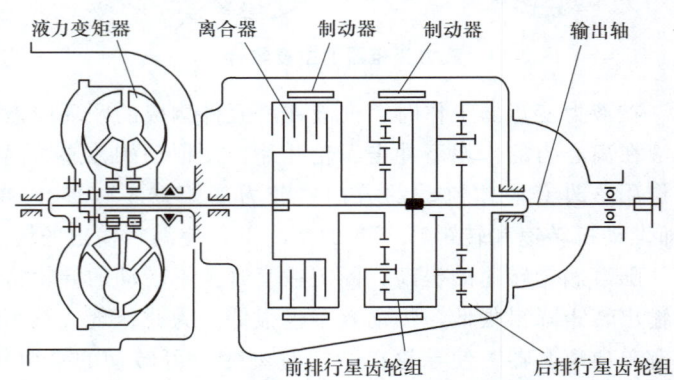

图 3-16 红旗 CA7560 型轿车液力机械变速器示意图

档信号,根据变速杆的位置和汽车行驶状态,控制液力变矩器及行星齿轮组的工作,使离合器和制动器动作,实现自动换档;②控制液力变矩器中液压油的循环和冷却;③控制液力变矩器中锁止离合器的工作状态。

5. 电子控制系统

电子控制系统由传感器、控制器和执行器三部分组成。控制器接收传感器信号,并判断是否需要换档和换入哪一档,同时发出换档指令,使执行器(电磁阀)动作,操纵液压阀接通或切断控制油路,实现换档。

6. 变速杆及其档位

自动变速器的变速杆如图 3-17 所示。在变速杆旁边有一个标牌，用字母和数字标示着档位图。变速杆在哪个位置，即选定了哪个档位。当变速杆位于右图右侧的槽中时，具有手动换档功能，即将变速杆向前推一下为提高一档；向后拉一下为降低一档。标牌上的字母和数字的含义如下：

图 3-17　自动变速器的变速杆

1)"P"表示停车位置。此时变速器的输出轴被锁止在壳体上，车辆不能移动，又称为驻车制动。变速杆在"P"位置可以起动发动机。

2)"R"表示倒档。从其他档换入倒档或从倒档换入其他档时，必须在汽车静止状态。

3)"N"表示空档。此时变速器内所有离合器和制动器都是松开的，变速器没有动力输出。变速杆在"N"位置也可以起动发动机。

4)"1""L""L1"等表示低档，或称为1档、前1档等。变速杆在此位置时，变速器只能在低档区自动改变传动比，不能进入高档区。汽车在低速大负荷时使用该档。

5)"2""L2""D2"等表示2档，或称为前2档、低2档、中间档等。变速杆在此位置时，变速器能在"1"与"2"档间自动换档，但不能自动换入高档。在限制最高车速的路段行驶时使用该档。

6)"3""D"表示3档，或高档、直接档等。变速杆在此位置时，变速器可以自动在"1""2"和"3"档之间自动升、降档。汽车行驶中，大部分时间都用此档。变速器自动改变传动比，使汽车有较好的动力性和燃油经济性。有些汽车上有"4"档或更高档。

由上述分析可以看出，自动变速器改变传动比是自动的，但允许传动比变化的范围是人为给定的。自动变速器在改变传动比和自动换档时均不中断动力的传递，还能根据实际工况优选传动比，因此，不仅对汽车的动力性、燃油经济性、乘坐舒适性有利，而且减轻了驾驶汽车的劳动强度，使汽车更容易操纵。但自动变速器的技术、成本、价格都高于手动变速器。随着汽车技术的发展，自动变速器淘汰手动变速器是必然趋势。

五、万向传动装置

1. 万向传动装置的功用

万向传动装置用于两传动轴有夹角以及夹角时刻变化场合的动力传动，广泛用于汽车的传动系统和转向系统中。

变速器与驱动桥之间的万向传动装置如图 3-18 所示。在发动机前置后轮驱动的汽车中，发动机、离合器和变速器作为一个整体安装在车架（或车身）上，而驱动桥则是通过悬架与车架（或车身）相连。悬架是有弹性的，在汽车行驶过程中，驱动桥和车轮一起上下跳动。因此，变速器的输出轴与驱动桥的输入轴的相对位置总在变化，即两者之间的距离和夹角时刻都在变化。若使用刚性传动，必然卡死或引起部件的严重损坏。万向传动装置既能在变速器与驱动桥之间传递动力，又允许两者相对位置自由变化。

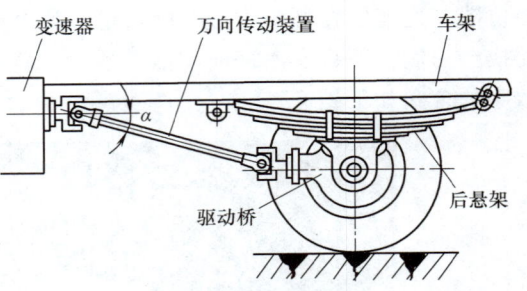

图 3-18　变速器与驱动桥之间的万向传动装置

2. 万向传动装置的构造

万向传动装置包括万向节和传动轴两部分，其中万向节允许夹角变化，传动轴允许距离变化。

万向节是万向联轴节的简称，它允许输入轴与输出轴之间朝任何方向有夹角。汽车用万向节有不等速万向节和等速万向节两类。

（1）不等速万向节和传动轴　单十字轴万向节（见图 3-19a）是不等速万向节，主要由十字轴和两个轴叉构成。两个轴叉中心线之间的夹角称为万向节夹角。

对于单十字轴万向节传动，因为存在万向节夹角，输出轴与输入轴就出现了不等速传动现象，即若输入轴匀速转动，而输出轴的转速在一周内却是有快有慢地周期性变化的，万向节夹角越大，不等速性（输出轴的转速波动）就越大。十字轴万向节的这种不等速性会激起传动系统的共振，引起传动系统零部件的损坏。为此，汽车上一方面对十字轴万向节的夹角进行限制（一般不大于 7°），另一方面采用如图 3-19b 所示的双十字轴万向节传动来消除速度波动。若要实现输入轴与输出轴等速传动，需要满足两个条件：①中间传动轴两端的两个轴叉应在同一个平面内；②两个万向节夹角相等（图 3-19b 中的两个夹角 $\alpha_1 = \alpha_2$）。

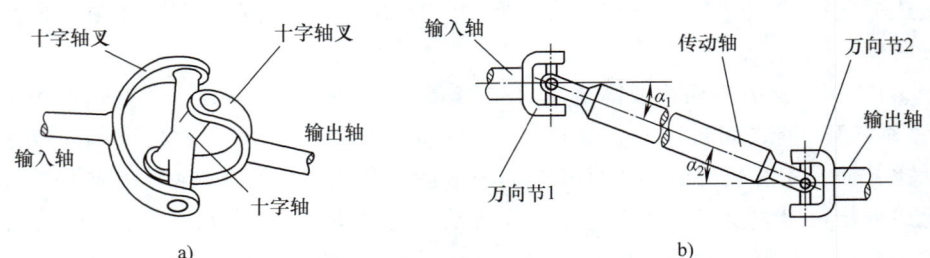

图 3-19　十字轴万向节传动
a）单十字轴万向节　b）双十字轴万向节

传动轴的结构如图 3-20 所示。为了使传动轴能改变长度，把传动轴分为滑动叉和主传动轴两个零件，通过滑动花键连接。当两个万向节之间的距离发生变化时，传动轴的花键连接处可自由伸缩以适应长度变化的要求。

十字轴万向节结构简单、承载能力强、使用寿命长，在汽车上应用广泛。

（2）等速万向节和传动轴　发动机前置前轮驱动的轿车，其前轮既是转向轮又是驱动轮，转向时具有较大的传动夹角，夹角可达 42°~45°。十字轴万向节允许的传动夹角比较小，不能满足转向驱动轮的工作要求。因此前轮驱动的轿车采用等速万向节。球笼式等速万向节允许输入轴与输出轴的夹角最大可达45°，而且万向节的输入轴和输出轴是等转速的。

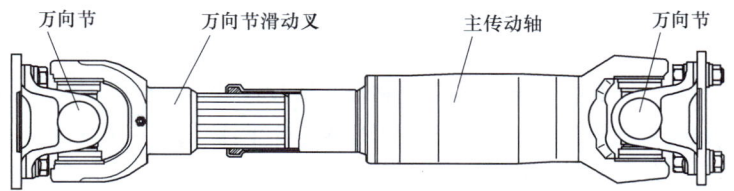

图 3-20　传动轴的结构

球笼式万向节分为轴向不能伸缩的普通球笼式万向节和轴向可伸缩的伸缩球笼式万向节。用于转向驱动桥的一套等速万向传动装置由两个等速万向节和一根传动轴组成。传动轴是不可伸缩的实心轴，两个万向节之间的距离变化由伸缩球笼式万向节来调节。图 3-21 所示为一套球笼式等速万向传动装置。

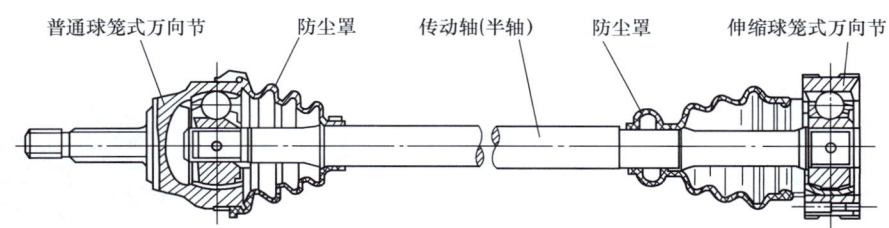

图 3-21　球笼式等速万向传动装置

六、驱动桥

1. 车桥分类

车桥又称为车轴，是安装车轮和支承汽车的总成。车桥分为驱动桥、转向桥、转向驱动桥和支承桥四类。一般发动机前置后轮驱动汽车的前桥是转向桥，后桥是驱动桥；发动机前置前轮驱动轿车的前桥是转向驱动桥，后桥是支承桥；越野车等全轮驱动的汽车前桥是转向驱动桥，后桥是驱动桥。

图 3-22 所示为驱动桥内部传动结构。驱动桥主要由主减速器、差速器、半轴和驱动桥壳等组成。驱动桥的功用是将万向传动装置传来的运动和动力传给两侧驱动轮，并使两侧车轮能等速转动或以不同转速转动。

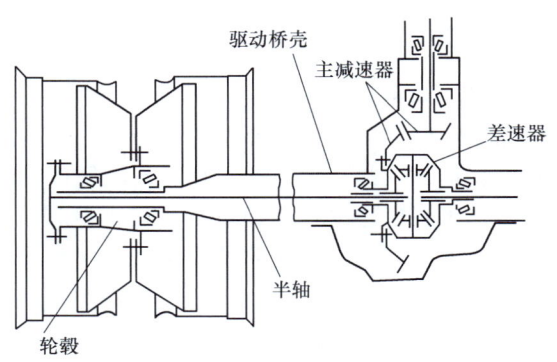

图 3-22　驱动桥内部传动结构

2. 主减速器

主减速器由一对弧齿锥齿轮组成（见图 3-22）。主动小齿轮与输入轴是一个整体，与万向传动装置相连。主减速器从动大齿轮用螺栓与差速器壳固连在一起。主减速器的功用是减速增矩和改变动力传递的方向。

主减速器的传动比一般轿车为4~5，载货汽车为6~8。主减速器的减速比越大，从动大齿轮的直径就越大，汽车的最小离地间隙也就越小，汽车的通过性能降低。为解决这一矛盾，有的汽车的主减速器采用两级齿轮减速。

3. 差速器

汽车在转向时，内、外侧车轮转向半径不相等，所驶过的距离也是不相等的。内侧车轮驶过的距离小，外侧车轮驶过的距离大。如果内、外侧驱动轮刚性地固连在一起，具有相同的转速，在汽车转向时必然出现外侧车轮向前拖滑，内侧车轮向后拖滑，或者出现转向困难的现象。这不仅会造成轮胎磨损，而且使操纵汽车变得困难。差速器就是为解决这一问题而设计的。它能够保证内、外侧车轮都具有驱动功能的同时，允许两轮具有不同的转速，即产生速度差（差速）。

图3-23所示为差速器的工作原理图。差速器主要由差速器壳、行星齿轮、行星齿轮轴和半轴齿轮等组成。差速器壳与主减速器的从动大齿轮固连，行星齿轮（一般为2~4个）和半轴齿轮（2个）装在差速器壳中，两个半轴齿轮用内花键分别与左、右半轴相连，左、右半轴齿轮的转速就是左、右驱动轮的转速。实物差速器如图3-24所示。

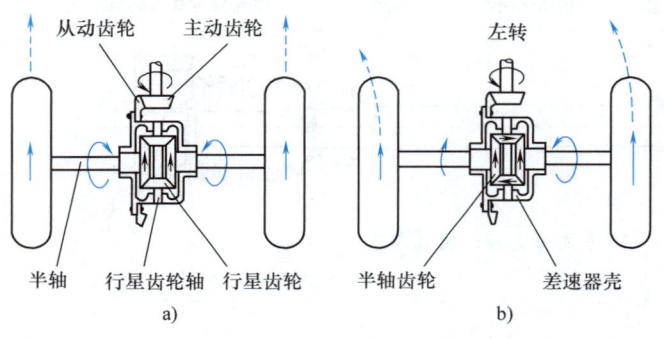

图3-23 差速器的工作原理图
a）直线行驶 b）转向行驶

图3-24 实物差速器

在汽车直线行驶时，差速器不起作用。此时差速器壳、行星齿轮、行星齿轮轴、半轴齿轮等没有相对运动，相当于一个刚体，都随主减速器的从动大齿轮一起转动，两侧的驱动轮转速相等，如图3-23a所示。

在汽车转向时，两侧驱动轮所遇阻力不同，内侧车轮比外侧车轮所遇的阻力大，外侧车轮具有转动加快的趋势。此时行星齿轮便产生绕自身轴的自转，如图3-23b所示。自转的结果使内侧半轴齿轮（内侧驱动轮）转速减慢，外侧半轴齿轮（外侧驱动轮）转速加快，由此产生了差速功能。转速差的大小由差速器自动调节。在差速器的作用下，两侧驱动轮以不同转速在地面上滚动（无滑动），汽车得以平稳转向。

差速器并非仅在汽车转向时起作用。事实上，任何能引起左右车轮转速不等的因素都要用到差速器。例如，由装载、轮胎气压、轮胎磨损程度不同等引起的车轮半径不相等、两侧车轮行驶在凹凸不平的路面上等，都会要求两侧驱动轮有不同的转速。

4. 半轴与桥壳

半轴是实心轴（见图3-22）。半轴的内端通过花键与半轴齿轮相连，半轴外端的凸缘与驱动轮毂相连，其功用是将半轴齿轮上的转矩传给驱动轮。

桥壳是一个空心壳体（见图3-22），桥壳中间的鼓包部分用于安装主减速器、差速器，并盛放润滑油。桥壳两边是空心半轴套管,用于安装半轴。桥壳是承受巨大压力和弯矩的部件,汽车的质量通过钢板弹簧压在桥壳上面。因此,桥壳必须具有足够的强度和刚度。

第二节 行驶系统

汽车行驶系统的功用是支承汽车总质量,将传动系统传来的转矩转化为汽车行驶的驱动力,承受并传递路面作用于车轮上的各种力及力矩,减少振动,缓和冲击,以提高汽车行驶的舒适性,保证汽车正常行驶。

汽车行驶系统包括车架、车桥、车轮和悬架系统四部分。

一、车架

车架是汽车的骨架,是汽车的装配基础,汽车的各种总成和零部件都直接或间接地安装在车架上。绝大部分轻型及以上载货汽车、客车都有独立的车架,而大部分轿车和一些客车是将车架与车身制成一体,不另设车架,称为承载式车身。

汽车车架按其结构形式一般分为三种类型,即边梁式车架、中梁式车架和综合式车架,其中,以边梁式车架应用最广。图3-25所示为边梁式车架结构图。车架通常是由冲压钢板焊接(或铆接)而成的,它主要由两根纵梁(边梁)和若干横梁组成。车架一般前窄后宽,前面要给转向轮的转向留出空间。车架

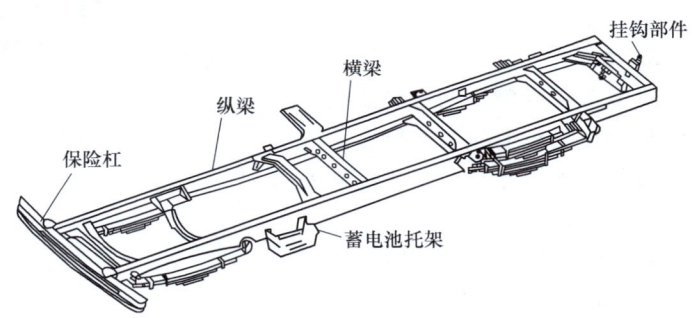

图3-25 边梁式车架结构图

前端有保险杠,当汽车前端受到碰撞时,保险杠可以保护车身和散热器等,使其不受损坏。

二、车桥

车桥通过悬架与车架相连,车桥的两端安装车轮。车桥分为驱动桥、转向桥、转向驱动桥和支承桥四种类型。在传动系统中已经介绍了驱动桥。支承桥结构较简单,不再介绍。下面仅介绍转向桥和转向驱动桥。

1. 转向桥

转向桥除支承汽车前部质量外,还配合转向系统实现顺利转向。图3-26所示为采用非

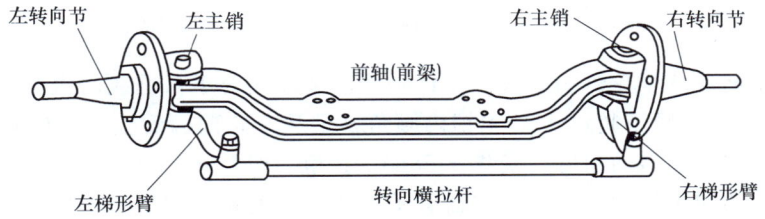

图3-26 采用非独立悬架的转向桥

独立悬架的转向桥。由图可见，转向桥主要由前轴（或前梁）、左右转向节（与梯形臂为一体）、主销和转向横拉杆等组成。

前轴一般由锻钢制成。为降低整车高度，多数前轴中间比两端低，并有安装钢板弹簧的板簧座。前轴两端有主销孔，通过主销与转向节连接。转向节是安装车轮的部件，左、右梯形臂和转向横拉杆把左、右两个转向轮连在一起，使其保持正确的行驶方向，并传递转向力。

2. 转向驱动桥

发动机前置前轮驱动汽车的前桥是转向驱动桥，图 3-27 所示为轿车上常用的带独立悬架的转向驱动桥。动力经主减速器和差速器（图中未画）传至左、右半轴，图中的左、右半轴是带有等速万向节的万向传动装置，发动机的转矩通过万向传动装置传给驱动轮。

3. 车轮定位

所谓车轮定位，就是要使汽车的每个车轮在汽车上的安装位置、方向以及与其他车轮之间的相互位置关系保持正确、适当。

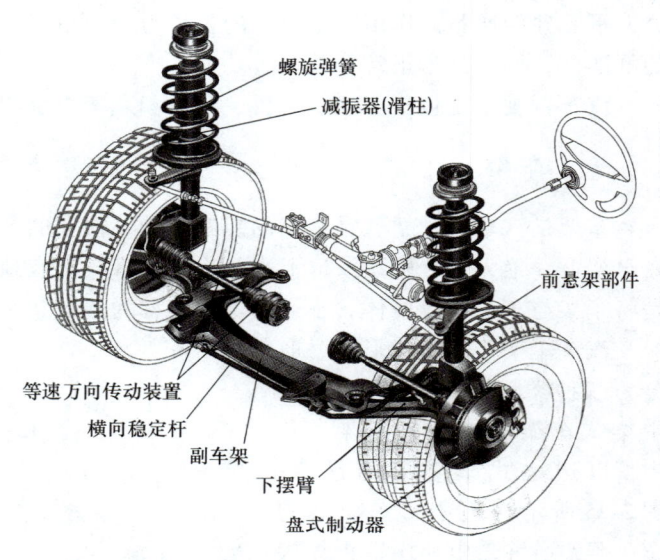

图 3-27 带独立悬架的转向驱动桥

转向轮定位参数就是转向轮和主销相对于前轴安装位置的几何参数，主要由主销后倾角 γ、主销内倾角 β、车轮外倾角 α 以及前轮前束 A-B 四个参数组成。它们的定义如图 3-28 所示。

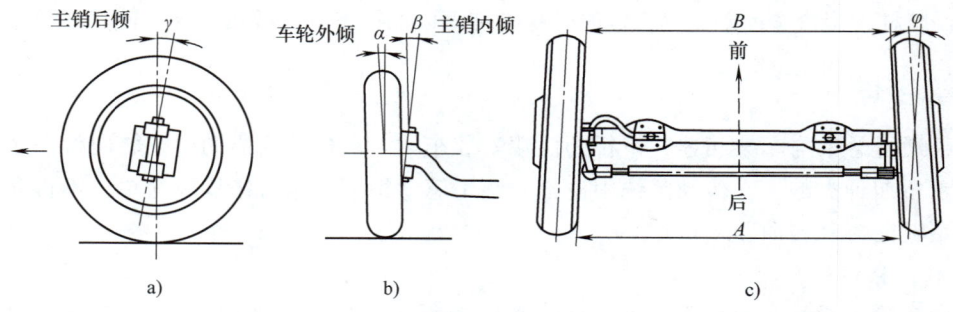

图 3-28 转向轮定位参数
a) 主销后倾 b) 主销内倾和车轮外倾 c) 前轮前束

主销后倾角 γ 是从车轮侧面看去，主销轴线的上端相对于铅垂线向汽车后方倾斜的角度（见图 3-28a)，γ 角一般不超过 3°。主销内倾角 β 是从车轮前面看去，主销轴线的上端相对于铅垂线向汽车内侧倾斜的角度（见图 3-28b)，β 角一般为 6°~8°。主销后倾和主销内倾可使转向轮具有自动回正作用，即当转向盘有了偏转，或前轮受到外界干扰力而发生了偏转以后，若干扰力消失，且松开转向盘时，转向轮具有自动回正到汽车直线行驶方位的能力。

车轮外倾角 α 也是从车轮前面看去，车轮赤道平面线上端相对于铅垂线向汽车外侧倾斜的角度（见图3-28b），α 角一般为1°左右。车轮外倾可减轻轮毂外轴承的负荷，车轮有了外倾角也可以与拱形路面相适应。

前轮前束则是从汽车上方俯视，左右两个转向轮的赤道平面（或端平面）不平行，前方距离 B 较小，后方距离 A 较大，$A-B$ 即为前轮前束值（见图3-28c）。前束值 $A-B$ 一般为0~10mm。前轮前束可消除车轮外倾造成的车轮滚动时的横向滑磨问题。

三、车轮与轮胎

车轮与轮胎的功用是：①支承整车；②缓和由路面传来的冲击力；③通过轮胎与路面间的附着作用来产生驱动力和制动力；④汽车转向行驶时产生平衡离心力的侧抗力，保证汽车能正常转向行驶。

1. 车轮

车轮是介于轮胎和车轴之间承受负荷的旋转组件，通常由轮毂、轮辋和轮辐（辐板）组成。轮胎安装在轮辋上，轮毂与车轴之间装有滚动轴承，车轮可在车轴上旋转。图3-29所示为载货汽车的辐板式车轮，图3-30所示为轿车的铝合金整体式车轮。

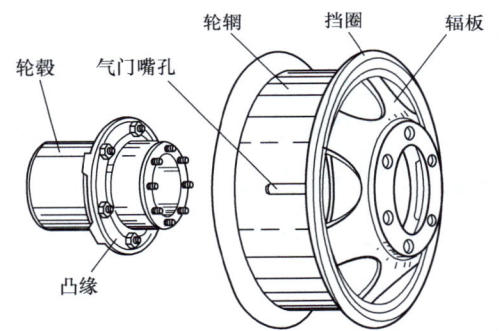

图3-29 载货汽车的辐板式车轮

图3-30 轿车的铝合金整体式车轮

2. 轮胎

轮胎安装在轮辋上，直接与路面接触。轮胎必须有适当的弹性和承受载荷的能力，轮胎与地面接触的部分应具有高的附着性能。

汽车轮胎按组成结构不同，可分为有内胎轮胎和无内胎轮胎两类；按胎体中帘布层排列的方向不同，可分为普通斜交轮胎和子午线轮胎两类。

轮胎的内部结构如图3-31所示。轮胎由胎体、胎冠和胎圈三部分组成。胎体由若干层尼龙材料的帘子布构成，各层之间用橡胶压粘在一起。胎体是承受气体压力和机械压力的主要部分，要求有一定的强度。胎冠是贴在胎体外面的厚橡胶层。在胎冠上有各种花纹，称为胎面花纹。胎冠直接与路面接触，要求耐磨性好。胎圈内部有钢丝圈，钢丝圈是由若干匝钢丝拧成的圈，它的作用是防止轮胎脱离轮辋。

（1）有内胎轮胎和无内胎轮胎　有内胎轮胎如图3-31a所示，其内胎中充满着压缩空气，外胎是用以保护内胎使其不受外来损害的强度高而富有弹性的外壳。一般充气压力较高、要求密封性能好的轮胎采用有内胎轮胎，如载货汽车轮胎和大型客车轮胎。

无内胎轮胎中没有内胎，空气直接充入外胎中，如图3-31b所示。无内胎轮胎在外观上

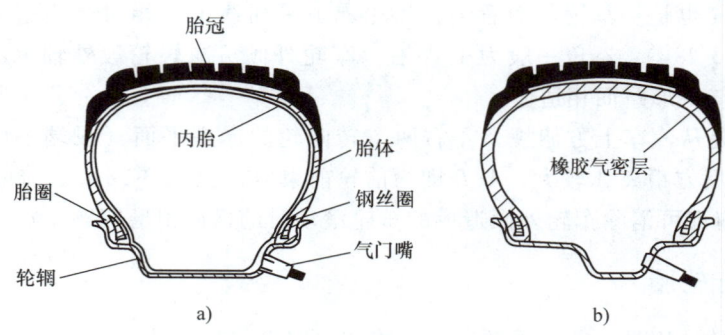

图 3-31　轮胎的内部结构
a) 有内胎轮胎　b) 无内胎轮胎

和结构上与有内胎轮胎近似，所不同的是无内胎轮胎的外胎内壁上，用硫化的方法附加了一层厚 2~3mm 的专门用来封气的橡胶气密层。当轮胎穿孔后，由于橡胶气密层处于压缩状态而紧裹着穿刺物，故能长时间不漏气。即使将穿刺物拔出，压缩气体也不会漏出（穿孔不大时）。对于充气压力较低，要求散热性能好的轮胎都采用无内胎轮胎，如轿车轮胎。

（2）普通斜交轮胎和子午线轮胎　普通斜交轮胎（见图 3-32a）的特点是胎体帘布层的各相邻层帘线交叉排列，各帘布层与胎冠中心线呈 35°~40°的交角，因而称为斜交轮胎。

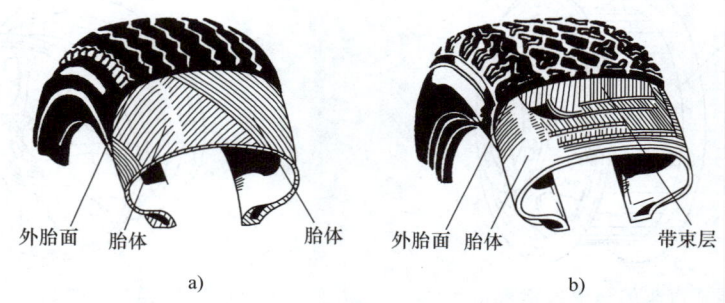

图 3-32　普通斜交轮胎和子午线轮胎
a) 普通斜交轮胎　b) 子午线轮胎

子午线轮胎（见图 3-32b）的特点是胎体帘布层与胎冠中心线呈 90°或接近 90°角排列，帘线分布如地球的子午线，因而称为子午线轮胎。子午线轮胎的帘线强度得到充分利用，它的帘布层数小于普通斜交轮胎，使轮胎质量减小，胎体较柔软。子午线轮胎的带束层的帘线与胎冠中心线夹角较小（10°~20°），用结构帘布或钢丝帘布制造，抗拉强度很高。

与普通斜交轮胎相比，子午线轮胎质量小、强度高、附着性能好、散热性能好，更适合于高速行驶。子午线轮胎行驶时的变形小，可降低油耗，有逐渐取代斜交轮胎的趋势。

（3）胎面花纹　轮胎按胎面花纹可分为普通花纹轮胎、越野花纹轮胎和混合花纹轮胎，如图 3-33 所示。

普通花纹的特点是花纹细而浅，花纹块接地面积大，因而耐磨性和附着性较好，适用于在较好的硬路面上行驶的汽车。越野花纹的特点是凹部深而宽，在软路面上与地面的附着性好，越野能力强，适用于在矿山、建筑工地以及其他一些松软路面上行驶的汽车。混合花纹的特点介于普通花纹与越野花纹之间，兼顾了两者的使用要求，适用于在城市与乡村之间的路面上行驶的汽车。

第三章 汽车底盘

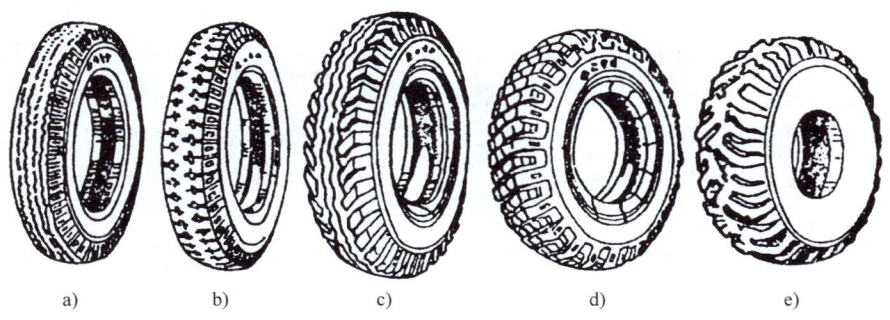

图 3-33 轮胎花纹

a)、b) 普通花纹   c) 混合花纹   d)、e) 越野花纹

四、悬架系统

悬架系统是汽车车架与车桥（或承载式车身与车轮）之间的弹性连接装置。汽车是高速运动的车辆，当它行驶在凹凸不平的路面上时，路面会通过车轮对车身产生冲击和振动，使乘坐者不舒适，还会导致汽车零部件损坏。在车轮与车身之间装上悬架系统，能有效地缓和冲击，吸收振动，大大提高行驶的平顺性和乘坐的舒适性。

1. 悬架的组成及分类

汽车的悬架通常是由弹性元件、减振器和导向机构三部分组成的。弹性元件用来缓和冲击，减振器用来衰减系统的振动，导向机构用来使车轮按一定运动轨迹相对车身跳动，同时也起传力作用。

按悬架构造的不同，通常可分为非独立悬架和独立悬架两大类，如图 3-34 所示。

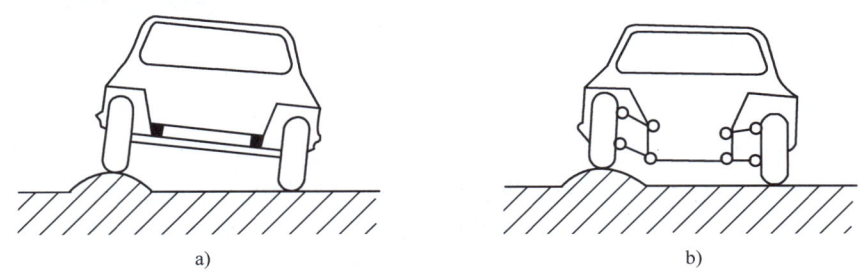

图 3-34 非独立悬架和独立悬架示意图

a) 非独立悬架   b) 独立悬架

非独立悬架（见图 3-34a）的结构特点是两侧的车轮由一根整体式车轴相连。车轮连同车轴一起通过弹性悬架与车架（或车身）连接。在振动过程中两侧车轮通过车轴互相影响，当一侧车轮因道路不平而发生跳动时，必然引起另一侧车轮的摆动。非独立悬架结构简单、质量大、强度高，主要用于载货汽车。

独立悬架（见图 3-34b）的结构特点是两侧车轮分别安装在车架（或车身）的结构上，没有车轴部件，每一侧车轮通过弹性悬架与车架（或车身）连接。两侧车轮可以独立跳动，互不影响。独立悬架结构较复杂，质量小，主要用于轿车。

73

按悬架的刚度和阻尼参数在汽车行进过程中是否能调节，悬架还可分为传统悬架和电控悬架。传统悬架系统的刚度和阻尼参数在车辆的行进过程中是无法调节的，因此传统悬架系统的减振性能无法适应不同路面和不同行驶状态的要求。电控悬架的刚度和（或）阻尼参数在车辆的行进过程中是可以调节的，因此，电控悬架汽车行驶的平顺性和操纵稳定性与传统悬架汽车相比有了明显的改善。

2. 非独立悬架

钢板弹簧非独立悬架是在中型以上汽车上用得最多的一种悬架形式。图3-35所示为钢板弹簧非独立悬架的结构。钢板弹簧是由若干不等长的弹簧钢板叠加在一起组合而成的（见图3-36）。钢板弹簧前端用卷耳与车架相连，因板簧在变形中其跨度会发生变化，因此钢板弹簧的后端通常用活动吊耳（或滑板）与车架相连，钢板弹簧总成用U形螺栓与车轴连接。在汽车行驶过程中，由钢板弹簧的变形来吸收振动能量和缓和冲击。除垂直载荷外，钢板弹簧还承受纵向力（驱动力、制动力）、横向力以及各种力矩。减振器用于进一步吸收振动能量。

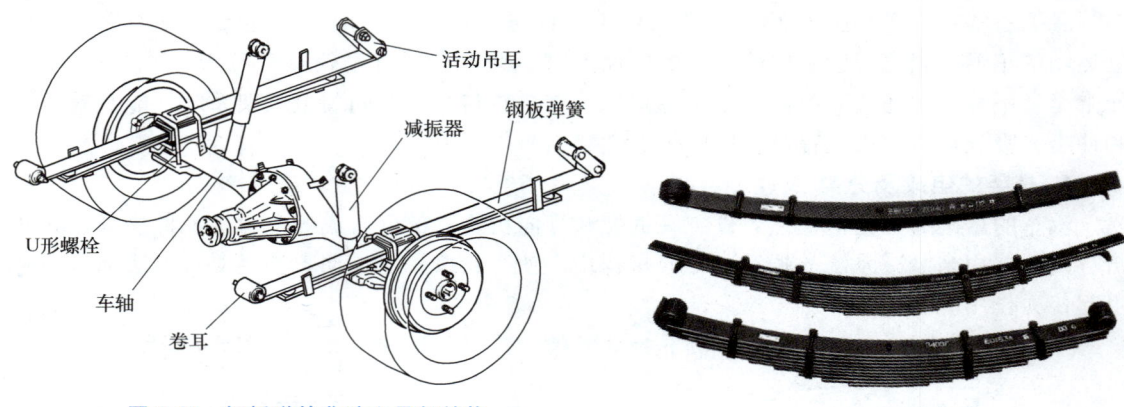

图3-35　钢板弹簧非独立悬架结构　　图3-36　钢板弹簧

3. 独立悬架

独立悬架是与单独安装于车身上的车轮配套使用的，其结构类型很多。图3-37所示为双横臂式独立悬架。它主要由上摆臂、下摆臂和螺旋弹簧等组成。螺旋弹簧上、下两端分别抵在车身和下摆臂上，承受垂直载荷并缓和路面冲击。上、下摆臂还承受除垂直载荷外的其他力和力矩，并对悬架变形时车轮的运动起导向作用。减振器用于进一步吸收振动能量。

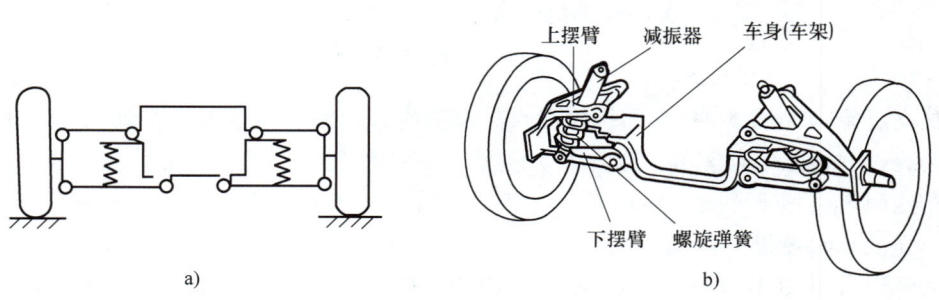

图3-37　双横臂式独立悬架
a）原理简图　b）构造图

图 3-38 所示为轿车上常用的滑柱连杆式独立悬架，也称为麦弗逊式悬架。它主要由滑柱、螺旋弹簧、下摆臂等组成，减振器与导向滑柱合为一体。这种悬架结构简单，所占宽度较小，给发动机留出了较大的空间。

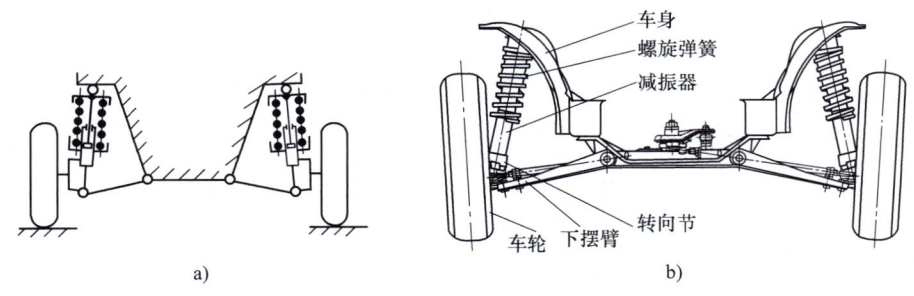

图 3-38 滑柱连杆式独立悬架
a）原理简图 b）构造图

4. 减振器

减振器是吸收振动能量而衰减振动的部件。它的一端安装在车架（或车身）上，另一端安装在车轮上，与缓冲弹簧是并联的。汽车使用的大多是液力双向作用筒式减振器，如图 3-39 所示。它主要由活塞杆、活塞、工作缸、油液和单向阀等组成。工作缸是双层的圆筒，内层圆筒为活塞工作缸，里面装满油液，外层圆筒为储油缸。与活塞杆相连的活塞上装有两个单向节流阀，即流通阀和伸张阀。在圆筒底部的两层之间装有两个单向阀，即压缩阀和补偿阀。

汽车行驶过程中，车轮不停跳动。车轮上跳时（车轮向车身靠近时），减振器受压缩，活塞杆推动活塞下移，活塞工作缸下腔里的油液便通过流通阀的节流小孔流向上腔。由于上腔被活塞杆占去了一部分空间，因而上腔增加的容积小于下腔减小的容积，于是一部分油液就推开压缩阀，流到储油缸内。车轮下跳时（车轮背离车身时），减振器受拉伸，活塞杆向上拉动活塞，活塞工作缸上腔的油液便通过伸张阀的节流小孔流向下腔。由于活塞杆的存在，自上腔流来的油液不足以充满下腔增加的容积，使下腔产生一真空度，这时储油缸中的油液便推开补偿阀流进下腔进行补充。由于单向节流阀的节流小孔面积比较小，便对活塞运动产生阻尼力。油液在小阻尼孔中流动消耗振动能量（转变成热能），起到减振作用。

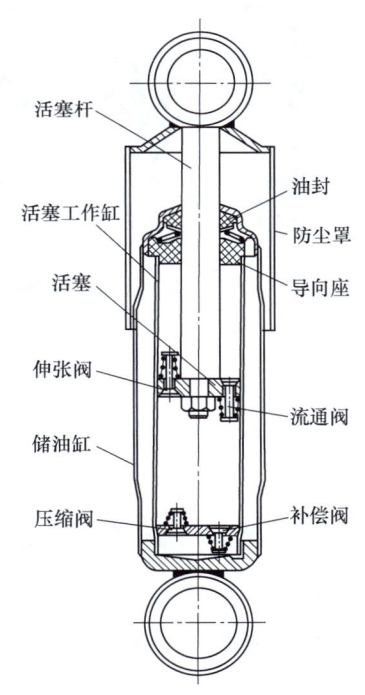

图 3-39 液力双向作用筒式减振器

为了充分利用弹性元件的缓冲作用，一般都是伸张阀的节流孔面积小于流通阀的节流孔面积，这就使得减振器在伸张时的阻尼力大于压缩时的阻尼力，这样在压缩行程中，悬架具有较小的阻尼，弹性元件可有效地起到缓冲作用；在伸张行程中，悬架具有较大的阻尼，可迅速衰减振动。

图 3-40 所示为几种减振器，有些减振器外面套有起缓冲作用的螺旋弹簧。

5. 电控悬架

电控悬架能根据汽车运动状态和路面状况，实时地调节悬架的刚度和（或）阻尼，使悬架处于最佳减振状态。图 3-41 所示为可变阻尼电控悬架系统示意图。该系统的微处理器从传感器接收汽车行驶状态的多种信号，计算出所需要的阻尼值，向步进电动机输出控制信号，步进电动机驱动阀杆转动，调节阀门开度，使减振器的阻尼连续变化，以满足不同路面和不同行驶状态下汽车的缓冲减振要求。

图 3-40　减振器

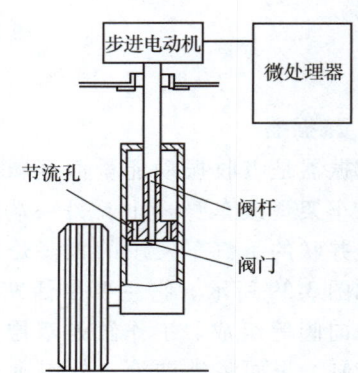

图 3-41　可变阻尼电控悬架系统示意图

第三节　转向系统

汽车转向系统的功用是根据驾驶人的操作改变汽车的行驶方向。

一、转向系统的基本组成及工作原理

按转向能源的不同，转向系统可分为机械转向系统和动力转向系统两大类。

1. 机械转向系统

以驾驶人的体力（手力）作为转向能源的转向系统称为机械转向系统。机械转向系统由转向操纵机构、转向器和转向传动机构组成。

图 3-42 所示为机械转向系统的组成示意图。从转向盘到转向传动轴这一系列零部件，属于转向操纵机构。由转向摇臂至转向梯形这一系列零部件，属于转向

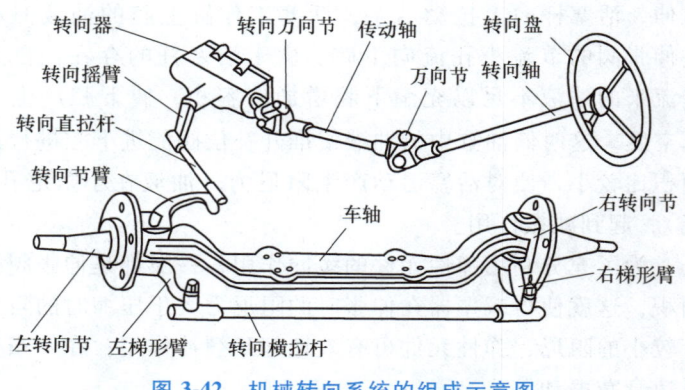

图 3-42　机械转向系统的组成示意图

传动机构。

当汽车转向时，驾驶人对转向盘施加一个转向力矩。该力矩通过转向轴、万向节和转向传动轴输入转向器；经转向器减速增矩后的运动由转向摇臂输出，通过转向传动机构将运动传给左、右转向节，使转向节上的转向轮偏转。在转向传动机构中，左、右梯形臂、转向横拉杆和车轴组成转向梯形，转向梯形是转向系统中具有重要意义的机构。

驾驶人作用在转向盘上的转向力矩的大小与汽车质量的大小，特别是与转向轮上的垂直载荷有关。转向轮上的垂直载荷越大，转向就越沉重。改变转向器的传动比，可以改变转向盘上的转向力矩。当增大转向器的传动比时，转向操纵变轻，但转向盘转角范围变大，转向操纵不灵敏；反之，当减小转向器的传动比时，则转向操纵灵敏，但是转向沉重。对于重型和超重型汽车，仅靠人力操纵转向盘，无法实现转向轻松且灵敏的要求，这就要借助于发动机的动力。

2. 动力转向系统

兼用驾驶人体力和发动机（或电动机）的动力作为转向能源的转向系统称为动力转向系统。它是在机械转向系统的基础上加设一套转向加力装置而形成的。在正常情况下，汽车转向所需能量，只有一小部分由驾驶人提供，而大部分是由发动机（或电动机）通过转向加力装置提供的。

图 3-43 所示为一种液压动力转向系统的组成示意图。其中属于转向加力装置的部件是：转向助力泵、油管、转向油罐、转向控制阀以及转向助力缸等。当驾驶人转动转向盘时，通过转向器和转向传动机构使前轮偏转，以实现转向。与此同时，转向直拉杆还带动转向控制阀中的滑阀移动，使转向助力缸内产生液压作用力，帮助驾驶人转向操纵。这样，为了克服转向轮上的转向阻力矩，驾驶人需要加在转向盘上的转向力矩，比仅采用机械转向系统时所需的转向力矩小得多。由于驾驶人操纵转向盘的力矩小，转向平稳，因此提高了汽车操纵的稳定性和行驶的安全性。

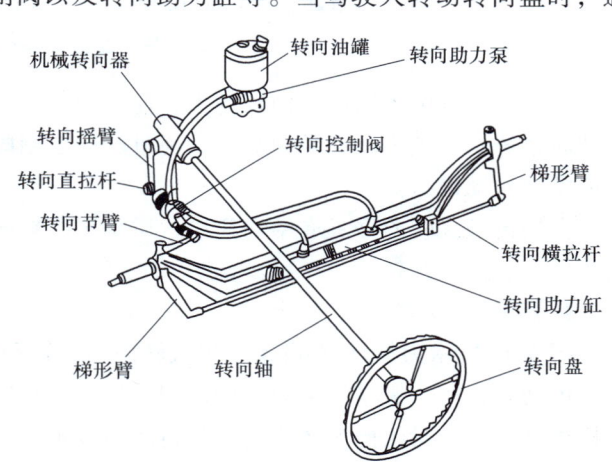

图 3-43　液压动力转向系统的组成示意图

二、转向操纵机构

转向操纵机构由转向盘、转向轴和传动轴等组成（见图 3-42），其作用是将驾驶人转动转向盘的操纵力传给转向器。为了方便不同体型驾驶人的操纵及保护驾驶人的安全，现代汽车转向操纵机构还带有各种调整机构及保护装置。

我国和大多数国家都规定车辆右侧通行，相应地将转向盘安置在驾驶室左侧，这样，驾驶人的左方视野较开阔，有利于两车安全交会。相反，在一些规定车辆左侧通行的国家的汽车上，转向盘则安置在驾驶室右侧。

转向系统中的转向盘和转向柱对驾驶室内的环境美观、操纵舒适性都有影响。现代汽车一般都装有倾斜角度可调整、长度可伸缩的转向柱，以适应不同身高和驾驶习惯的驾驶人。

轿车的转向盘内通常装有安全气囊，在撞车时保护驾驶人的安全。

三、转向器

转向器的功用是改变力的传递方向和力的大小，使转向器输出端获得所要求的位移和转角。现代汽车上广泛采用的转向器有齿轮齿条式、循环球-齿条齿扇式等几种结构形式。

1. 齿轮齿条式转向器

图 3-44 所示为齿轮齿条式转向器，主要由齿条、齿轮、转向器壳体等组成。当转动转向盘时，齿轮转动，使与之啮合的齿条沿轴向移动。与齿条相连的转向横拉杆带动两侧的转向节摆动，使转向轮偏转，从而使汽车转向行驶。

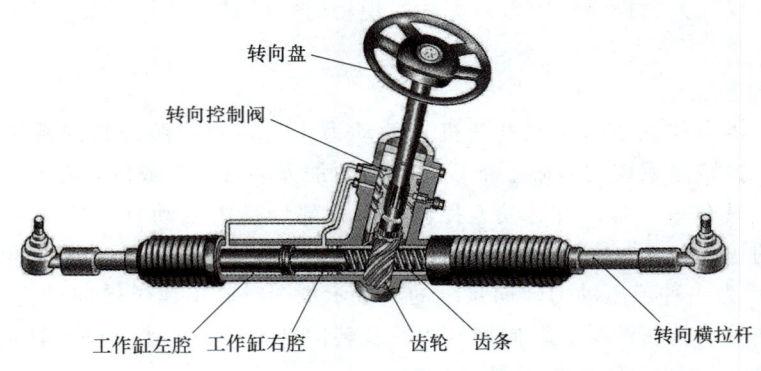

图 3-44　齿轮齿条式转向器

为了减小驾驶人操纵转向盘的力，使驾驶汽车更加轻松自如，现代轿车广泛采用液压助力转向系统。驾驶人转动转向盘时，通过转向控制阀使液压油进入工作缸左腔或右腔，为转向齿条的移动助力。

齿轮齿条式转向器具有结构简单、质量小、转向灵敏、制造成本低等优点，目前广泛应用于轿车、微型和轻型汽车上。

2. 循环球-齿条齿扇式转向器

图 3-45 所示为循环球-齿条齿扇式转向器。这种转向器中有两级传动副，第一级是螺杆螺母传动副，第二级是齿条齿扇传动副。为了减小转向螺杆和转向螺母之间的摩擦，在螺杆和螺母之间设有封闭的循环滚道，滚道间充以钢球，当螺杆转动时，钢球沿螺旋滚道滚动并带动螺母做直线运动，钢球通过外导管返回，以实现循环滚动。螺母上的齿条与齿扇啮合带动转向摇臂轴（齿扇轴）转动。

转向螺母上的齿条是倾斜的，齿扇的齿厚沿宽度方向是变化的，只要对齿扇轴做轴向移动，即可调整齿条与齿扇的啮合间隙，从而调整转向盘的自由行程。旋入调整螺钉，则转向摇臂轴右移，啮合间隙减小；反之，转向摇臂轴左移，啮合间隙增大。

循环球-齿条齿扇式转向器传动效率高、操作轻便、使用寿命长、工作平稳可靠，广泛用于各类各级汽车。

四、转向传动机构

转向传动机构的功用是将转向器输出的力和运动传到转向桥两侧的转向节，使两侧转向

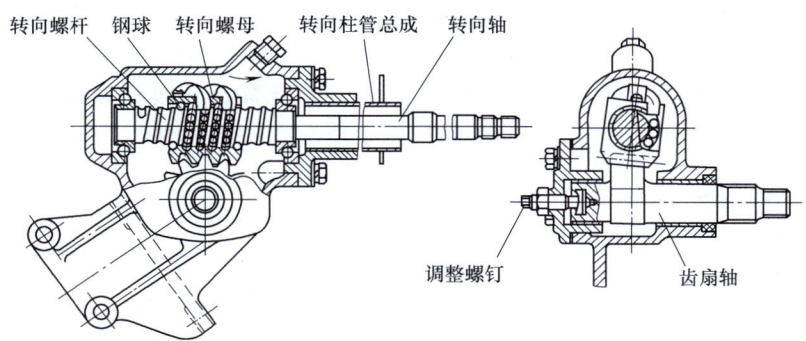

图 3-45 循环球-齿条齿扇式转向器

轮偏转,且使两转向轮偏转角按一定关系变化,以保证汽车转向时车轮与地面的相对滑动尽可能小。

1. 汽车转向轮的转向分析

为了减小汽车转向时轮胎与地面的横向滑磨量,使汽车转向更顺畅,要求所有的车轮在地面上均做纯滚动。要做到这一点,必须使所有车轮的轴线在地面的延长线交于一点,整车绕该点做旋转运动,如图 3-46 所示。

图 3-46 中,点 O 是汽车的转向中心,O 点与车轮中心的连线为该轮的转向半径,外侧车轮的转向半径均大于内侧车轮。转向半径与后轴线之间的夹角为车轮转角。由图中可知,前内轮的转角 β 大于前外轮的转角 α,而且转角之差 $\beta-\alpha$ 随转角 α、β 的增大而增大。这就要求转向系统在工作时,不论汽车向左转向还是向右转向,必须保证前内轮转角大于前外轮转角,并且两者符合(或近似符合)一定的转角变化关系。否则,若四个车轮的转向中心不重合,必然引起轮胎与地面的横向摩擦,不仅加快了轮胎的磨损,而且使转向变得困难和沉重,安全性也受到影响。

2. 转向传动机构

与非独立悬架配用的转向传动机构如图 3-47 所示,主要由转向摇臂、转向直拉杆、转向节臂、梯形臂和转向横拉杆等组成,采用循环球-齿条齿扇式转向器。其中前轴、左右梯形臂和转向横拉杆组成的传动机构称为转向梯形。转向梯形是汽车上的一个重要机构,它不仅起到在左、右转向轮之间传递力和运动的作用,更重要的是它可以使左、右转向轮的转角近似符合前述转角关系。

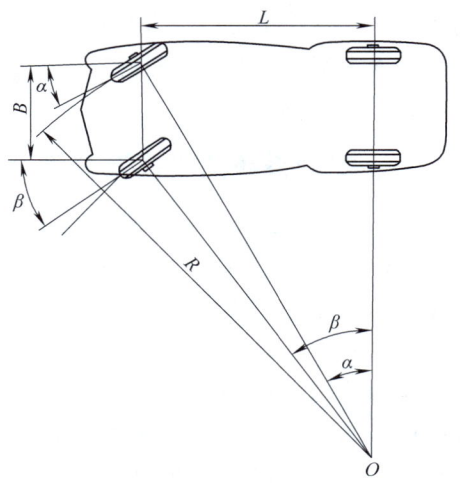

图 3-46 汽车转向时两侧转向轮偏转角的关系

在独立悬架的汽车上,每个转向轮都需要相对车架做独立运动,因而转向桥必须是断开式的。与此相应,转向传动机构中的转向梯形也必须是断开式的,图 3-48 所示为与独立悬架配用的转向传动机构,采用齿轮齿条式转向器。

转向系统是汽车上最重要的操纵系统,除能实现转向的基本功能外,还必须保证转向轻便、安全、易于操纵。例如，汽车在直线行驶时，应能自动维持正前方的前进方向，不得跑偏。当转向轮遇到路面凹凸不平的干扰发生微小的转向后，能自动地回到直线前行的正确方向。此外，在汽车转向后，转向轮（连同转向盘）也应该能自动回到直线行驶的原始位置。这种维持直线行驶和自动回正的功能是靠转向轮定位参数来保证的。

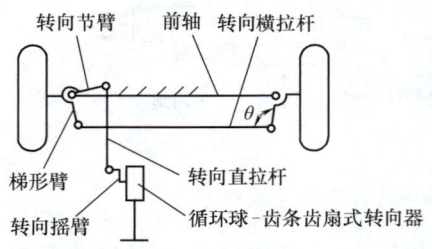

图 3-47 与非独立悬架配用的转向传动机构

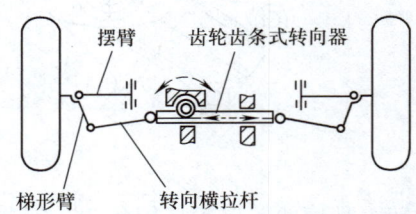

图 3-48 与独立悬架配用的转向传动机构

第四节 制 动 系 统

使行驶中的汽车减速和停车，使下坡行驶的汽车速度保持稳定，以及使已停驶的汽车保持不动，这些作用统称为汽车制动。汽车上必须装设一系列制动装置，以便驾驶人能根据道路和交通等情况，对汽车进行一定程度的强制制动。这种对汽车进行制动的装置称为制动系统。

一、制动系统的组成及分类

图 3-49 所示为轿车常用的制动系统，主要由制动踏板、制动主缸、前轮制动器、后轮制动器、驻车制动杆（及传动零件）和制动管路等组成。

按制动系统的作用不同，制动系统可分为行车制动系统、驻车制动系统及辅助制动系统等。用以使行驶中的汽车减速和停车的制动系统，称为行车制动系统，由驾驶人用脚操纵；用以使已停驶的汽车驻

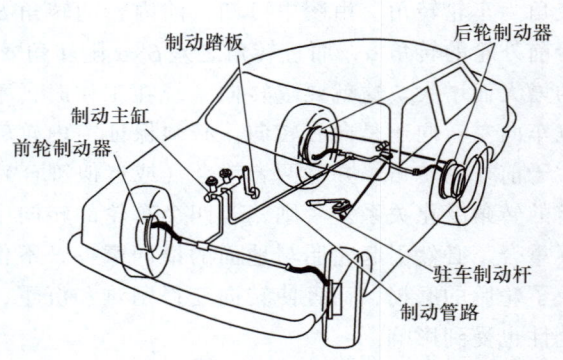

图 3-49 轿车常用的制动系统

留原地不动的制动系统，称为驻车制动系统，由驾驶人用手操纵；在汽车下长坡时用以稳定车速的一套装置称为辅助制动系统。此时，若单靠行车制动系统来达到下长坡时稳定车速的目的，则可能导致行车制动系统的制动器过热而降低制动效能，甚至完全失效。上述各制动系统中，行车制动系统和驻车制动系统是每一辆汽车都必须具备的。

按制动操纵的能源不同，制动系统可分为人力制动系统、动力制动系统和助力制动系统等。以人力作为唯一制动能源的制动系统，称为人力制动系统；靠由发动机的动力转化而成的气压力或液压力进行制动的制动系统，称为动力制动系统；兼用人力和发动机动力进行制动的制动系统，称为助力制动系统。

二、制动器的构造和工作原理

制动器安装在车轮中,称为车轮制动器。车轮制动器一般用于行车制动,也兼用于驻车制动。车轮制动器有两种常见的结构形式,一种是鼓式制动器,另一种是盘式制动器。

1. 鼓式制动器

鼓式制动器的结构如图 3-50 所示,主要由制动鼓、制动蹄(两个)、制动轮缸、制动底板和回位弹簧等组成。图 3-51 所示为鼓式制动器的工作原理示意图。以内圆柱面为工作表面的金属制动鼓固定在车轮轮毂上,随车轮一同旋转。在固定不动的制动底板上有两个支承销,支承着两个弧形制动蹄。制动蹄的外圆柱面上装有摩擦片。制动底板上还装有制动轮缸,用油管与装在车架上的制动主缸相连通。主缸活塞由驾驶人通过制动踏板机构来操纵。

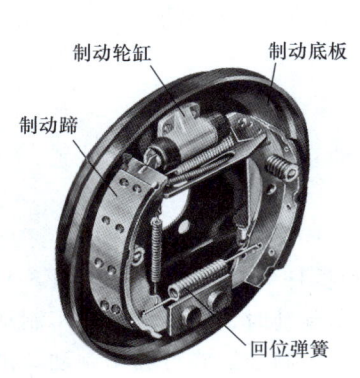

图 3-50 鼓式制动器的结构

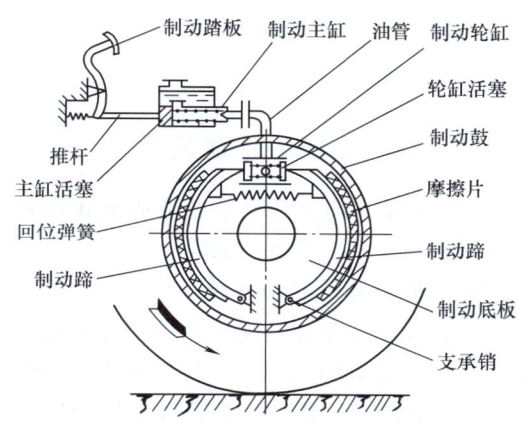

图 3-51 鼓式制动器的工作原理示意图

制动系统不工作时,制动鼓的内圆柱面与制动蹄摩擦片的外圆柱面之间保持一定的间隙,使车轮和制动鼓可以自由旋转。当需要使行驶中的汽车减速时,驾驶人踩下制动踏板,通过推杆和主缸活塞,将制动主缸内的油液压入制动轮缸,使制动轮缸的两个活塞向外移出,推动两制动蹄向外张开,使其摩擦片压紧在制动鼓的内圆柱面上,通过摩擦力使车轮减速。制动力越大,则汽车减速度也越大。当放开制动踏板时,制动蹄被回位弹簧拉回原位,轮缸中的油液流回主缸,制动即解除。

2. 盘式制动器

盘式制动器如图 3-52 所示,它的制动主体是随车轮一起转动的制动盘和固连于制动底板上的制动钳。图 3-53 所示为盘式制动器的工作原理示意图,制动钳跨于制动盘两侧,每侧各有 1~2 个制动块。在制动盘一侧的制动块与制动钳之间装有单活塞制动轮缸。未制动时,制动块与制动盘之间有一定的间隙;制动时,液压油进入轮缸,将活塞向右推出,使制动盘一侧的制动块压向制动盘,同时通过制动钳拉动另一侧的制动块也压向制动盘,从而产生制动力。制动盘上的小孔和盘内的通道用于通风散热。

与鼓式制动器相比,盘式制动器尺寸小,重量轻,制动性能稳定,更容易控制。鼓式制动器在相同的踏板力作用下,能产生比盘式制动器更大的制动力。因此,轿车多采用盘式制动器,而载货汽车因要求制动力大,均采用鼓式制动器。

图 3-52 盘式制动器

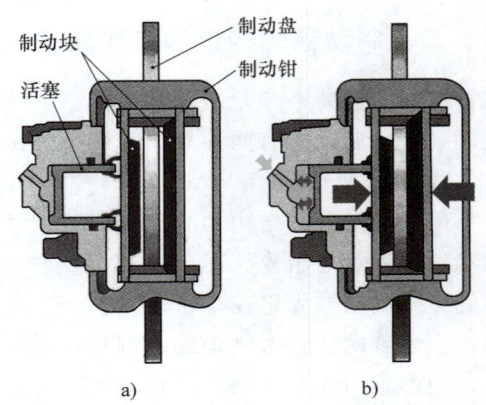

图 3-53 盘式制动器的工作原理示意图
a) 未制动时　b) 制动时

三、制动系统的传动装置

汽车制动系统的传动装置有机械式和液压式两种。驻车制动系统采用机械传动装置，行车制动系统采用液压传动装置。

1. 机械式驻车制动系统

驻车制动系统的机械传动装置主要由操纵杆、棘爪齿板和拉杆等零件组成，如图 3-54 所示。驻车制动系统与行车制动系统共用后轮制动器。施行驻车制动时，驾驶人将驻车制动操纵杆向上扳起，通过拉杆将驻车制动杠杆拉紧，从而促动两后轮制动器施行驻车制动。由于操纵杆内的棘爪的单向作用，棘爪与棘爪齿板啮合后，操纵杆便不能反转，故整个驻车制动杆系统能长时间可靠地被锁定在制动位置（见图 3-54a）。欲解除制动，须先将操纵杆扳起少许，再压下操纵杆端头的按钮，通过棘爪压杆使棘爪离开棘爪齿板，然后将操纵杆向下推到解除制动位置。此时拉杆放松，驻车制动解除，随后放松操纵杆端按钮，完成解除驻车制动的操作（见图 3-54b）。

2. 液压式行车制动系统

液压式行车制动系统主要由制动踏板、制动主缸、液压管路、后轮鼓式制动器中的制动轮缸和前轮盘式制动器中的制动轮缸等组成，如图 3-55 所示。制动前，整个液压系统中应充满制动液。制动时，在制动踏板的作用下，将制动主缸的制动液压入四个制动轮缸，产生制动作用。撤除踏板力后，制动踏板机构、制动主缸活塞和制动轮缸活塞在各自回位弹簧的作用下回位，制动液从制动轮缸流回制动主缸，解除制动。

若整个制动管路为相互连通的一条管路，称为单回路制动系统；若为相互独立的两条管路，称为双回路制动系统。当单回路制动系统中的任何一个部分出现松动或泄漏时，整个制动系统就会失效。双回路制动系统中，一条回路失效，另一条回路仍能起作用，不至于使整车失去制动能力，提高了制动的可靠性。按交通法规的要求，现代汽车的行车制动系统都必须采用双回路制动系统。因此，液压制动系统都采用串列双腔式制动主缸（见图 3-55）。

串列双腔式制动主缸的两个主缸串联在一起，各控制一条回路，每一条回路有独立的储液罐。通常采用对角连通方式（见图 3-55），即一条回路控制左前轮和右后轮，另一条回路控制右前轮和左后轮，这样任何一条回路失效，都能保证汽车仍具有50%的制动能力。图3-55中的感载比例阀的作用是自动调节前、后轮的制动力，防止汽车后轮首先抱死而发生侧滑和甩尾事故。

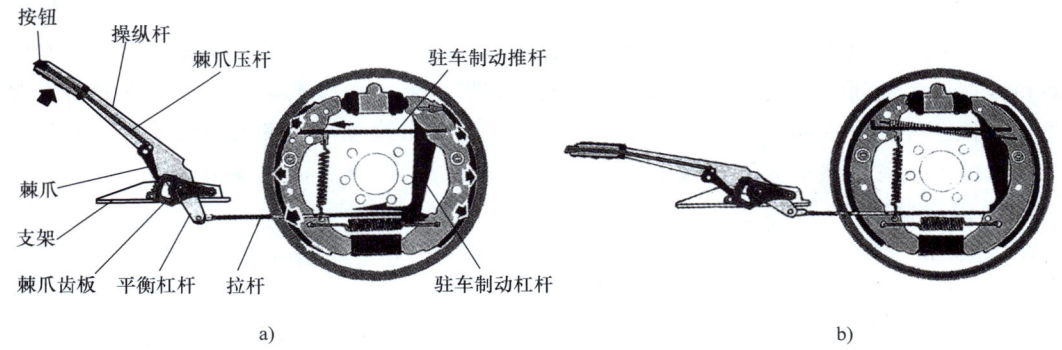

图3-54 驻车制动器工作原理简图
a）施行驻车制动 b）解除驻车制动

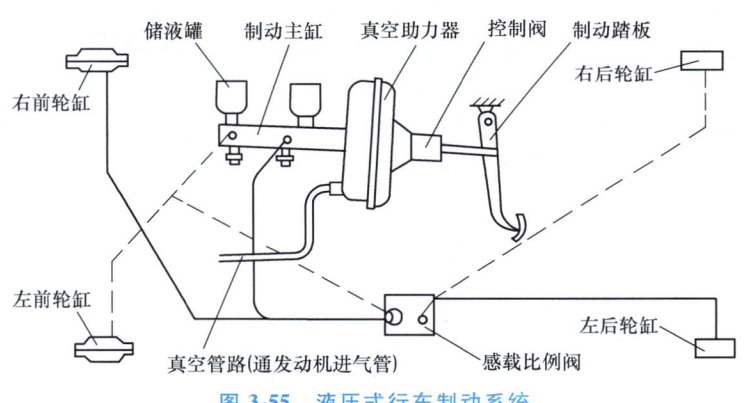

图3-55 液压式行车制动系统

四、真空助力器

为了减少制动时驾驶人施加在制动踏板上的力，同时又要求增大汽车的制动力，现代汽车的制动系统中都装有制动助力装置，最常见的是真空助力器。

真空助力器安装在制动踏板和制动主缸之间（见图3-55）。在制动时，通过管路将发动机进气管的真空度引入真空助力器，可以增大制动主缸推杆上的推力，相当于加大了驾驶人踩踏板的力，从而起到增大制动力的作用。

五、气压制动系统

中型和重型载货汽车由于质量大，仅靠人力制动和真空助力制动已远远满足不了制动要求，因而都采用动力制动。我国生产的中型以上载货汽车或客车一般都采用气压制动系统。在气压制动系统中，发动机驱动一个空气压缩机，把压缩空气储存于储气筒中。制动时，驾驶人踩下制动踏板，打开制动控制阀，压缩空气便通过制动控制阀和空气管路进入制动器的制动气室，从而产生制动作用。在气压制动系统中，驾驶人所施加的踏板力只是用来操纵控制装置，而对车轮的制动力则全部来自发动机的动力。

六、防抱死制动系统

防抱死制动系统（Anti-lock Brake System，ABS）最早应用于铁路机车，由于机车制动时车轮抱死后在铁轨上滑行，使车轮外圆滑磨出一些小平面，导致车轮不能平稳运转而产生振动和噪声。为此研制了防抱死制动系统，安装在机车上之后，不仅解决了车轮的抱死滑磨问题，而且意外地发现制动距离也缩短了。随后又将该系统应用于飞机制动系统，并很快成为飞机的标准装备。然后应用于汽车制动系统，现已成为汽车的标准装备。

1. 车轮滑移率与附着系数的关系

在一般的硬实路面上，轮胎与路面之间的附着力 F_φ 约等于轮胎与路面之间的摩擦力 F_f，附着系数 φ 约等于摩擦系数 f。车轮在地面的滑移程度用滑移率 S 来表示，干燥硬实路面上的附着系数与滑移率的关系如图 3-56 所示。

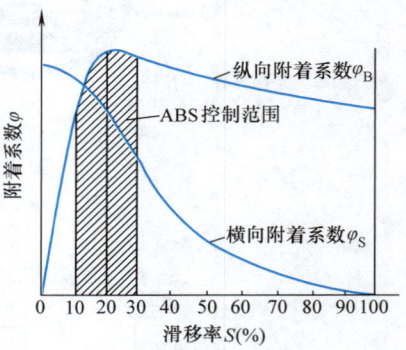

从图 3-56 中可以看出，当滑移率为 20% 左右时，纵向附着系数 φ_B 最大，制动效果最好。横向附着系数 φ_S 越大，汽车制动时的方向稳定性和转向控制能力越强。当车轮抱死在地面上滑磨时，滑移率为 100%，横向附着系数 φ_S 接近于零，汽车已失去方向稳定性和转向控制能力，其危险极大。因此，在制动时将滑移率控制在 20% 左右具有最优的制动效果，同时车轮仍具有较大的抗侧滑能力，驾驶人仍能通过转向盘改变汽车的行驶方向。

图 3-56 附着系数与滑移率的关系

2. 防抱死制动系统的组成和工作原理

防抱死制动系统通常是由车轮转速传感器、制动压力调节器、控制器以及普通制动系统组成。图 3-57 所示为一种较为典型的电子控制防抱死制动系统。

汽车每个车轮上各安装一个车轮转速传感器，将车轮转速的信号输入控制器。控制器根据各车轮的转速信号对各个车轮的运动状态进行监测和判定，并形成相应的控制指令。通过制动压力调节器对各制动轮缸的制动压力进行调节。

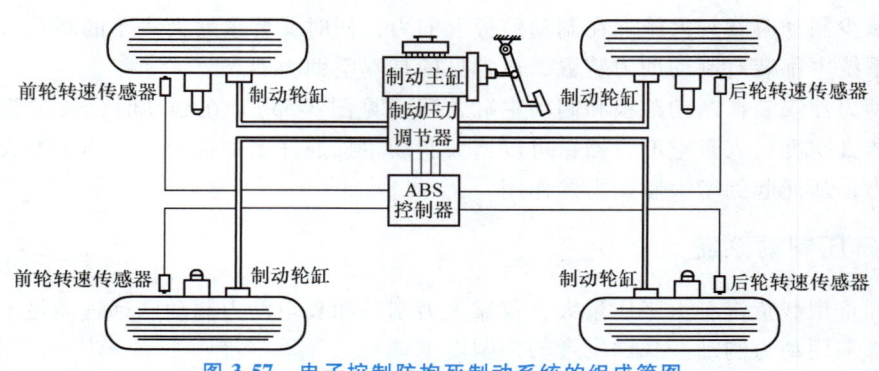

图 3-57 电子控制防抱死制动系统的组成简图

汽车紧急制动时，在控制器的控制下，通过制动压力调节器对各个车轮上的制动压力进行调节，将各车轮的滑移率控制在理想滑移率附近，防止车轮抱死滑移。这不仅能缩短制动距离，还能最大限度地保证制动时汽车的稳定性和安全性。

习　题

3-1　汽车底盘是由哪几部分组成的？各部分的功用是什么？
3-2　离合器的功用是什么？
3-3　汽车变速器的功用是什么？
3-4　普通齿轮变速器通常设置有哪几种档位？
3-5　自动变速器与手动变速器相比有哪些优点？
3-6　液力变矩器是由哪三个基本元件组成的？主、从动件是如何传递运动和动力的？
3-7　为什么液力变矩器通常与有级齿轮变速器组合在一起实现变速？
3-8　汽车传动系统为什么要采用万向传动装置？
3-9　为什么发动机前置前轮驱动汽车的传动系统中要使用等速万向节？
3-10　车桥分为哪几类？驱动桥主要由哪几部分组成？
3-11　差速器的功用是什么？普通差速器在传递运动和动力时有何特点？
3-12　转向轮定位参数有哪些？各起什么作用？
3-13　无内胎轮胎与有内胎轮胎各有何特点？
3-14　子午线轮胎与斜交轮胎在结构和性能上有何区别？
3-15　何谓非独立悬架和独立悬架？各有何特点？各用于何种类型的汽车上？
3-16　在汽车的悬架系统中，弹性元件和减振器各起什么作用？
3-17　转向系统的功用是什么？常用的转向器有哪两种类型？各用于何种类型的汽车上？
3-18　转向梯形机构在转向系统中起什么作用？
3-19　为什么行车制动系统普遍采用液压式？而驻车制动系统只能采用机械式？
3-20　制动器通常分为哪两种类型？各有何特点？各用于何种类型的汽车上？
3-21　制动时车轮抱死有何害处？防抱死制动系统的工作原理是什么？

第四章

汽车车身及车身附件

第一节 汽车车身

汽车车身是驾驶人的工作场所，也是容纳乘客和货物的场所。车身应给驾驶人提供良好的操作条件，给乘客提供舒适的乘坐条件，使他们能够抵御汽车行驶时的振动、噪声、废气的侵袭以及外界恶劣气候的影响，并保证完好无损地运载货物且装卸方便。

汽车车身应当具有合理的形状，在汽车行驶时能有效地引导周围的气流，减小阻力以提高汽车的动力性和燃油经济性，还应保证汽车行驶的稳定性和改善发动机的冷却条件，并使车内通风良好。此外，车身还应具有美观的外形和舒适的内部覆饰，以及赏心悦目的色彩。

汽车车身按其功能可分为驾驶室、发动机室和乘员室（或货箱）。根据汽车的种类和各部分布置形式不同，三室的排列方式也不同。

一、轿车的车身

现代轿车大多数采用承载式车身，如图4-1所示。其特点是没有车架，其车身就作为发动机和底盘各总成的安装基础，载荷全部由汽车车身承受，因此要求车身具有较大的强度和刚度。图4-2所示为某轿车的车身分解图。它主要由车身主体、四个车门、发动机罩、前后围板、前后翼子板和行李箱盖等组成。由于轿车是用于少量人员乘坐的，其货箱缩小成行李箱。若将行李箱与驾驶室合为一体，这种形式的车身称为两厢式；若将行李箱与驾驶室分开，则称为三厢式。

图4-1 轿车的承载式车身

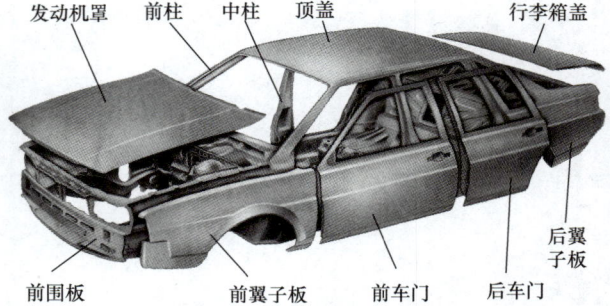

图4-2 轿车的车身分解图

按车身形式及使用性能，轿车一般可分为普通轿车、活顶轿车、高级轿车、小型轿车和敞篷轿车等形式，图4-3所示为轿车的几种车身形式。

二、货车的车身

货车的车身有长头和平头之分,如图 4-4 所示。长头货车是典型的三室前后排列的汽车,其发动机室在前,驾驶室居中,车箱在后。平头货车是将驾驶室放置于发动机室之上,后面为车箱。这两种形式的车身相比,长头车总长较长,总高较低,驾驶时安全感强,发动机维修方便,但视野不及平头车开阔。平头车由于驾驶室位于发动机室之上,维修保养发动机不便。因此,许多平头货车都把驾驶室设计成可向前翻转。在同样车长情况下,平头货车的车箱载货面积大。

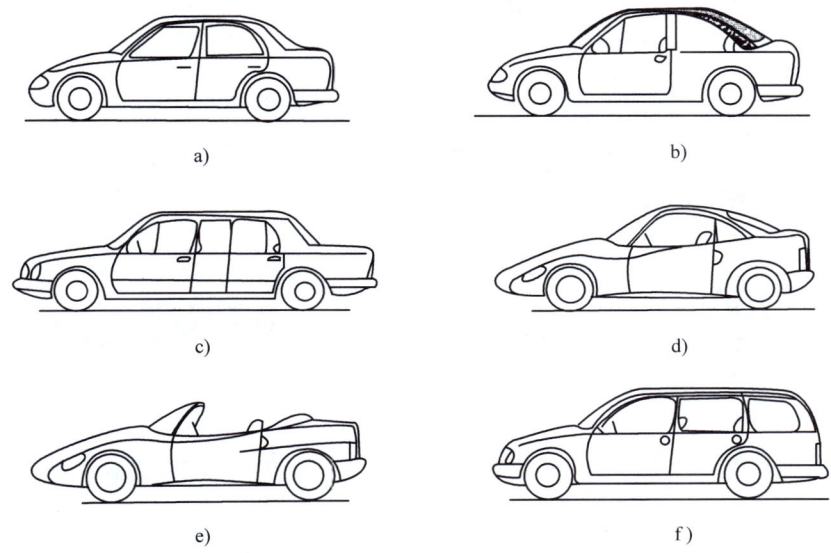

图 4-3 轿车的几种车身形式

a)普通轿车 b)活顶轿车 c)高级轿车 d)小型轿车 e)敞篷轿车 f)旅行车

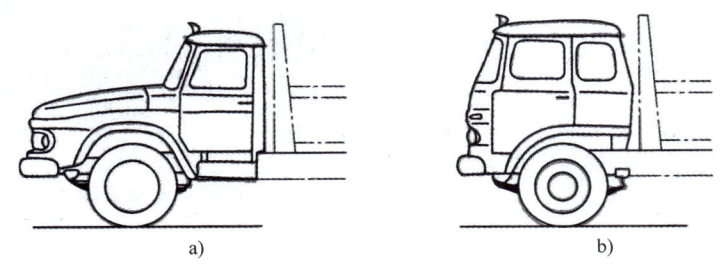

图 4-4 货车的两种驾驶室形式

a)长头货车 b)平头货车

根据不同的用途,货车的货箱结构有较大的不同,通常分为栏板式货箱、罐式货箱、自卸式货箱、平台式货箱、厢式货箱和篷式货箱等,如图 4-5 所示。

三、客车车身

客车车身具有规则的长方体车厢,以便安排更多的座位。发动机室位于车厢内。客车的车身分为骨架和蒙皮两个主要部分,还有车门、玻璃、附件等部件。图 4-6 所示为典型的大客车承载式车身的骨架。骨架都是由矩形截面的冲压件或型材焊接成的整体，外蒙皮是焊接在骨架上的钢板，内装饰是固定在骨架上的塑料板、木板等材料。

大客车由于载人较多，不仅对其车身的刚度、强度有较高要求，对其安全性、密封性、乘坐舒适性以及通风、采光、视野等也都有较高要求。图4-7所示为几种大客车的车身形式。

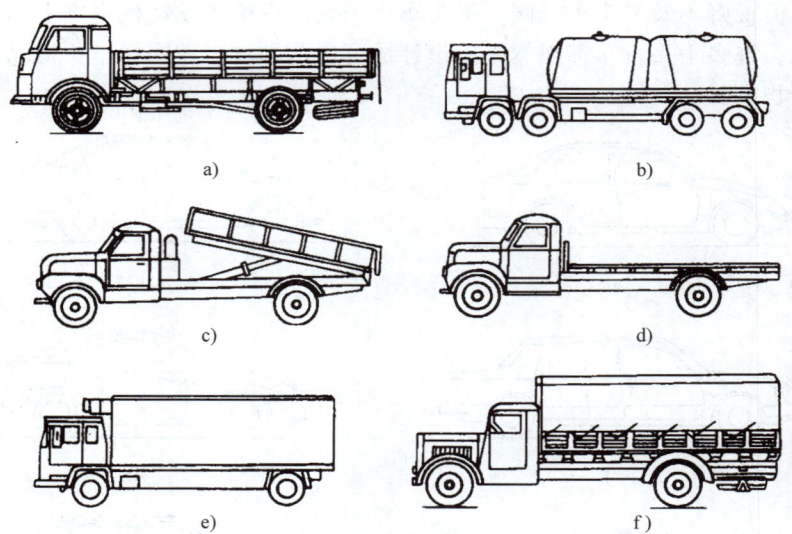

图 4-5　货车货箱类型

a）栏板式货箱　b）罐式货箱　c）自卸式货箱　d）平台式货箱　e）厢式货箱　f）篷式货箱

四、汽车车门

车门按开启方式的不同分为逆开式、顺开式、上掀式、水平滑移式、折叠式和外摆式等类型，如图4-8所示。

顺开式车门的汽车在行驶时，气流的压力对车门产生关闭力矩，因而比较安全，被广泛采用；逆开式车门

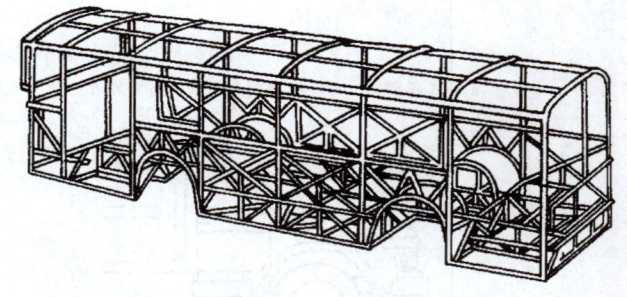

图 4-6　典型大客车承载式车身的骨架

在汽车行驶时有可能被迎面吹来的气流冲开，因而用得较少；水平滑移式车门的优点是车身侧面与障碍物距离较小时车门仍能全部开启；折叠式和外摆式车门广泛应用于大、中型客车上；上掀式车门广泛用于轿车和轻型客车的背门，有些低矮汽车的侧门采用上掀的飞翼式车门，如图4-9所示。

五、汽车车窗

汽车的前、后窗通常采用视野宽阔又美观的曲面玻璃，玻璃借助橡胶密封条扣在窗框上，或采用专用的胶黏剂贴在窗框上。为便于自然通风，汽车的侧窗一般可以上下移动或前后移动，在移动玻璃与窗框之间装有橡胶密封槽。具有完善的冷气、暖气、通风及空调设备

的高级客车，通常将侧窗设计成不可打开的形式，以提高车身的密封性。有些轿车为了提高车内的亮度，以及加强车内空气的流动，在车顶设置了电动天窗，如图4-10所示。

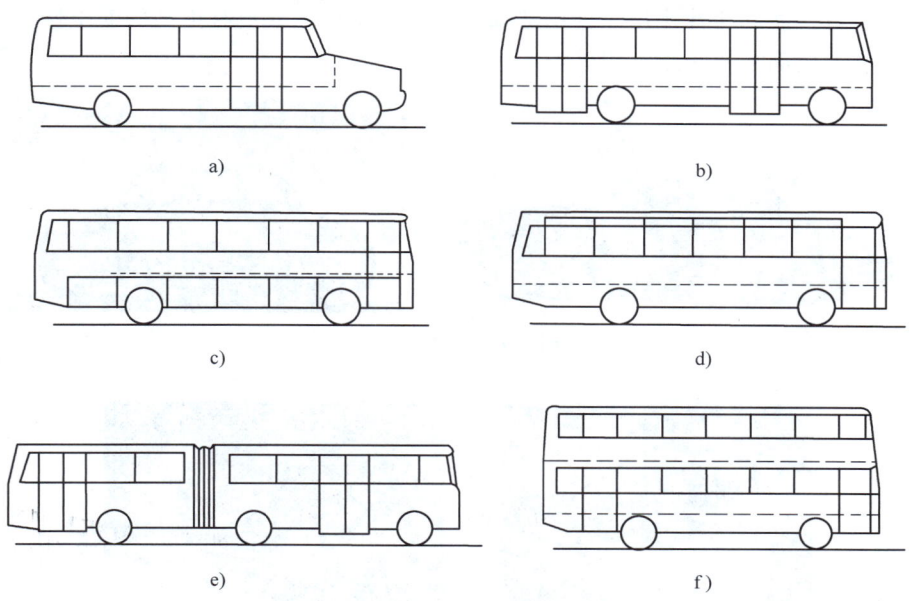

图4-7 几种大客车的车身形式

a）长头客车 b）城市公共客车（地板低、车门多） c）长途客车（地板下部设行李箱）
d）游览客车（车窗尺寸大、视野开阔） e）铰接客车 f）双层客车

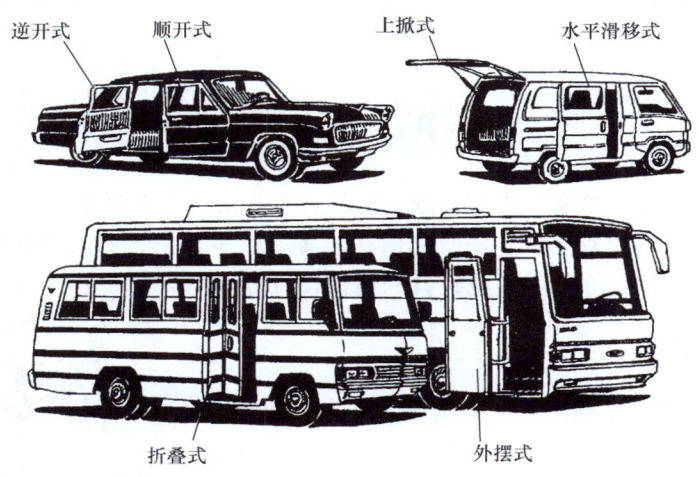

图4-8 汽车车门的形式

现代汽车所使用的车窗玻璃，绝大多数都是钢化玻璃和夹层玻璃。

钢化玻璃是将玻璃加热至接近软化点时，进行急速均匀冷却，或者进行特殊的表面化学处理而成的特殊玻璃。钢化玻璃的机械强度和稳定性比普通玻璃高得多，在遇到巨大冲击破碎时，常碎成直径小于10mm的圆钝颗粒，不会伤人。

夹层玻璃是在两层形状相同的玻璃之间，用高强度透明塑胶粘合而成的玻璃。这种玻璃的强度也很高。当遇到巨大冲击时只出现裂纹，即使玻璃破碎了，碎块也被粘在中间的塑胶上，不会飞溅起来，也不会伤人。由于夹层玻璃具有较好的韧性，因此，在承受撞击时能吸收部分冲击能量，能起缓冲作用。夹层玻璃与钢化玻璃相比，具有更高的安全性，因此，现代汽车的前风窗玻璃主要采用夹层玻璃。

图 4-9　飞翼式车门

图 4-10　电动天窗

有些汽车后风窗玻璃的夹层中带有电热丝。当玻璃上结有冰霜时，可以通以电流加热，融化冰霜。还有些夹层玻璃在夹层中带有颜色，如蓝色、茶色等，用于减少外界光线对车内的影响。

第二节　车身附件

车身附件是汽车车身的重要组成部分，对完善车身功能和保障乘客或货物的安全起着重要的作用。车身附件主要有座椅、照明和信号装置、仪表、空调器、暖风机、风窗刮水器、车门玻璃升降器、玻璃洗涤器、音响设备和通信设备等。

一、汽车座椅

汽车座椅的作用是支承人体，对驾驶人和乘员的乘坐舒适性有重要的影响。驾驶人座椅是车内座椅中要求最高的。座椅主要由头枕、靠背、坐垫、弹性元件和调节装置等组成，如图 4-11 所示。

座椅的调节装置用于改变座椅的位置及姿态，以适应不同身材的驾驶人和乘员的舒适性要求。汽车座椅的调节有手动调节和电动调节两种，现代轿车普遍采用由微型电动

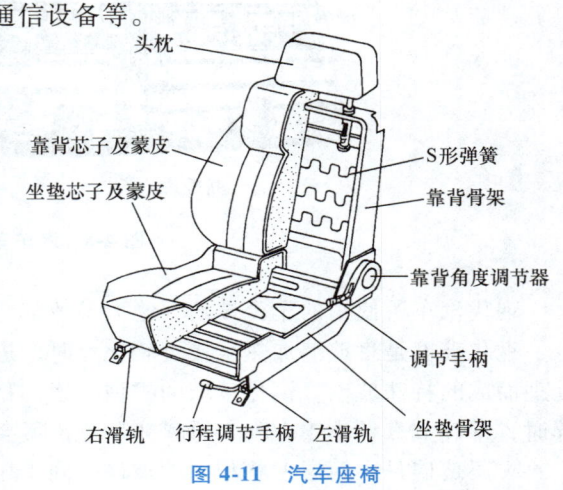

图 4-11　汽车座椅

机驱动的电动座椅调节装置。最基本的调节有座椅的前、后、上、下的位置调节和靠背角度调节,先进的"记忆座椅"有10多种行程和角度调节方式,包括调节转向盘和后视镜的倾角。这种座椅有调节按钮和电子记忆装置,可记忆3个驾驶人所需的座椅调节位置数据。驾驶人就座后,开动记忆装置就可操纵微型电动机,按预先设定的位置数据完成10多项调节。

二、安全带

安全带是最有效的防护装置,可以大幅度地降低碰撞事故造成的伤亡,这一点已被大量使用实践所证明。安全带的基本类型有腰带、肩带、腰肩带和全背带四种,如图4-12所示。

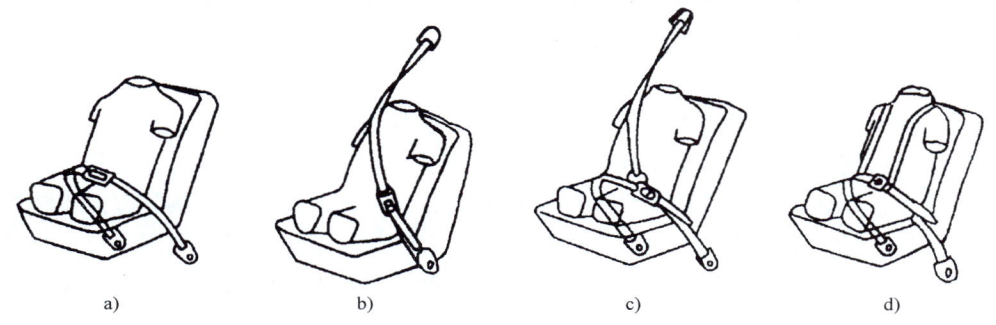

图4-12 安全带的类型

a) 腰带　b) 肩带　c) 腰肩带　d) 全背带

腰带又称为两点式安全带(见图4-12a),用于限制乘员下躯体向前移动。由于不能保护上躯体和头部,甚至在某些情况下使用腰带的乘员比不使用腰带的乘员受伤程度更严重。因此,现在已较少使用。

肩带又称为斜式安全带(见图4-12b),用于限制乘员上躯体过度向前倾斜,目前应用较普遍。

腰肩带又称为三点式安全带(见图4-12c),既可限制乘员下躯体向前移动,又可限制乘员上躯体过度前倾,使用效果最好,是前座乘员的主要约束形式。

全背带又称为四点式安全带(见图4-12d),用于赛车驾驶人的约束或一些特殊场合。

图4-13所示为最常用的三点式安全带。带子由合成纤维织成,包括斜跨前胸的肩带和绕过人体胯部的腰带。在座椅外侧和内侧地板上各有一个固定点,第三个固定点位于座椅外侧车身支柱的上方。带子绕过导向板,并卷在下部的收卷器内。

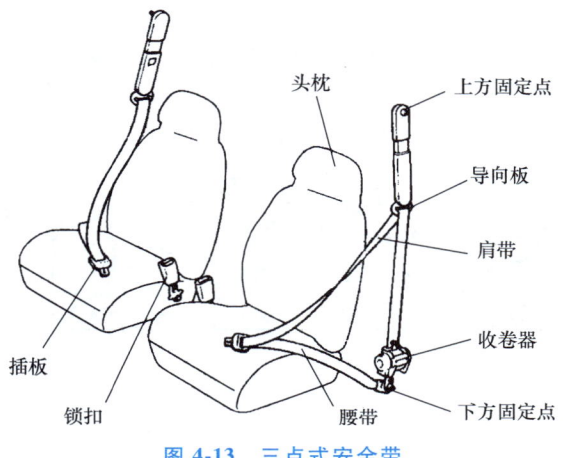

图4-13 三点式安全带

乘员胯部内侧附近有一个插扣,由插板和锁扣两部分组成。将两部分插合后,即可将乘员约束在座椅上。按下锁扣上的红色按钮就能解除约束。紧急锁止式收卷器在正常情况下,对人体上部不起约束作用。当乘员向前弯腰时，带子可从收卷器里拉出；而当乘员恢复正常坐姿时，收卷器又会自动把多余的带子卷起，使带子随时保持与人体贴合。但在紧急情况下，如汽车减速度超过预定数值或车身严重倾斜时，收卷器会将带子卡住而对乘员产生有效的约束。

三、安全气囊系统

安全气囊系统是汽车安全带的辅助装置，只有在使用安全带的条件下，安全气囊系统才能充分发挥保护驾驶人和乘员的作用。安全气囊位于转向盘毂内或仪表板内，碰撞发生时，安全气囊系统迅速反应，在极短时间内展开并充起一个很大的气囊，犹如缓冲垫填在驾驶人与转向盘之间，从而减轻驾驶人（或乘员）头部及胸部的伤害。

1. 安全气囊系统的工作原理

安全气囊系统主要由控制器、传感器、气体发生器和气囊等组成。其工作过程为：在发生碰撞事故时，传感器感受汽车碰撞强度，当控制系统判断汽车碰撞超过一定程度时，控制器就发出点火指令，使气体发生器内的电子点火器点火，气体发生剂受热分解，迅速产生大量的气体，在乘员的前部形成充满气体的气囊。当人体与气囊接触时，利用气囊本身的阻尼作用或气囊背面的排气孔的排气节流作用，来吸收乘员惯性力产生的动能，达到保护乘员的作用。

2. 安全气囊动作过程

图 4-14 所示为汽车在碰撞试验中安全气囊的展开过程。当汽车以车速 50km/h 与前方障碍物碰撞时，安全气囊的动作过程如下：

1）碰撞约 10ms 后，点火器引爆点火剂并产生大量热量，使气体发生剂受热分解，驾驶人尚未动作，如图 4-14a 所示。

2）碰撞约 40ms 后，气囊完全充满，体积最大，驾驶人向前移动，安全带斜系在驾驶人身上并拉紧，部分冲击能量已被吸收，如图 4-14b 所示。

3）碰撞约 60ms 后，驾驶人头部及身体上部压向气囊，气囊在人体惯性力作用下产生变形和排气节流作用，从而吸收人体的动能，如图 4-14c 所示。

4）碰撞约 110ms 后，大部分气体已从气囊中逸出，驾驶人身体上部回到座椅靠背上，汽车前方恢复视野，如图 4-14d 所示。

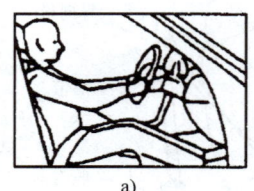 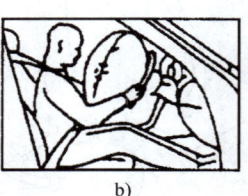 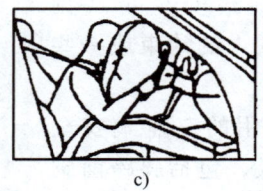 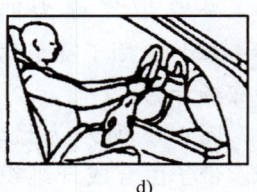

a)   b)   c)   d)

图 4-14 安全气囊的展开过程

a）碰撞约 10ms 后　b）碰撞约 40ms 后　c）碰撞约 60ms 后　d）碰撞约 110ms 后

5）碰撞约 120ms 后，碰撞危害解除，车速降低直至为零。

由此可见，气囊从开始充气到完全充满约需 30ms；从汽车遭受碰撞开始到气囊收缩为止，所用时间仅为 120ms 左右，而人眨一下眼皮所用的时间为 200ms 左右。

在所有的交通事故中，汽车侧向碰撞约占整个碰撞的 30%。由于乘员与汽车侧面构件的距离小且缺少缓冲区，侧面碰撞对乘员也是非常危险的。为此，现代轿车在汽车侧面设置了侧安全气囊或（和）安全气帘，侧安全气囊和安全气帘要求有更快的反应速度。图 4-15 所示为装有前安全气囊、侧安全气囊和安全气帘的轿车。

图 4-15　装有前安全气囊、侧安全气囊和安全气帘的轿车

四、照明装置及信号装置

汽车上装有各种照明装置和信号装置，用以照明道路、标示车辆宽度、照明车厢内部及仪表指示和方便夜间检修等。此外，在转向、制动和倒车等工况下，汽车还应发出光信号和音响信号。

1. 照明装置

（1）前照灯　前照灯为白光灯，用来照亮汽车前面的道路，前照灯具有近光和远光两种照明方式。近光方式的亮度较弱，光束下倾，只照亮汽车前面 20~30m 的路面，不会引起对面来车的驾驶人眩目，一般在会车时或车速较低时使用。远光方式的亮度大，可照亮车前 100m 甚至更远。随着汽车行驶速度的提高，前照灯的照明距离应达到 200~250m。

前照灯可分为二灯式和四灯式两种，前者是在汽车前端左、右各装一个前照灯（采用双丝灯泡，一个灯丝提供远光，另一个灯丝提供近光）；而后者是在汽车前端左、右各装两个前照灯（一个是远光灯，一个是近光灯）。

（2）位灯　位灯装在汽车前、后部两侧的边缘，用来标示其轮廓。前位灯又称为示宽灯，一般为白色或黄色，主要用于在夜间会车行驶时，帮助对方判断对面来车的外廓宽度。后位灯又称为尾灯，一般为红色，主要用于后车驾驶人判断前车的位置而与之保持一定距离，以免当前车突然制动时发生碰撞；后位灯也可兼作照明汽车牌照的牌照灯。

（3）雾灯　雾灯用来在有雾、雨、雪或风沙天气情况下，改善路面的照明或提醒后车驾驶人注意保持车距，其颜色为黄色或橙色（黄色光波较长，透雾性能好）。前雾灯位于车前部两侧的下方。

现代轿车常将前照灯、前雾灯和前位灯等组装在一起，成为组合前灯；将后位灯、后雾灯、倒车灯、制动灯以及后转向灯等组装在一起，成为组合后灯，如图 4-16 所示。

（4）车内灯　车身内部的照明灯包括驾驶室顶灯、车厢照明灯和轿车中的车门灯和行李箱灯等。为了便于夜间检修发动机，还设有发动机罩下灯。驾驶室的仪表板上有仪表及开关照明灯。为满足夜间在路上检修汽车的需要，车上还应备有带足够长灯线的工作灯。

2. 信号装置

（1）转向灯　转向灯为红光灯或橙光灯，转向灯分别装在车身前部和后部的左右两侧。将转向盘下面的转向灯开关扳向哪侧，哪侧的转向灯就会以每分钟 60~90 次的频率闪烁，

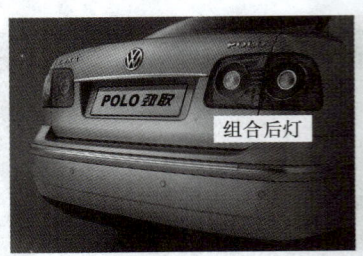 

图 4-16　汽车车灯

给汽车前后的车辆和行人以转向的信号。转向后，随转向盘回正，转向开关可自动关闭。转向信号灯可以单独设置，也可以与前、后组合灯合成一体。

（2）制动灯　制动灯都是红光灯，装于汽车后部。制动灯由制动踏板控制，在正常情况下，制动灯点亮时，距离车尾不小于100m处的其他车辆的驾驶人应看得很清楚，以便减速行驶或停车。此外，还可安装高位制动灯，装在汽车后窗中心线附近，当两辆车相距较近时，高位制动灯便于后面车辆驾驶人观察。制动灯可以单独设置，也可以和组合后灯合成一体。

（3）倒车灯及倒车报警器　当驾驶人倒车时，倒车灯点亮，同时报警器的电喇叭发出断续的响声或发出预录的声音（如：倒车！请注意！……），用以警告车后的行人和车辆驾驶人。倒车灯由变速器的变速杆控制，变速杆处在倒档位置时倒车灯点亮。

（4）喇叭　汽车喇叭用于警告行人和其他车辆驾驶人注意交通安全，按其能源不同可分为电喇叭和气喇叭两种。中、小型客车及轿车普遍采用电喇叭，气喇叭的声响强度和指向性都比电喇叭强，有利于山区的安全行车，城市禁止使用气喇叭。

五、仪表板

仪表装置于转向盘前面的仪表板上，帮助驾驶人随时了解汽车各部分的工作状况，在仪表板上还装有各种指示和报警装置。图 4-17 所示为汽车的仪表板。

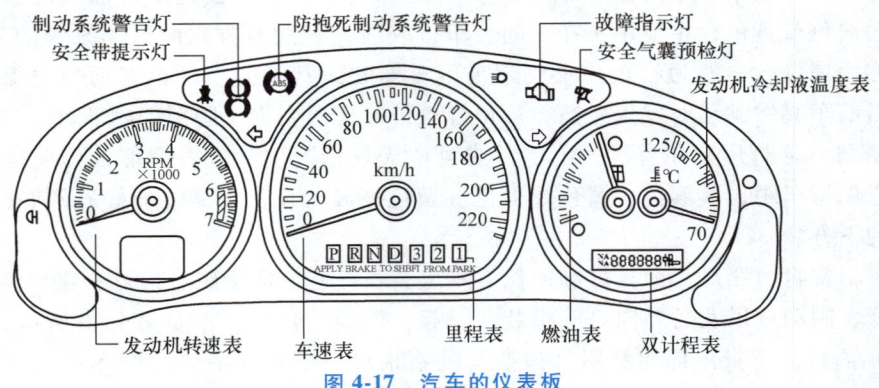

图 4-17　汽车的仪表板

汽车仪表主要有车速里程表、发动机转速表、电流表、机油压力表、冷却液温度表、燃油表和制动气压表等。

1. 车速里程表

车速里程表用来指示汽车行驶速度（km/h）和累计行驶里程（km），由车速表和里程表两部分组成。有的车还装有小里程表指示当天（或当次）的行驶里程。

2. 发动机转速表

发动机转速表用来指示发动机的转速（r/min），使驾驶人掌握发动机的工作状况，以便更好地掌握换档时机，提高燃油经济性。

3. 电流表

电流表用来指示蓄电池充、放电的状态，以及充、放电的电流大小。发电机向蓄电池充电时电流表指示"＋"，蓄电池向用电设备放电时电流表指示"－"。

4. 机油压力表

机油压力表用来指示发动机主油道内的机油压力，在主油道上装有油压传感器。机油压力过大或过小时均在仪表板上有光信号报警。

5. 冷却液温度表

冷却液温度表用来指示发动机冷却液的温度。在发动机冷却系统中装有冷却液温度传感器，发动机冷起动后必须低速运转，待冷却液温度达到50℃以上时方可起步行驶，行驶中冷却液的温度应在规定范围内，冷却液温度过高时仪表板上有光信号报警。

6. 燃油表

燃油表用来指示燃油箱内储存的燃油量，在油箱内装有油面高度传感器。当燃油量少到一定程度时，仪表板上有光信号报警。

7. 制动气压表

制动气压表用来指示气压制动系统中储气筒中的压缩空气压力（气压制动的货车）。当气压低于一定值时不允许行车。

指示和报警也是仪表板的重要功能。指示是将正常的状态和参数在仪表板上显示，报警是将可能发生的危险告知驾驶人。指示和报警多采用光信号的形式，并配以简洁形象的图案。图4-18所示为几种常见的显示图案。

六、汽车暖风空调装置

1. 暖风装置

水冷式发动机的暖风装置，是一个利用发动机工作时产生的热量为热源的暖风机。图4-19所示为典型的通风取暖联合装置。外部空气由送风机吸入，发动机的高温冷却液在循环途中，一部分被导入暖风机，经暖风机的热交换器（散热器）将空气加热，再将加热的空气送入车内取暖、送向风窗玻璃除霜等。

通过调节输入暖风机的高温冷却液流量和送风机的转速来增减外部空气的吸入量，便可控制暖风的温度。通过冷热变换阀门可调节进入车内的冷、暖风的通风量。这种暖风装置多用于轿车或载货汽车驾驶室。

2. 汽车空调装置

汽车上的空调装置多是单制冷式空调器。空调器制冷的基本原理是利用物体三态变化时的吸热和放热现象，即液态物质在变成气态的过程中（汽化）吸收热量、气态物质在变成液态的过程中（冷凝）放出热量来制冷或制热。空调器中所使用的热交换物质称为制冷剂，可通过增加压力和降低压力，使制冷剂在气、液态之间变化。降低液态制冷剂的压力，可使制冷剂汽化，吸收周围的热量；增加气态制冷剂的压力，可使制冷剂液化，从而放出热量。

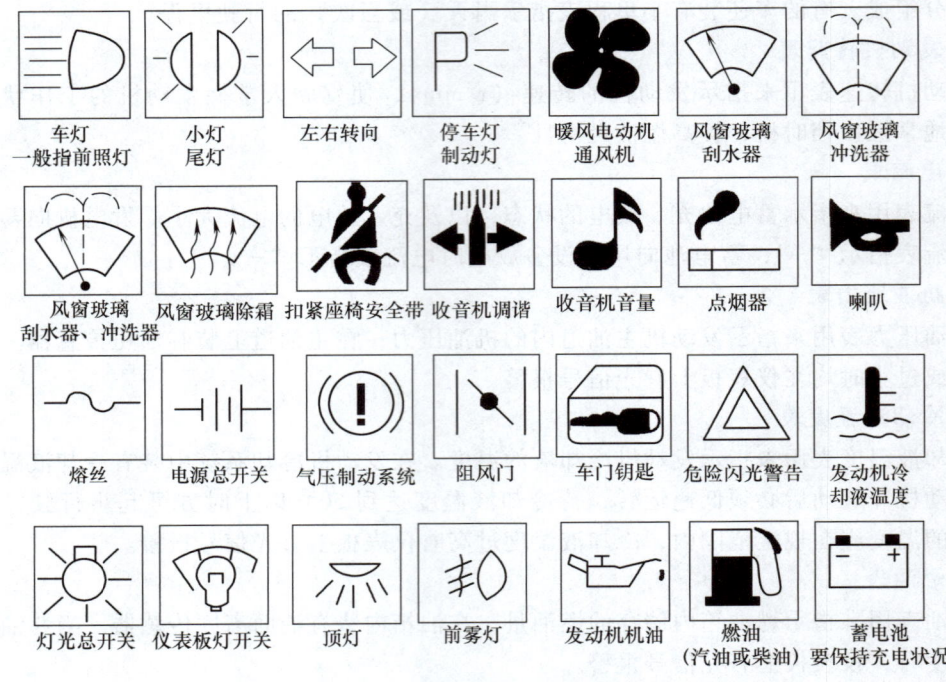

图 4-18 几种常见的显示图案

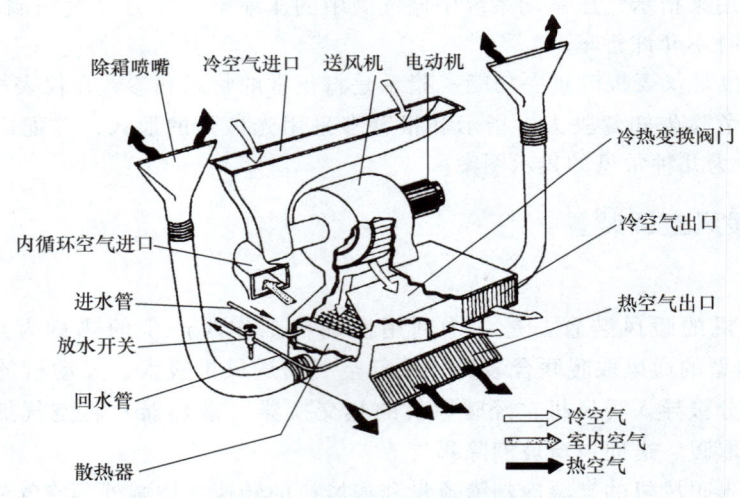

图 4-19 典型的通风取暖联合装置

图 4-20 所示为汽车空调器的制冷原理示意图。空调器主要由压缩机、冷凝器、膨胀阀、蒸发器和储液罐等组成。

（1）**压缩机** 压缩机是压缩和输送制冷剂蒸汽的装置，是制冷系统的心脏。压缩机工作时可把制冷剂气体由低压变为高压，气体温度也因压缩而升高，并可维持连续不断的制冷剂循环。压缩机由汽车发动机驱动。

（2）**冷凝器** 冷凝器的作用是散热，它把从压缩机出来的高压、高温气态制冷剂冷却凝结为液体，在冷凝过程中散发的热量由空气流带走。冷凝器一般安装在发动机冷却水箱前

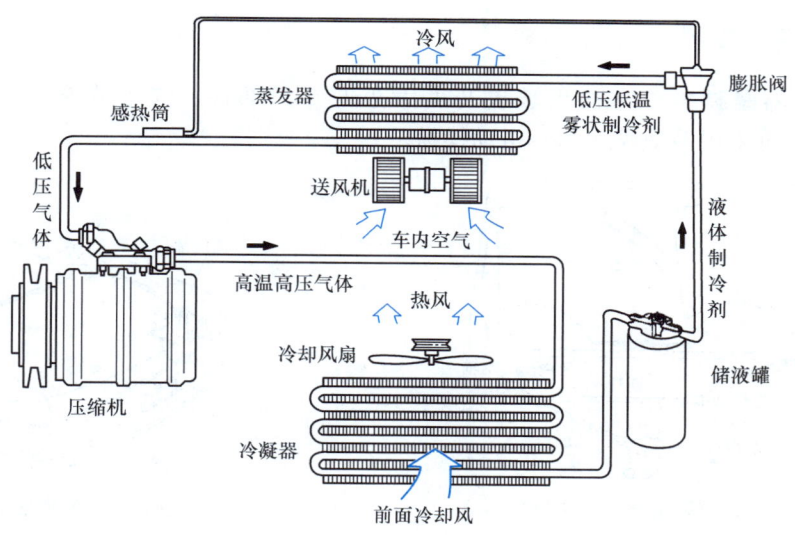

图 4-20　汽车空调器的制冷原理示意图

面，借助于冷却风扇散热。

（3）膨胀阀　膨胀阀又称为流量控制器，其作用是根据车室内空调负荷的需要，自动调节膨胀阀的开度，控制流入蒸发器的制冷剂流量。

（4）蒸发器　蒸发器的功能与冷凝器相反，它把从膨胀阀减压后流出的液态制冷剂蒸发成低压气体。在蒸发过程中，从车室内吸收热量，使车内空气温度降低。

空调器制冷时，由发动机驱动的压缩机将储液罐里的液态制冷剂经膨胀阀抽出，进入室内蒸发器，蒸发器内的压力较低，制冷剂在此吸收热量蒸发成气体。气体的制冷剂被压缩机抽出，加压后送入室外的冷凝器，散发热量后变成液体流回储液罐。如此不断循环，即起到连续制冷作用。为了加大制冷和散热的效果，在蒸发器和冷凝器上都装有风扇或送风机。吹过蒸发器的空气变成冷空气，经专门设计的通道吹到车内适当的地方，在通道出风口处还可以调节风速和风向。而室外的冷凝器则安装于温度较低、通风良好的地方。

七、风窗刮水器与风窗玻璃洗涤器

风窗刮水器用来刮去前、后风窗玻璃上的雨水、霜雪和尘土，提高雨、雪天行驶时驾驶人的能见度，保障行车安全。前风窗玻璃刮水器一般有两个刷片，后风窗玻璃刮水器一般为一个刷片。刷片上柔软的橡胶片紧贴着风窗玻璃，在电动机驱动下往复摆动，即可刷净玻璃上的异物。控制刮刷速度的开关一般有"停止""间歇""低速""高速"等几个位置，以适应不同的雨量。前风窗玻璃刮水器不工作时应停在最低处，以免影响驾驶人的视野。图 4-21 所示为前风窗玻璃刮水器。

为了更好地清除附在风窗玻璃上的脏物，现代汽车上又增设了风窗玻璃洗涤器（见图 4-22）配合刮水器工作，以保持驾驶人的良好视野。洗涤器的喷嘴安装在发动机罩板上，方向可以调节，以便将水喷在风窗玻璃适当的位置。风窗玻璃洗涤器与刮水器联合工作，可以达到良好的洗涤效果。

八、玻璃升降器

玻璃升降器是调整汽车门窗玻璃开度大小的专门部件。汽车玻璃升降器的结构如图 4-23 所示，可采用手动或（和）电动操纵。

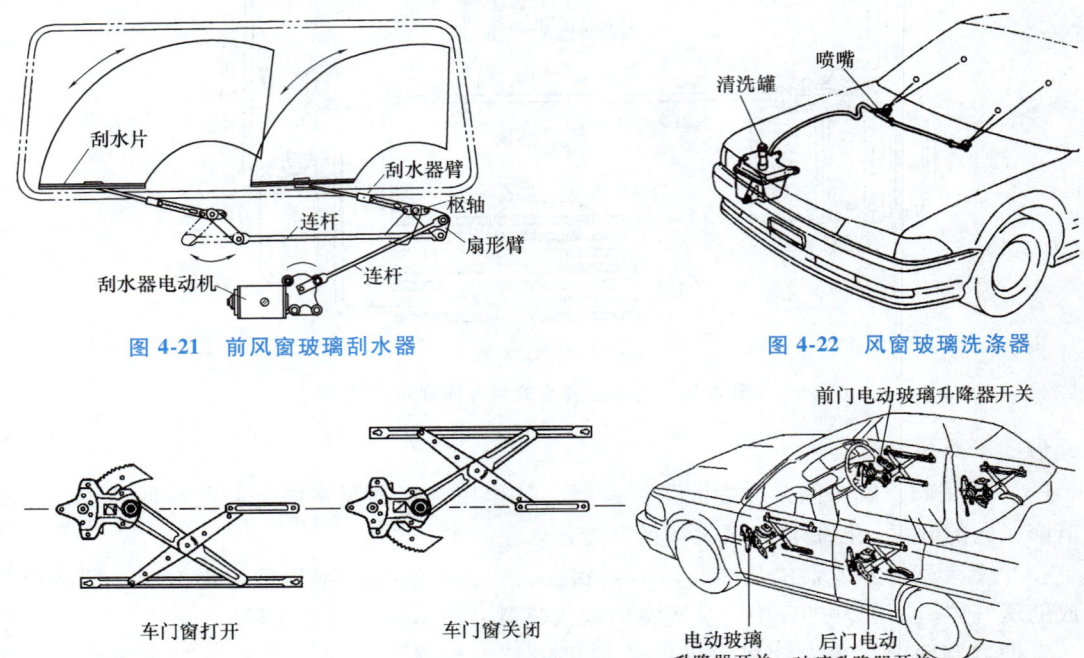

图 4-21　前风窗玻璃刮水器　　　　图 4-22　风窗玻璃洗涤器

图 4-23　汽车玻璃升降器结构

转动玻璃升降器手柄，通过手柄轴上的小齿轮带动扇形齿板转动，使 X 形连杆机构运动，从而带动门窗玻璃上升或下降。电动玻璃升降器采用电动机通过减速机构驱动小齿轮转动，代替玻璃升降器手柄的转动。电动玻璃升降器可通过驾驶人座椅旁的总开关或各座椅旁的车门开关来操作。

除上述车身附件以外，还有电除霜器、中央控制门锁和电动调节后视镜等，不再一一赘述。

习　题

4-1　轿车、货车和客车的车身各有何特点？
4-2　为何汽车广泛采用顺开式车门？
4-3　与普通玻璃相比，钢化玻璃和夹层玻璃有何特点？
4-4　有了安全气囊系统，是否还需要使用安全带？
4-5　汽车上装有哪些照明灯？它们的用途是什么？
4-6　汽车上装有哪些信号灯？它们的用途是什么？
4-7　汽车上装有哪些仪表？它们的用途是什么？
4-8　汽车暖风机的热能来自哪里？
4-9　简述汽车空调器的制冷原理。

第五章

新能源汽车

汽车给人们的日常生活带来了极大便利，同时也不可避免地给环境造成了各种污染。尤其是进入21世纪以来，全球变暖、能源短缺、环境污染等问题日益突出，这也给世界汽车工业发展带来了严峻的挑战。随着城市机动车数量的快速增长，机动车排气污染指标的占比已达70%以上。机动车排放污染已对城市大气环境构成了严重威胁，是雾霾形成的重要因素之一。

因此，必须大力推进传统汽车的节能减排，同时加大新能源汽车产业化。新能源汽车是未来汽车的发展方向，世界各国均制定了相关新能源汽车发展战略，全球各大汽车制造商也在加大对新能源汽车的投入。

新能源汽车是指采用非常规的车用燃料作为动力来源（或使用常规的车用燃料，采用新型车载动力装置），综合车辆的动力控制和驱动方面的先进技术，形成技术原理先进，具有新技术和新结构的汽车。

非常规的车用燃料是指除汽油、柴油、天然气、液化石油气、乙醇汽油、甲醇等之外的燃料。

新能源汽车主要有纯电动汽车、混合动力汽车和燃料电池电动汽车三大类型。

第一节 纯电动汽车

纯电动汽车是指由车载可充电蓄电池或其他能量储存装置提供电能，由电动机驱动的汽车。图 5-1 所示为纯电动汽车。

图 5-1 纯电动汽车
a) 比亚迪纯电动汽车 b) 斯巴鲁纯电动汽车

一、纯电动汽车的特点

（1）无污染，噪声低 纯电动汽车无内燃机汽车工作时排放的污染，无内燃机产生的噪声。

（2）能源效率高，多样化　纯电动汽车停止时不消耗电能，在制动过程中，电动机可自动转化为发电机，实现制动减速时能量的再回收。向蓄电池充电的电力可以由煤炭、天然气、水力、核能、太阳能、风能、潮汐能等能源转化而来。夜间充电可避开用电高峰，有利于电网均衡负载。

（3）结构简单，使用维修方便　纯电动汽车结构简单，传动部件少，使用操纵简单，维修方便。

（4）动力电源使用成本高，续驶里程短　目前，纯电动汽车尚不如内燃机汽车那样技术完善，尤其是动力蓄电池的寿命短，使用成本高，电池的储能量小，一次充电后行驶里程不够理想，而且纯电动汽车的价格较高。但随着电动汽车技术的发展，纯电动汽车存在的问题会逐步得到解决。

纯电动汽车由底盘、车身、蓄电池组、电动机、控制器等部分组成。由于电动机具有良好的牵引特性，因此，纯电动汽车的传动系统通常不需要离合器和变速器。车速控制由控制器通过改变电动机的转速即可实现。下面简要介绍电动汽车使用的动力蓄电池、驱动电动机、电驱动的结构形式以及纯电动汽车的性能参数。

二、动力蓄电池

动力蓄电池的作用是储蓄电能，在充电过程中，将电能转变为化学能储存在蓄电池内。在放电过程中，将蓄电池内的化学能转变为电能输出。电动汽车对动力蓄电池的主要要求如下：

（1）比能量高　比能量是指单位质量或单位体积的蓄电池能够输出的电能。为了提高电动汽车的续驶里程，要求动力蓄电池尽可能储存多的能量，但电动汽车又不能太重，其安装动力蓄电池的空间也有限，这就要求动力蓄电池具有高的比能量。

（2）比功率大　比功率是指电动汽车的最大功率与汽车总质量之比。比功率越大，汽车的动力性越好。为了能使电动汽车在加速行驶、爬坡能力和负载行驶等方面能与燃油汽车竞争，就要求动力蓄电池具有大的比功率。

（3）循环寿命长　循环寿命是指动力蓄电池所能达到的充放电循环次数。循环寿命越长，则电动汽车在动力蓄电池寿命周期内行驶的里程数就越多，电动汽车的运行成本就越低。

（4）高低温性能好、环境适应性强　电动汽车作为一种交通工具，要能够适应酷暑严寒等恶劣的气候条件，因此，要求动力蓄电池具有良好的高低温特性。

（5）安全性好　能够有效避免因泄漏、短路、撞击、颠簸等引起的起火或爆炸等危险事故发生，确保汽车在正常行驶或非正常行驶过程中的安全。

（6）价格低廉　包括材料来源丰富、动力蓄电池制造成本低，以降低整车价格，提高电动汽车的市场竞争力。

（7）绿色、环保　要求动力蓄电池的制作材料与环境友好、无二次污染，并可再生利用。

随着科学技术的发展和电动汽车的推广与普及，动力蓄电池的性能有了显著的提高。从已经达到的指标和发展看，一般认为新型铅酸蓄电池、镍氢蓄电池和锂离子蓄电池等是具有潜力的电动汽车动力蓄电池，目前在电动汽车上应用比较广泛。铅酸蓄电池、镍氢蓄电池和锂离子蓄电池的技术性能见表5-1。

表 5-1　铅酸蓄电池、镍氢蓄电池和锂离子蓄电池的技术性能

技术参数	铅酸蓄电池	镍氢蓄电池	锂离子蓄电池
工作电压/V	2.0	1.2	3.6
比能量/(W·h/kg)	40~60	65~80	125~150
比功率/(W/kg)	150~200	160~230	250~400
充放电寿命/次	500~700	600~1200	800~1200
自放电率(%)(每月)	3	30~35	6~8
有无记忆效应	有	有	无
有无污染	有	无	无

三、驱动电动机

对电动汽车用电动机的主要性能要求是：使用寿命长、输出转矩与转动惯量之比大、过载系数高、高速操纵性能好、少维修或不维修、外形尺寸小、自身质量小、容易控制以及成本低廉。

电动汽车最早采用的是有刷直流电动机。随着电子技术和自动控制技术的发展，以及电动汽车技术要求的提高，无刷直流电动机、交流异步电动机、永磁同步电动机和开关磁阻电动机等显示出比有刷直流电动机更优越的性能，在电动汽车中的应用越来越广泛。

(1) 有刷直流电动机　有刷直流电动机具有起动加速时驱动力大、调速控制简单、技术成熟等优点。但是有刷直流电动机的电枢电流是由电刷和换向器引入，换向时会产生电火花，换向器容易烧蚀，电刷容易磨损，需要经常更换，维护工作量大。

(2) 无刷直流电动机　无刷直流电动机是一种高性能的电动机，它既有交流电动机的结构简单、运行可靠、维护方便等诸多优点，又具备运行效率高、无励磁损耗、运行成本低和调速性能好等特点。因此，无刷直流电动机在电动汽车上应用广泛。

(3) 交流异步电动机　交流异步电动机采用变频调速时，可以取消机械变速器，实现无级变速，使传动效率大为提高。另外，交流异步电动机很容易实现正反转，再生制动能量的回收也很简单。交流异步电动机具有结构简单、坚固耐用、价格低、工作可靠、效率高和免维护等优点，在电动汽车上应用广泛。

(4) 永磁同步电动机　永磁同步电动机结构上与无刷直流电动机相似，不同之处在于它采用正弦波驱动，所以在具备无刷直流电动机优点的同时，还具有噪声低、体积小、功率密度大、转动惯量小、脉动转矩小、控制精度高等特点。因此，永磁同步电动机受到世界各大汽车厂家的重视。

(5) 开关磁阻电动机　开关磁阻电动机是一种新型电动机，其结构简单、坚固、工作可靠，效率高，而且调速系统运行性能和经济指标比普通交流调速系统好，具有很大的潜力，被公认是一种极有发展前途的电动汽车驱动电动机。

电动汽车用驱动电动机性能比较见表5-2。

表 5-2 电动汽车用驱动电动机性能比较

项目	直流电动机	交流异步电动机	永磁同步电动机	开关磁阻电动机
转速/(r/min)	4000~6000	4000~15000	4000~10000	可以达15000
功率密度	低	中	高	较高
峰值效率(%)	85~89	94~95	95~97	85~90
负荷效率(%)	80~87	90~92	85~97	78~86
过载能力(%)	200	300~500	300	300~500
电动机质量	大	中	小	小
电动机外形尺寸	大	中	小	小
可靠性	一般	好	较好	好
结构坚固性	差	好	一般	优良
电动机成本	高	低	高	较高
控制器成本	低	高	高	一般

四、电驱动的结构形式

根据传动系统的组成不同，电驱动的结构形式有以下六种不同的方案，如图 5-2 所示。

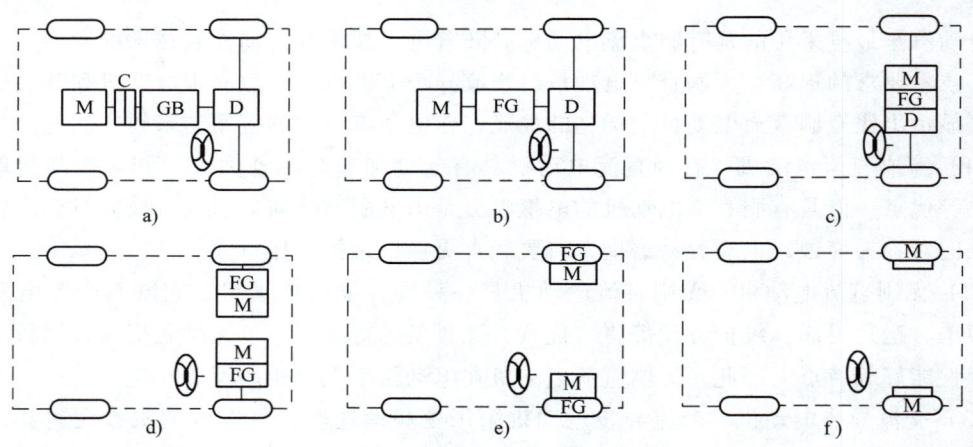

图 5-2 电驱动的结构形式

C—离合器 D—差速器 FG—固定速比减速器 GB—变速器 M—电动机

方案 1（见图 5-2a）：由电动机、离合器、变速器和差速器组成，离合器用来切断或接通电动机到车轮之间的机械连接，驾驶人可选择不同的档位，使车轮得到不同的转速和驱动力矩。

方案 2（见图 5-2b）：由电动机、固定速比减速器和差速器组成。由于没有离合器和变速器，不能提供理想的转矩/转速特性。

方案 3（见图 5-2c）：由电动机、固定速比减速器和差速器集成为一个整体，两根半轴连接驱动车轮，这种结构在小型电动汽车上应用最普遍。

方案 4（见图 5-2d）：由两个电动机通过固定速比减速器分别驱动两个车轮，每个电动机的转速可以独立地调节控制，汽车转向时采用电子差速来控制内、外轮的转速，因此，可以省去机械差速器。

方案 5（见图 5-2e）：电动机装在车轮里面，称为轮毂电动机，采用固定减速比的行星齿轮减速器减速，可进一步缩短从电动机到驱动车轮的传递路径。

方案 6（见图 5-2f）：采用低速外转子电动机，彻底去掉了齿轮减速器，电动机的外转子直接安装在车轮的轮缘上，车轮转速即为电动机的转速。

五、纯电动汽车的性能参数

在国家的大力倡导和支持下，我国电动汽车的发展速度很快，综合性能有了很大的提升，已经能够满足人们大多数情况下的出行和生活需求。国内生产的部分纯电动汽车的技术参数见表 5-3。

表 5-3 部分纯电动汽车的技术参数

产品名称	最高车速/(km/h)	续驶里程/km	电池种类	驱动电动机
威乐	120	230	锂离子电池	交流异步电动机
WinsonEV8300	140	300	锂离子电池	直流电动机
奇瑞 M1EV	120	110	锂离子电池	永磁同步电动机
BFC6110EV	95	300	锂离子电池	交流异步电动机
比亚迪 F3e	150	300	锂离子电池	永磁同步电动机
比亚迪 汉	185	605	磷酸铁锂电池	永磁同步电动机
蔚来 ES8	200	435	动力锂电池	前永磁同步电动机 后交流异步电动机
小鹏汽车 P7	170	480	三元锂电池	永磁同步电动机

第二节 混合动力汽车

由于纯电动汽车的续驶里程、充电时间、使用寿命和价格等方面的问题，使得纯电动汽车的性价比无法与传统的内燃机汽车相抗衡。在这种情况下，融合内燃机汽车和电动汽车优点的混合动力汽车应运而生。它是介于内燃机汽车与纯电动汽车之间的一种车型，使用内燃机和电动机两种动力源。根据内燃机、电动机和蓄电池的不同组合，混合动力汽车分为串联式、并联式和混联式三种。图 5-3 所示为混合动力汽车。

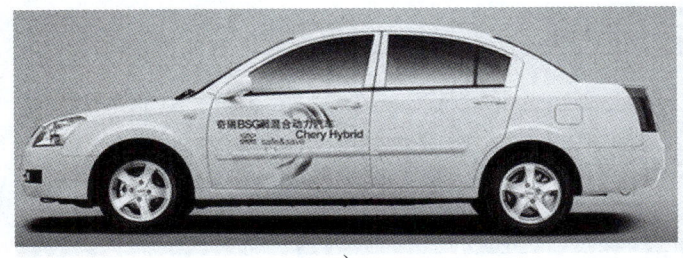

a)   b)

图 5-3 混合动力汽车

a) 奇瑞混合动力汽车　b) 奥迪混合动力汽车

1. 串联式混合动力汽车

图 5-4 所示为串联式混合动力汽车驱动系统示意图。发动机输出的机械能通过发电机转化为电能，转化后的电能一部分经由电动机和传动装置驱动车轮，另一部分用来给蓄电池充电。蓄电池的功能相当于发电机与电动机之间的"水库"，起功率平衡作用，即当发电机的发电功率大于电动机所需的功率时（如汽车减速滑行、低速行驶或短时停车等工况），控制器将多余的电能向蓄电池充电；而当发电机发出的功率低于电动机所需的功率时（如汽车起步、加速、高速行驶、爬坡等工况），蓄电池则向电动机提供额外的电能。这种混合动力汽车具有低的排放污染，这是因为发动机驱动的是发电机，与汽车行驶状况无关，发动机可在最佳转速下工作，因此燃烧效率高、排放污染低。

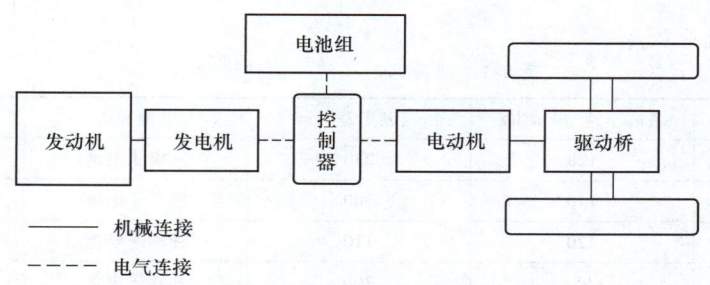

图 5-4 串联式混合动力汽车驱动系统示意图

2. 并联式混合动力汽车

图 5-5 所示为并联式混合动力汽车驱动系统示意图。发动机通过机械传动装置与驱动桥相连，电动机通过动力复合装置也与驱动桥相连，汽车可由发动机和电动机共同驱动或各自单独驱动。并联式混合动力汽车的结构形式更像是附加了一个电动机驱动系统的普通内燃机汽车，电动机起"调峰"作用，即当汽车运行工况所需的功率超过了发动机的功率时，电动机向驱动桥提供额外的驱动功率。当发动机提供的功率大于驱动汽车所需的功率时，电动机工作在发电机状态，将多余的能量充入蓄电池。因此，并联式混合动力汽车可以采用较小容量的发动机和电动机，并且降低了大功率使用时的燃油消耗和排放污染。

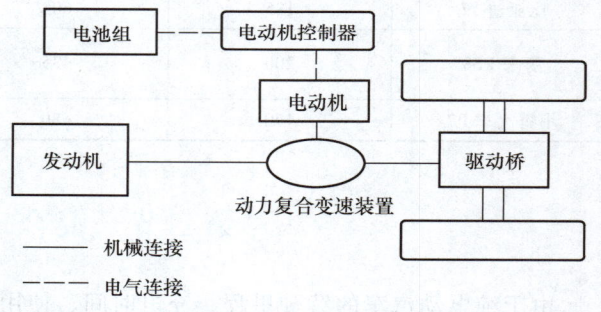

图 5-5 并联式混合动力汽车驱动系统示意图

3. 混联式混合动力汽车

图 5-6 所示为混联式混合动力汽车驱动系统示意图。发动机发出的功率一部分通过机械传动输送给驱动桥，另一部分则驱动发电机发电。发电机发出的电能由控制器控制，输送给电动机或蓄电池，电动机产生的驱动力矩通过动力复合变

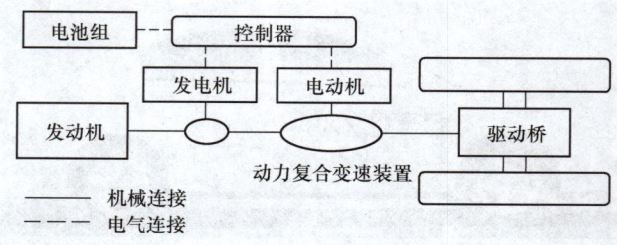

图 5-6 混联式混合动力汽车驱动系统示意图

速装置传送给驱动桥。混联式驱动系统的控制策略是：在汽车低速行驶时，驱动系统主要以串联方式工作；当汽车高速稳定行驶时，则以并联工作方式为主。尽管混联式混合动力汽车同时具有串联式和并联式的优点，但其结构复杂，成本高。

混合动力汽车有两套动力和动力控制系统，因此结构复杂，技术难度高，价格较高。但是混合动力汽车与内燃机汽车相比，可节省燃油40%左右，可降低有害排放物50%左右。

第三节　燃料电池电动汽车

燃料电池是通过电化学反应将燃料的化学能直接转变为电能的高效率发电装置。1839年，英国物理学家廉·格拉夫爵士成功地实现了电解水的逆反应，即由氢气和氧气结合而产生电流，这种装置称为燃料电池。20世纪六七十年代，美国开始将燃料电池用于"双子星"号和"阿波罗"号宇宙飞船，20世纪六七十年代后用在潜艇上作为动力源，以后才向电动汽车方向发展。图5-7所示为燃料电池电动汽车。

图5-7　燃料电池电动汽车
a）北汽福田燃料电池电动汽车　b）日本丰田燃料电池电动汽车

燃料电池是一种能量转换装置，在工作时必须有能量（燃料）输入，才能产出电能。普通蓄电池是一种能量储存装置，必须先将电能储存到电池中，在工作时才能输出电能，这是燃料电池与普通蓄电池本质的区别。

燃料电池电动汽车是利用燃料电池作为发电装置的汽车，只要不断地向燃料电池提供燃料，燃料电池就能不断地把燃料的化学能转换为电能，解决了蓄电池一次充电续驶里程短的问题，受到新能源汽车研发者的高度重视。

1. 燃料电池的基本工作原理

水的电解反应是：　　　　　　　　$2H_2O + 电流 \rightarrow 2H_2 + O_2$

燃料电池的反应是：　　　　　　　$2H_2 + O_2 \rightarrow 2H_2O + 电流$

燃料电池的工作原理如图5-8所示。燃料电池工作时，外界不断供给负极氢气，供给正极空气，在催化剂（铂、多孔石墨等）的作用下，负极氢原子中的电子被分离出来，在正极的吸引下，在外电路形成电流，失去电子的氢离子在正极与氧结合成为水，氧可以从空气中获得，只要不断地供给氢气和空气，带走反应生成的水，燃料电池就可以不断提供电能。

热力发动机的能量转换方式是将燃料燃烧产生的热能转换为机械能，在能量转换过程中要遵守卡诺循环的规律，热效率比较低，为12%~15%。热力发动机是依靠一套机械传动机

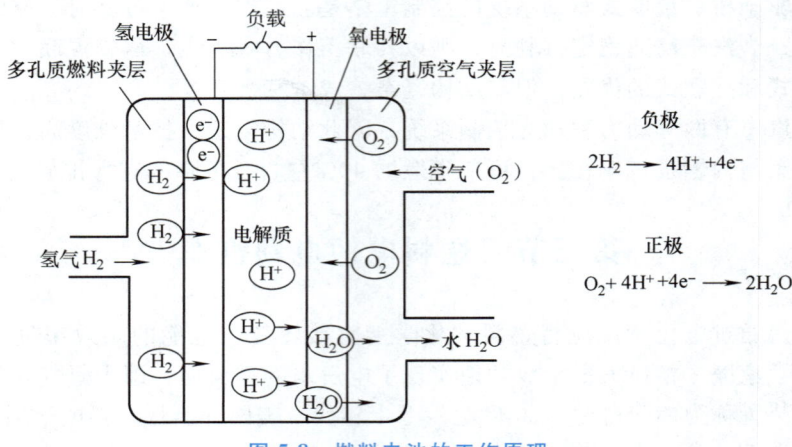

图 5-8 燃料电池的工作原理

构来工作的,在做功过程中有摩擦损耗,需要润滑剂润滑,机械振动大,燃料燃烧后所排放的废气会对环境造成污染。

燃料电池能量转换不受卡诺循环规律的限制,能量转换效率要高得多,可达到 50%~55%。燃料电池在将燃料能转化为电能的过程中,不需要复杂的机械传动装置,不需要润滑剂,没有振动与噪声。

2. 燃料电池的燃料

燃料电池的燃料主要有氢气(H_2)、甲醇(CH_3OH)、汽油和其他类型的碳氢化合物。

氢气(H_2)是燃料电池的最佳燃料,直接使用氢可以使燃料电池辅助系统大大简化,效率提高,无排放污染。但目前氢的制取工艺较复杂,成本也较高。若将氢气储存在车载压缩罐内,则压缩罐的体积大,续驶里程短;若将氢气低温液化,采用液态储带,则难度大、费用高。

甲醇和汽油都是碳氢化合物,通过重整器可将甲醇和汽油中的氢转化出来,再送入燃料电池转换成电能,这比直接携带氢气更为方便和经济。

天然气是生产甲醇最常用的原料。天然气的储存、保管、充加、携带和运输都很不方便,然而将其转化为液体甲醇后,储存、保管、充加、携带和运输则很方便。

在内燃机汽车中,汽油热量转换为汽车驱动力的效率仅为 12%~15%。如果将汽油经过重整器重整为氢气,以氢气作为燃料电池的燃料产生电,并通过电动机驱动汽车,则汽油热能转换为汽车驱动力的效率可以达到 34% 左右,不但效率得到大幅度提高,而且排放污染显著降低。

从以上的比较可以看出,用甲醇和汽油作为燃料电池的燃料,不但储存、保管、充加、携带和运输很方便,而且能量转换效率提高了很多,同时排放污染显著降低。目前,作为能量转换的燃料电池还处在研究阶段,作为将甲醇和汽油转变为氢气的重整器仍存在一些技术上的问题,有待于科研工作者的进一步研究。

3. 燃料电池电动汽车的工作原理

燃料电池电动汽车主要由燃料箱、燃料电池、控制系统、驱动系统以及蓄电池组等部分组成(见图 5-9)。

第五章　新能源汽车

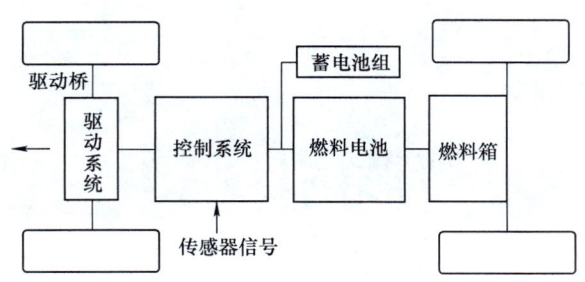

图 5-9　燃料电池电动汽车的组成

燃料电池产生的直流电经过控制器变为交流电，由感应式电动机经传动系统驱动车轮。车载蓄电池组在汽车起动时为汽车提供电能，汽车起动后由燃料电池为汽车驱动系统提供电能。当汽车能量需要较大时，燃料电池与蓄电池组共同为汽车驱动系统提供电能；当汽车能量需求较小时，燃料电池为汽车驱动系统提供电能的同时，还给蓄电池组进行充电。

习　题

5-1　电动汽车对动力蓄电池有哪些主要要求？

5-2　混合动力汽车与纯电动汽车或内燃机汽车相比有何特点？

5-3　蓄电池与燃料电池相比有何区别？

5-4　串联式混合动力汽车与燃料电池电动汽车相比有何特点？

第六章

智能网联汽车

智能网联汽车是搭载先进的车载传感器、控制器和执行器等装备,并融合现代通信及网络技术,实现车与人、车、路、云的智能信息交互与共享,具备复杂环境感知、智能决策、协同控制和执行功能,可实现安全舒适、节能环保、高效行驶,并最终可替代人来自动操作的新一代汽车。

智能网联汽车是新一轮科技革命背景下的新兴产业,集中运用了现代传感、信息与通信、自动控制、计算机、机械工程和人工智能等技术,是未来所有汽车新技术集成的载体,代表着未来汽车技术的战略制高点,也是目前世界各国公认的未来汽车发展方向。

第一节 智能网联汽车的定义及内涵

在 2020 世界智能网联汽车大会上,发布了《智能网联汽车技术路线图(2.0版)》,其中将智能网联汽车接下来 15 年的发展划分为 3 个阶段,分别是:发展期(2020—2025 年)、推广期(2026—2030 年)和成熟期(2031—2035 年),并对每个时期制定了阶段性的发展目标和技术攻关及法规标准体系建设重点。

智能网联汽车涉及整车零部件、信息通信、智能交通、地图定位等多领域技术,智能网联汽车划分为"三横两纵"技术架构。"三横"指车辆关键技术、信息交互关键技术与基础支撑关键技术;"两纵"指支撑智能网联汽车发展的车载平台与基础设施。基础设施包括交通设施、通信网络、大数据平台、定位基站等,逐步向数字化、智能化、网联化和软件化方向升级,支撑智能网联汽车发展。

智能网联汽车"三横两纵"技术架构如图 6-1 所示。

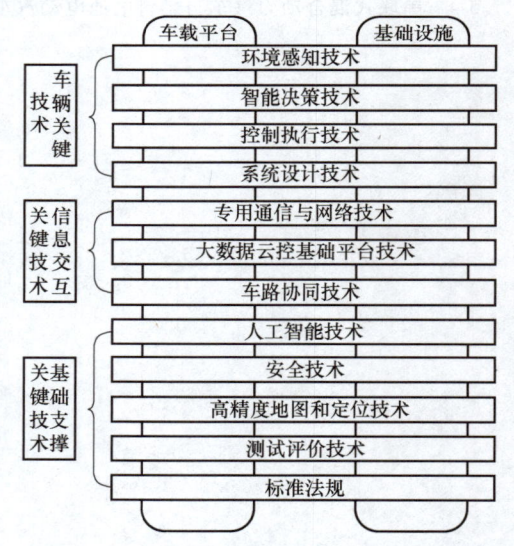

图 6-1 智能网联汽车"三横两纵"技术架构

第二节 智能网联汽车的技术等级

智能网联汽车包括智能化和网联化两个技术层面,可按这两个技术层面进行分级。

第六章　智能网联汽车

一、从智能化层面进行划分

中国汽车工程学会从智能化层面，将智能网联汽车划分为：驾驶辅助、部分自动驾驶、有条件自动驾驶、高度自动驾驶和完全自动驾驶 5 个等级，各等级的定义见表 6-1。

表 6-1　智能网联汽车智能化等级定义

智能化等级	等级名称	等级定义	控制	监视	失效应对	设计运行范围	典型工况场景
1	驾驶辅助（Driver Assistance，DA）	在特定的设计运行范围内，自动驾驶系统持续执行横向或者纵向运动控制的动态驾驶任务，其余动态驾驶任务由驾驶人执行	人与系统	人	人	有限制	自适应巡航、车道保持等
2	部分自动驾驶（Partial Automation，PA）	在特定的设计运行范围内，自动驾驶系统持续执行横向和纵向运动控制的动态驾驶任务，驾驶人执行失效应对和监视自动驾驶系统	系统	人	人	有限制	交通拥堵辅助、协同式自适应巡航、自动泊车等
3	有条件自动驾驶（Conditional Automation，CA）	在特定的设计运行范围内，自动驾驶系统持续执行全部动态驾驶任务，当系统发出接管请求或者系统出现故障时，用户需要接管系统并做出响应	系统	系统	人	有限制	高速公路、交通拥堵、商用车队列有条件自动驾驶等
4	高度自动驾驶（High Automation，HA）	在特定的设计运行范围内，自动驾驶系统持续执行全部动态驾驶任务和负责失效应对接管，用户不需要响应系统发出的接管请求	系统	系统	系统	有限制	高速公路、城市、城郊、特定场景（如代客泊车）高度自动驾驶等
5	完全自动驾驶（Full Automation，FA）	在任何可行驶条件下，自动驾驶系统持续执行全部动态驾驶任务和负责失效应对接管，用户不需要响应系统发出的接管请求	系统	系统	系统	无限制	所有行驶场景

二、从网联化层面进行划分

从网联化层面划分，智能网联汽车的技术等级可划分为：网联辅助信息交互、网联协同感知、网联协同决策与控制 3 个等级，各等级的定义见表 6-2。

表 6-2　智能网联汽车网联化等级定义

网联化等级	等级名称	等级定义	典型信息	传输需求	典型场景	车辆控制主体
1	网联辅助信息交互	基于车-路、车-后台通信，实现导航等辅助信息的获取以及车辆行驶与驾驶人操作等数据的上传	地图、交通流量、交通标志、油耗、里程等信息	传输实时性、可靠性要求较低	交通信息提醒、车载信息服务、天气信息提醒、紧急呼叫服务等	人
2	网联协同感知	基于车-车、车-路、车-人、车-后台通信，实时获取车辆周边交通环境信息，与车载传感器的感知信息融合，作为自车决策与控制系统的输入	周边车辆、行人、非机动车位置，信号灯相位，道路预警等数字化信息	传输实时性、可靠性要求较高	道路湿滑预警、交通事故预警、紧急制动预警、特殊车辆避让等	人或系统

109

（续）

网联化等级	等级名称	等级定义	典型信息	传输需求	典型场景	车辆控制主体
3	网联协同决策与控制	基于车-车、车-路、车-人、车-云平台通信，实时并可靠获取车辆周边交通环境信息及车辆决策信息，车-车、车-路等各交通参与者之间信息进行交互融合，达到智能协同，从而实现车-车、车-路等各交通参与者之间的协同决策与控制	车-车、车-路、车-云间的协同感知、决策与控制信息	传输实时性、可靠性要求最高	引导行驶速度、车辆间距、车道选择、协作式编队、交叉路口通行、匝道汇入等	人或系统

第三节　智能网联汽车的体系构造

一、智能网联汽车的层次构造

智能网联汽车是以汽车为主体，利用环境感知技术实现多车辆有序安全行驶，通过无线通信网络等手段为用户提供多样化信息服务。智能网联汽车由环境感知层、智能决策层以及控制和执行层组成，如图 6-2 所示。

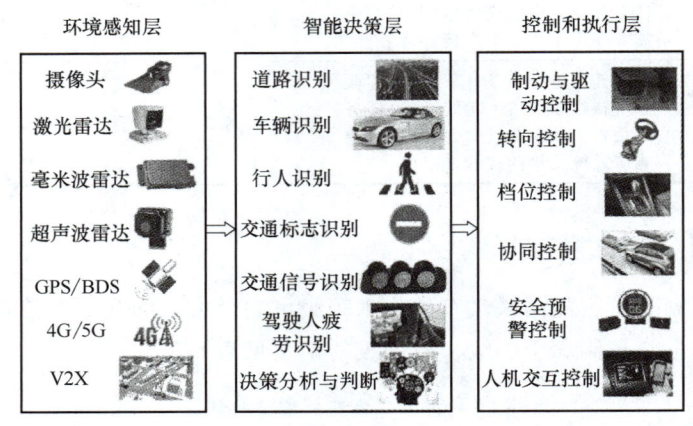

图 6-2　智能网联汽车结构层次

GPS—全球定位系统　BDS—中国自主研发的全球卫星导航系统　V2X—新一代信息通信技术

（1）环境感知层　环境感知层的主要功能是通过车载环境感知技术、卫星定位技术、4G/5G 及以上无线通信技术等，实现对车辆自身属性和车辆外在属性（如道路、车辆和行人等）静态、动态信息的提取和搜集，并向智能决策层输送信息。

（2）智能决策层　智能决策层的主要功能是接收环境感知层的信息并进行融合，对道路、车辆、行人、交通标志和交通信号等进行识别，决策分析和判断车辆驾驶模式和将要执行的操作，并向控制和执行层输送指令。

（3）控制和执行层　控制和执行层的主要功能是按照智能决策层的指令，对车辆进行操作和协同控制，并为网联汽车提供道路交通信息、安全信息、救援信息等，保障汽车安全行驶和舒适驾驶。

二、智能网联汽车的环境感知技术

环境感知技术如同人类的眼和耳一样，对汽车周围的环境进行感知，其主要由视觉摄像头、激光雷达、毫米波雷达、超声波雷达和红外线传感器等设备组成，用来获取智能网联汽车周围详细的环境信息，为汽车正确行为决策提供必要的信息支持，从而实现无人自动驾驶。

（1）视觉摄像头　视觉摄像头具有人工智能中的图像识别功能，实现对驾驶人状态、车道线、交通标志、交通信号灯，以及车辆、行人、周围障碍物等的识别功能。视觉摄像头的视野范围广、尺寸小、质量小、功耗低、技术较为成熟、成本较低，在智能汽车上具有广阔的应用前景。

（2）激光雷达　激光雷达通过发射激光束来探测目标位置，然后通过测量发射光与接收障碍物表面反射光之间的时间差来进行测距。激光雷达方向性好，波束窄，无电磁干扰，探测范围广，探测精度高。但激光雷达受天气影响较大，在浓烟、浓雾、大雨等恶劣天气下，对测量精度影响较大。

（3）毫米波雷达　毫米波雷达的测距原理同激光雷达，毫米波雷达的波长为1～10mm，工作频率一般为30～300GHz，波束窄，分辨率高，测量距离远，抗干扰能力强，环境适应性好，可靠性高，其测距精度受雨、雪、雾、阳光等天气因素和杂声、污染等环境因素的影响较小。

（4）超声波雷达　超声波雷达的波长短，绕射现象小，方向性好。超声波雷达数据处理简单快速，制造成本低廉，广泛应用于汽车的倒车雷达测距。超声波在空气中传播时，能量会有较大的衰减，难以得到精确的距离信息。

（5）红外线测距传感器　红外线传感器测距原理主要有两种：一种是被动式测量，所有高于绝对零度（-273.15℃）的物质都可以产生红外线，红外线的强度与距离之间存在一定的对应关系，可用于测距；另一种是主动式测量，与超声波雷达测距的工作原理相似。红外线测距传感器不受风、沙、雨、雪、雾和光线的影响，环境适应性好，功耗低。红外线测距传感器不依赖可见光，常被用于智能汽车的夜视系统中。

车载环境感知传感器的探测距离和探测角度范围如图6-3所示。

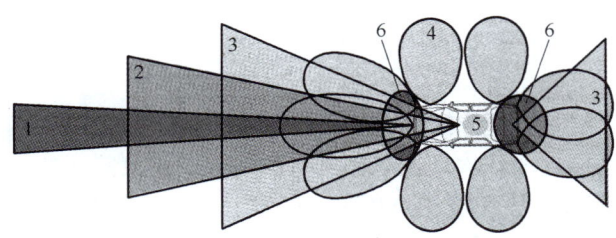

图6-3　车载环境感知传感器的探测距离和探测角度范围

1—远程雷达（77GHz），作用范围≤200m　2—远/近程红外夜视系统，作用范围≤150m（夜视范围）　3—外部视频（平均范围＜80m）　4—近程雷达，24GHz（作用范围＜20m）　5—内部视频　6—超声波（作用范围＜2.5m）

智能网联汽车常用的环境感知传感器性能比较见表6-3。

表6-3 智能网联汽车常用的环境感知传感器性能比较

传感器	视觉传感器	激光雷达	毫米波雷达	超声波雷达	红外线传感器
最大探测距离	一般	大	大	小	小
分辨率	一般	好	好	差	差
响应时间	较慢	快	快	较慢	较快
数据处理	复杂	复杂	一般	简单	简单
环境适应性	差	差	好	一般	一般
价格	一般	高	一般	低	低

第四节　智能网联汽车网络技术

无线通信系统一般由发射设备、传输介质和接收设备组成，其中传输介质为电磁波，发射设备和接收设备上需要安装天线，完成电磁波的发射与接收，如图6-4所示。

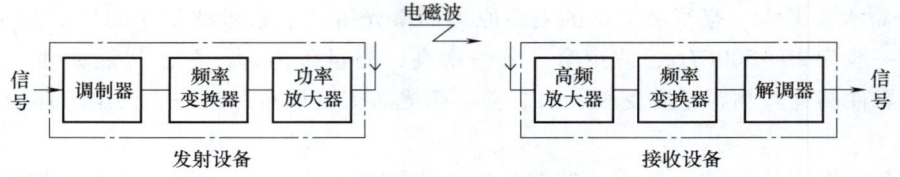

图6-4　无线通信系统的组成

用于智能网联汽车的无线通信技术有短距离无线通信系统和远距离无线通信系统，一般来说，只要通信收发两端是以无线电方式传输信息，传输距离在较短的范围内（一般是几厘米至几百米），就称为短距离无线通信。当无线通信传输距离超过短距离无线通信的传播距离时，称为远距离无线通信。

网络是智能网联汽车信息传递的桥梁。智能网联汽车主要包括三种网络：以车内总线通信为基础的车内网络，也称车载网络；以短距离无线通信为基础的车载自组织网络；以远距离通信为基础的车载移动互联网络。因此，智能网联汽车是融合车载网络、车载自组织网络和车载移动互联网络的一体化网络系统，如图6-5所示。

一、车载网络

车载网络是基于总线技术建立的标准化整车网络，实现车内各电器、电子单元间的状态信息和控制信号在车内网上的传输，使车辆具有状态感知、故障诊断和智能控制等功能。汽车车载网络类型主要有CAN、LIN、FlexRay、MOST、以太网等。

（1）CAN总线　CAN总线是德国博世公司为了解决汽车上众多测试仪器与控制单元之间的数据传输而开发的一种支持分布式控制的串行数据通信总线。CAN总线是国际上应用最广泛的网络总线之一，也是汽车上普遍应用的一种总线技术。

（2）LIN总线　LIN总线是一种辅助的串行通信总线网络，用于实现汽车中的分布式电

第六章 智能网联汽车

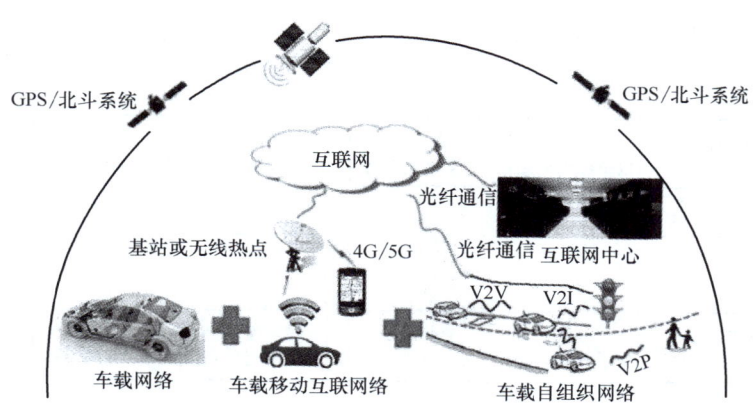

图 6-5 智能网联汽车网络体系构成

子系统控制，适用于对网络的带宽、性能或容错功能没有过高要求的场合。

（3）FlexRay 总线　FlexRay 总线是一种用于汽车的高速可确定性的、具备故障容错的总线系统。FlexRay 总线具有速度快、效率高、容错性强等特点。

（4）MOST 总线　MOST 总线是汽车中用于多媒体数据传输的一种网络系统。随着车载娱乐系统及汽车其他音频、视频数据传输技术的发展，现有的很多车载网络（如 CAN 总线、FlexRay 总线）在传输速率上已无法满足这些实时数据传输量巨大的功能需求，车用电子系统越来越需要多媒体式的数据传输，MOST 总线可以满足这些要求。

（5）以太网　以太网是由美国施乐公司创建并联合其他公司开发的基带局域网规范，是当今现有局域网采用的最通用的通信协议标准。车载以太网是一种连接车内电子单元的新型局域网技术。

常用车载网络的对比见表 6-4。

表 6-4 常用车载网络对比

车载网络类型	最高带宽	传输介质	最大载荷/B	是否实时	成本
CAN	1Mbit/s	双绞线	8	否	低
LIN	19.2kbit/s	单缆	8	否	低
FlexRay	10Mbit/s	双绞线/光缆	254	是	中
MOST	150Mbit/s	双绞线/光缆	3072	否	高
以太网	1Gbit/s	非屏蔽双绞线	1500	否	低

车载网络由高速网络、中速网络、低速网络组成，其中发动机、悬架等采用高速网络，仪表显示、安全气囊等采用中速网络，中央门锁、座椅调节等采用低速网络，各网络间以网关连接。图 6-6 所示为某车的车载网络系统。

二、车载自组织网络

车载自组织网络为短距离无线通信网络，可实现对高速运动下移动目标的识别，具有低成本、低功耗和对等通信三个重要特性。短距离无线通信技术主要有：蓝牙、Wi-Fi、DSRC、ZigBee、GPRS、LTE-V 等。

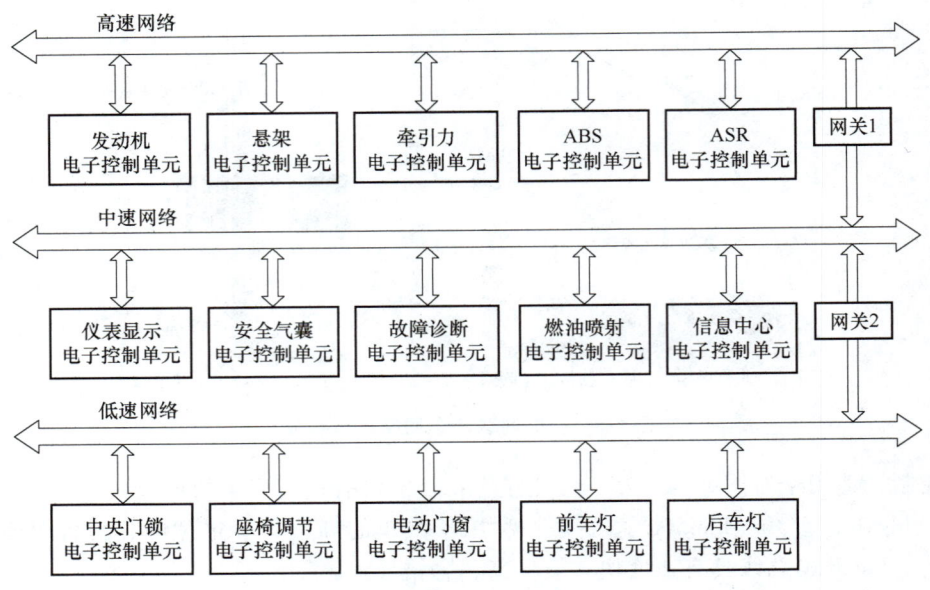

图 6-6 某车的车载网络系统

（1）**蓝牙** 蓝牙是一种短距离无线通信技术，在微网中主设备可和多个从设备通信，从设备通过协议可转换为主设备。蓝牙通过跳频技术将传输的数据分割成数据包，通过指定的蓝牙频道在主从设备间分别进行传输。蓝牙是全球统一的、开放的技术标准，可穿透障碍物传输数据，抗衰减能力和抗干扰能力均较强，蓝牙在智能汽车领域得到应用。

（2）**Wi-Fi** Wi-Fi 是一种允许设备连接到无线局域网的技术，由网络桥接器和无线网卡组成无线网络，以无线的模式配合既有的有线架构分享网络资源，是当今使用最广的一种无线网络传输技术。在智能汽车终端安装无线网卡，连接到 AP（无线接入点）就能与有线宽带网络快速相连。Wi-Fi 传输速率高、通信设备简单、组网成本低，在智能网联汽车通信领域具有很大优势。

（3）**DSRC** DSRC 是在 Wi-Fi 技术基础上发展的智能交通专用短距离通信技术，能实现在特定小区域内（通常为数十米）对高速运动下移动目标的识别和双向通信。DSRC 支持车速最高达 200km/h，传输速率可达 27Mbit/s，具有低延时、高可靠性的特点，能承载大宽带车载应用信息，在智能交通、智能网联汽车等领域得到了广泛应用。

（4）**ZigBee** ZigBee 是一种短距离无线网络协议，是由多个无线数传模块组成的一个无线数传网络平台，数传模块之间可以相互通信。网络结构由协调器、路由器和终端设备构成，协调器负责启动和配置网络，路由器可将信息转发到其他设备。ZigBee 具有信息安全性高、组网能力强、网络规模大等优点，能满足智能网联汽车的通信要求。

（5）**GPRS** GPRS 是通用无线分组业务，通过分组交换技术，采用 IP 数据网络协议而形成的通信协议。GPRS 技术成熟、性能可靠、传输距离长、可实时在线，因此，非常易于在智能网联汽车领域进行应用。

（6）**LTE-V** LTE-V 是一种基于 TD-LTE 的汽车专用通信技术，其定义了集中式和分布式两种通信方式。集中式也称为蜂窝式，可以利用现有的蜂窝网络进行车辆与路侧通信单元以及基站设备的通信；分布式也称为直通式，与 GPRS 技术类似。LTE-V 是我国通信业界和政府主推的智能网联汽车通信技术。

智能网联汽车常用的移动信息通信方式多种多样,典型的智能汽车移动信息网联通信方式主要性能比较见表6-5。

表 6-5 智能汽车移动信息网联通信方式主要性能比较

种类	蓝牙	Wi-Fi	DSRC	ZigBee	GPRS	LTE-V
传输距离	短	较长	较长	较短	长	长
传输速率	慢	快	较快	慢	慢	快
组网时间	3~10s	3s	30ms	30ms	3s	<30ms
可靠性	高	一般	高	高	一般	高
设备费用	低	较低	较高	较低	较高	高
使用成本	低	低	低	低	较高	高
典型应用	免提通信	智能公交	智能交通系统	车载传感器通信	远程监控、定位	智能交通系统

三、车载移动互联网络

车载移动互联网络是基于远距离通信技术构建的车辆与互联网之间连接的网络,实现车辆信息与各种服务信息在车载移动互联网上的传输。车载移动互联网是以车为移动终端,通过远距离无线通信技术构建的车与互联网之间的网络,实现车辆与服务信息在车载移动互联网上的传输。

智能网联汽车通过车载移动互联网,可以实现导航及位置服务、实时交通信息服务、网络信息服务、汽车使用服务、汽车出行服务、商务办公等。

第五节 智能网联汽车的技术发展目标

根据智能化等级和网联化等级要求,智能网联乘用车的分阶段发展目标具体如下:

1) 到2025年左右,实现有条件自动驾驶技术的规模化应用,高度自动驾驶技术开始进入市场。具备在较复杂工况下的自动驾驶功能,典型场景功能应用包括交通拥堵自动驾驶、高速公路自动驾驶、代客泊车自动驾驶等;同时以基于C-V2X网络的通信能力和边缘计算技术为基础,支持代客泊车和高速公路自动驾驶等功能的协同式迭代更新。

2) 到2030年左右,实现高度自动驾驶技术的规模化应用,典型应用场景包括城郊道路、高速公路以及覆盖全国主要城市的城市道路。在车路协同边缘计算、多源传感器融合、C-V2X异构通信网络等技术的成熟基础上,实现路侧设施、车载终端装配率与使用范围的大幅度提升,充分利用车端、路侧的多源传感器数据共享融合技术。

3) 在2035年左右,完全自动驾驶乘用车开始应用,实现车路之间协同发展,优化交通设施与应用生态,在全路况条件下实现廉价且高可靠、可规模化快速部署的商用无人驾驶功能,实现车路协同、智能移动平台与智能交通云控平台调度的规模化应用。

智能网联乘用车里程碑如图6-7所示。

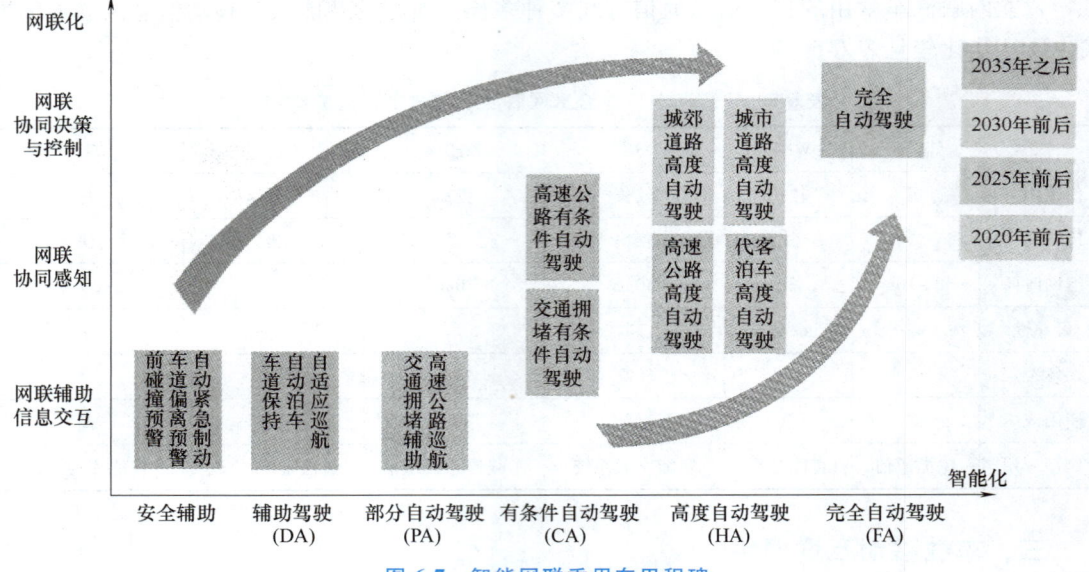

图 6-7　智能网联乘用车里程碑

第六节　无人驾驶汽车

无人驾驶汽车是通过车载移动互联网络与全球导航系统结合，获取汽车的位置和航向信息，利用车载环境感知系统感知道路环境、自动规划行车路线并控制车辆到达预定目标的智能汽车。

无人驾驶汽车利用环境感知系统来感知车辆周围环境，并根据感知所获得的道路状况、车辆位置和障碍物信息等，控制车辆的行驶方向和速度，从而使车辆能够安全、可靠地在道路上行驶。无人驾驶汽车是传感器、计算机、人工智能、无线通信、导航定位、模式识别、机器视觉、智能控制等多种先进技术融合的综合体。

与一般智能汽车相比，无人驾驶汽车需要具有更先进的环境感知系统、中央决策系统以及底层控制系统。无人驾驶汽车能够实现完全自动控制、全程检测交通环境，能够实现所有的驾驶目标。驾驶人只需提供目标地或者输入导航信息，在任何时候均不需要对车辆进行操控。无人驾驶汽车是汽车智能化、网联化的终极发展目标。

习　　题

6-1　智能网联汽车的层次构造是由哪几个层次组成的？
6-2　智能网联汽车上的环境感知传感器主要有哪几类？各有何特点？
6-3　短距离无线通信系统和远距离无线通信系统是如何区分的？
6-4　智能网联汽车主要包括哪三种网络？

第七章

汽车外形与汽车色彩

第一节 汽车空气动力学知识

一、空气阻力与汽车外形

当汽车以不变的速度在平坦的路面上行驶时,所受到的阻力有轮胎与地面的滚动阻力和空气阻力两种。其中滚动阻力的数值不大,而且随车速变化其数值的变化也不大。空气阻力与车速的平方成正比,当车速较低时,空气阻力很小,随着车速的提高空气阻力明显增大,如图7-1所示。当车速超过60~70km/h时,空气阻力将大于滚动阻力。当车速超过100km/h后,功率大部分都消耗在空气阻力上。

1. 空气阻力和空气阻力系数

减小迎风面积,可以减小空气阻力。早期的汽车车轮尺寸大,车身高,迎风面积大,空气阻力也大。现代汽车的车身高度已显著降低,图7-2所示为在相同功率的情况下,不同车身高度的汽车(以箱形汽车为例)可达到的最高车速。由此可见,降低车身高度可有效减小空气阻力,提高行车速度。

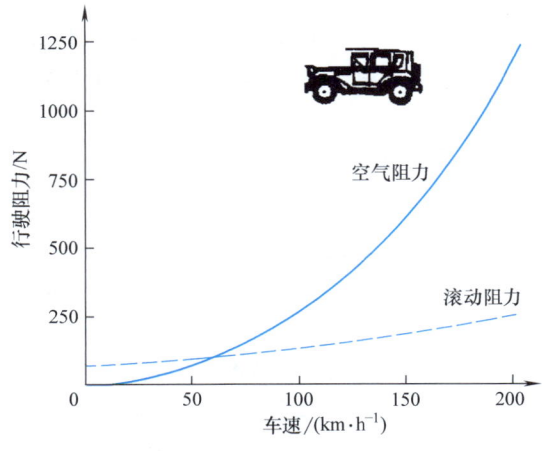

图7-1 滚动阻力和空气阻力与车速的关系

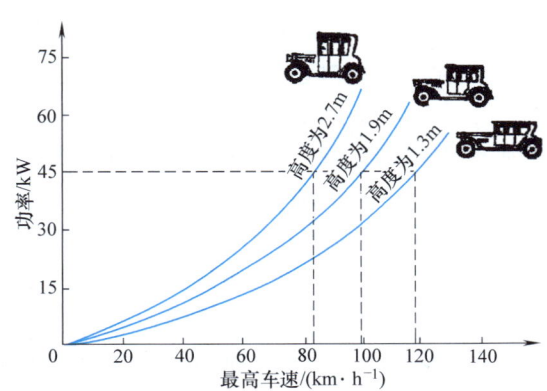

图7-2 车身高度与最高车速的关系

空气阻力中除了有迎风阻力外,还包括形状阻力。所谓形状阻力,是由汽车外部形状引起的空气涡流所造成的阻力。当汽车行驶时,在汽车前风窗玻璃、车顶,特别是汽车后部,将产生很强的空气涡流(见图7-3)。这些涡流起着阻碍汽车前进的作用。

1920年,德国人保尔·亚莱教授用风洞对飞艇进行了空气阻力的研究,图7-4所示为不

图 7-3 汽车后部产生的空气涡流

同形状物体的空气阻力系数的对比。从图中可以看出，正面形状和侧面形状对空气阻力的影响都很大。前、后端为方形的物体的空气阻力系数比前圆后尖物体的要大得多；具有较好的头部形状比具有较好的尾部形状更为重要。由以上研究结果找到了降低形状阻力的途径。鸟和鱼正是形状阻力最小的造型。

亚莱通过风洞试验研究，引进了由物体形状决定的空气阻力系数的概念。得出空气阻力 F_w 的计算式为

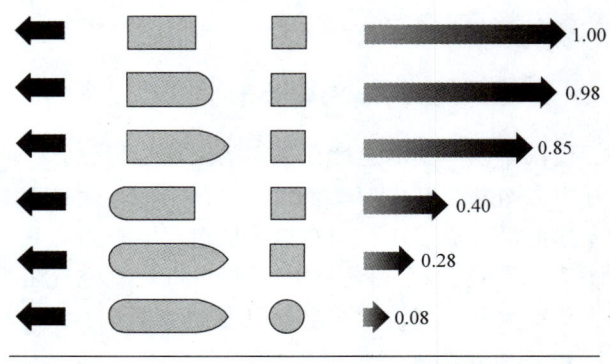

图 7-4 不同形状物体空气阻力系数的对比

$$F_w = \frac{1}{2} C_D \rho A u_r^2$$

式中，C_D 为空气阻力系数；ρ 为空气密度；A 为迎风面积；u_r 为相对速度，在无风时即为汽车的行驶速度。由此可知，物体所受的空气阻力与迎风面积 A 成正比，与空气阻力系数 C_D 成正比，与相对速度 u_r 的平方成正比。

科研人员通过试验发现，一块正方形薄板和一个典型的轴对称流线型体的空气阻力系数相差高达 32 倍，如图 7-5 所示。

轴对称流线型体具有很小的空气阻力系数，这是在自由大气中的一个理想形体。而汽车是在接近地面的区域里运动的，气流受地面的影响，空气阻力的情况就不同了。这种轴对称流线型体在接近地面运动时，不再是空气阻力系数最小的理想形体了。

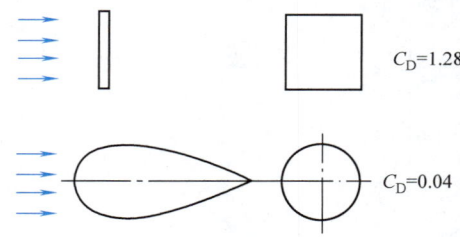

图 7-5 正方形薄板与轴对称流线型体的空气阻力系数对比

科学家经过空气动力学试验，得到一种在接近地面运动时具有很小空气阻力系数的几何形体——鲸状形体，如图 7-6 所示，它的空气阻力系数 C_D 为 0.07。其横截面由上下两个不同短轴的半个椭圆组成，纵向轮廓线是标准机翼轮廓线。这种形体虽然达到了相当小的空气阻力系数，但是和实际汽车的外形还有较大的差异。

作为汽车，要考虑发动机、悬架系统和传动系统的布置，驾驶人的视野要求，乘员的乘坐空间，以及放置行李物品的需要，不能仅考虑空气阻力系数的大小就采用理想流线型体，而是应当综合考虑各方面的要求，让汽车的外形向理想形体靠近，以获得尽量小的空气阻力系数。

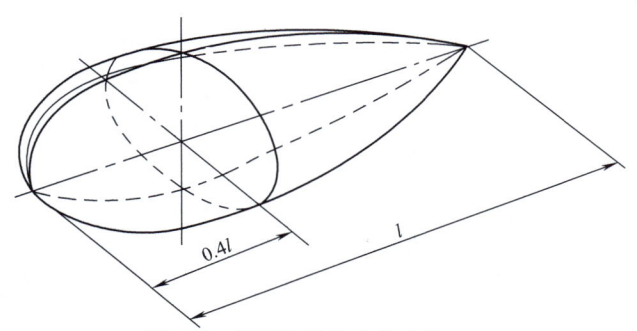

图 7-6　鲸状形体的几何结构

美国密歇根大学的雷依教授于 1934 年采用风洞和模型汽车，测量了各种车身的空气阻力系数，其结果如图 7-7 所示。

图 7-8 所示为大客车车头倒圆和流线型化设计对空气阻力系数的影响。图 7-8a 为原车型，图 7-8b 为车头边角倒圆后，图 7-8c 为整个车头流线型化。

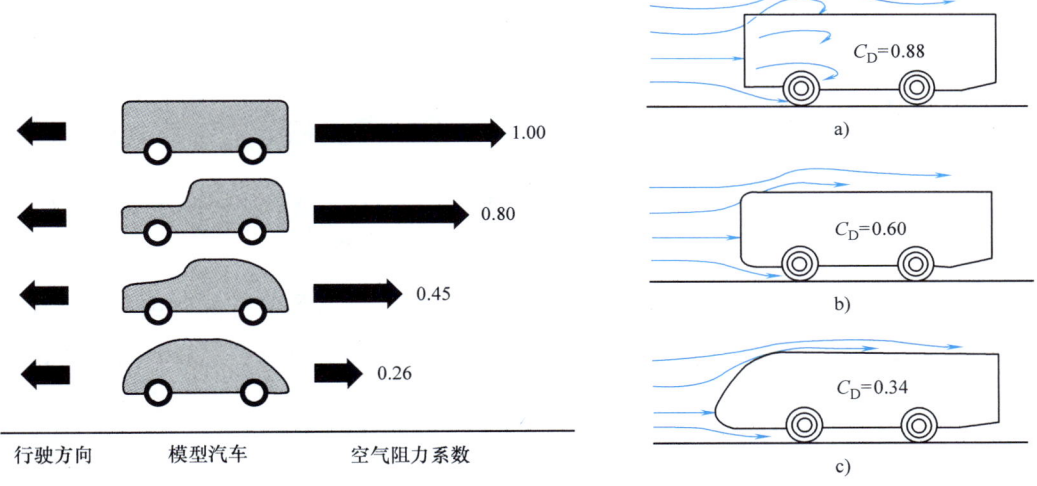

图 7-7　雷依教授进行的空气阻力系数测试

图 7-8　大客车车头不同外形对应的空气阻力系数

2. 轿车外形对空气阻力的影响

在汽车总体设计上，考虑到驾驶人的视野和驾驶室内部空间等因素，轿车驾驶室的风窗玻璃与发动机罩形成一夹角，即风窗玻璃下边有一个突然的转折，使得发动机罩上的气流受阻，流速急剧下降，形成涡流，产生一定的空气阻力。在汽车行李箱的阶背处和汽车尾部也会形成涡流，产生空气阻力，如图 7-9 所示。

增大前风窗向后的倾斜度，可以降低汽车的空气阻力系数。一般在赛车和运动型轿车

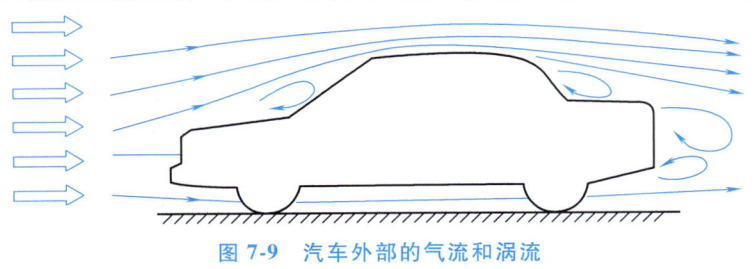

图 7-9　汽车外部的气流和涡流

上，前风窗的倾斜度都较大。但前风窗过分地倾斜，会影响车内空间的利用，并且由于光线在玻璃中的折射较大，而引起驾驶人的视差，还会因太阳过多地直接照射而使车内温度升高，这在夏季是不利的。因此，应该根据汽车的性能、用途和使用条件，综合考虑各种因素，选择一个合适的前风窗倾角。

对于发动机前置的汽车，发动机罩的倾斜受到安装发动机所需空间的限制。因此，很多运动车和赛车采用发动机后置或中置的驱动方式，其优点之一就是可以将汽车前部做成楔形，减小前风窗对气流的阻扰，从而降低空气阻力系数。

轿车车身后背有多种形式，如图 7-10 所示。直背式的车身后背与水平面的夹角小于 20°；斜背式的夹角一般在 20°~50°之间；方背式的夹角大于 50°；而阶背式是在斜背式或方背式的基础上向后伸出一段作为行李箱。不同的汽车后背倾角，使得汽车后背有不同的空气阻力系数，如图 7-11 所示。从图中可以看出，后背与水平面的夹角接近及小于 20°时，具有较小的空气阻力系数；夹角接近及大于 60°以后，空气阻力系数则变化很小。

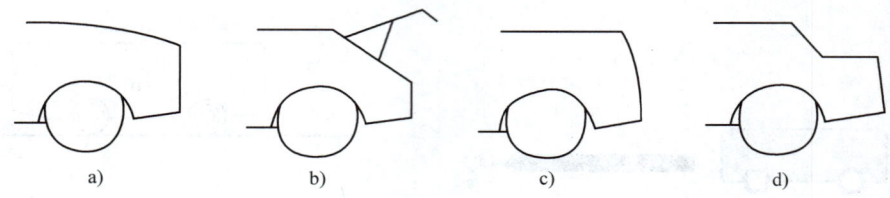

图 7-10 轿车的后背形式

a) 直背式 b) 斜背式 c) 方背式 d) 阶背式

有些运动型轿车在汽车前端设置有阻风板（又称为前扰流器），阻风板安装在汽车前端的保险杠下方（见图 7-12），可以减少从汽车前端进入车身底部的空气量，从而减小车底气流阻塞造成的紊流和涡流，使空气阻力下降。

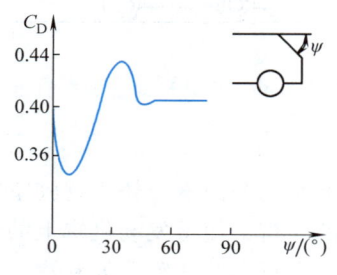

图 7-11 汽车后背倾角与空气阻力系数的关系

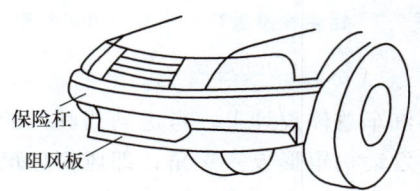

图 7-12 轿车前端的阻风板

图 7-13 所示为各类汽车和摩托车的空气阻力系数，其中纵向数值代表空气阻力系数。

二、空气升力与汽车外形

汽车的流线体外形有效地减小了空气阻力系数，使得汽车的行驶速度得以提高。但是具有流线体外形的汽车在行驶时会产生空气升力，空气升力使得车轮与地面间的正压力减小，直接影响汽车的动力性、制动性和操纵稳定性。车速越高，这种影响就越大。

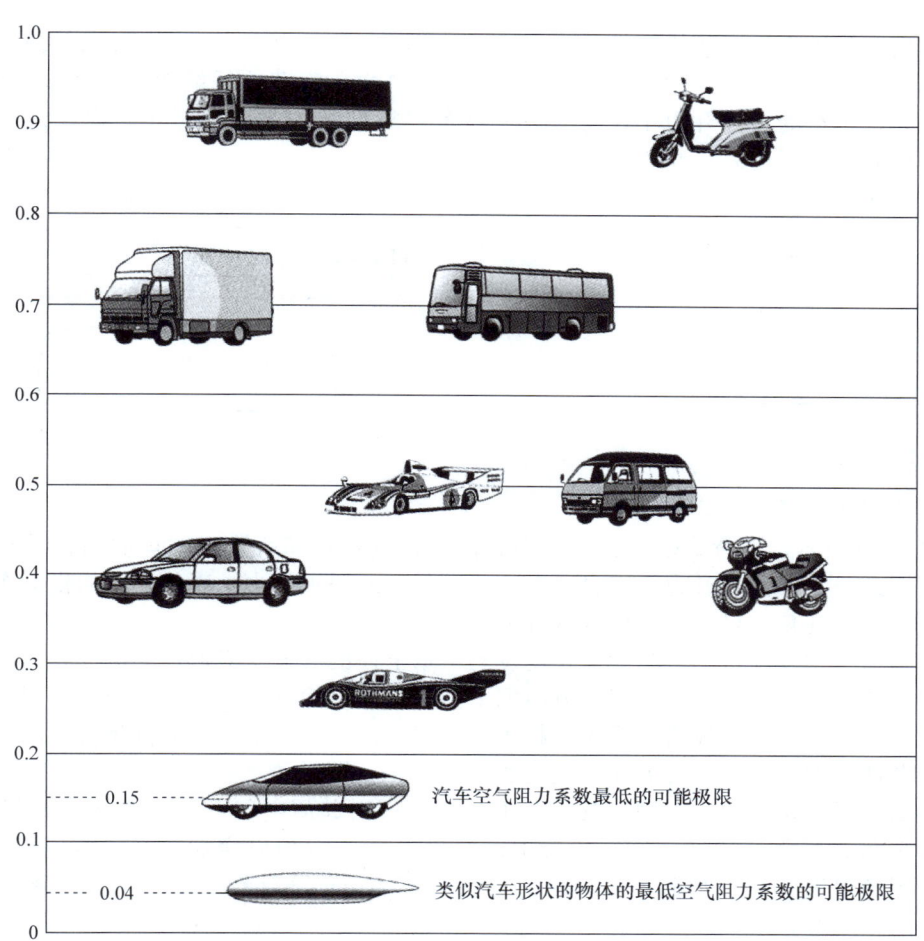

图 7-13　各类汽车和摩托车的空气阻力系数

1. 空气升力和空气升力系数

飞机翼型周围的气体流线如图 7-14 所示。翼型上表面的轮廓向上弯曲，下表面的轮廓则比较平直。当气流流过翼型时，从上表面流过的气流流速增大，从下表面流过的气流流速基本不变。根据流体力学知识，翼型上表面的空气压力小于下表面的空气压力。翼型上下表面的空气压力之差就形成

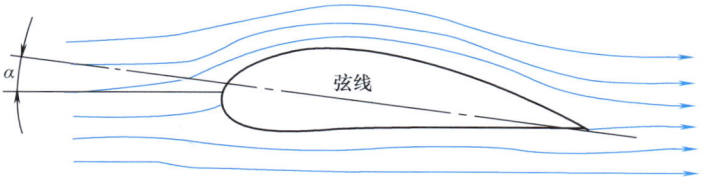

图 7-14　飞机翼型周围的气体流线

了对机翼向上的推力，这就是空气升力。靠这个力可以让比空气重的物体飞上天。

翼型的前缘点与后缘点的连线称为翼型的弦线。弦线与气流方向的夹角称为迎角。图 7-14 中所示弦线前高后低时的迎角规定为正。空气升力的大小与翼型轮廓形状有关，还与翼型在气流中的迎角大小有关。在一定的角度范围内，迎角越大，空气升力系数 C_L 越大，如图 7-15 所示。

汽车的侧视投影轮廓形状就像一个翼型（见图7-16），上面向上凸起，下面基本平直，上下表面气流的压力之差也对汽车作用了一个空气升力。汽车前后端形心的连线就是弦线。同样的，要使汽车的空气升力小，就应该使汽车"翼型"的迎角尽量小，现代汽车的造型都使汽车的弦线前低后高，迎角为负值。

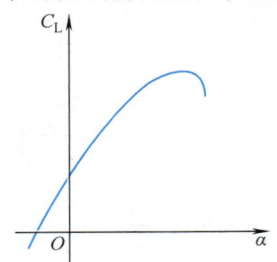

图7-15 翼型迎角与空气升力系数的关系

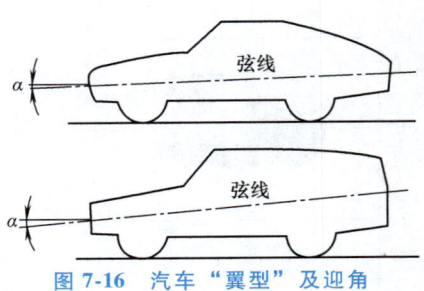

图7-16 汽车"翼型"及迎角

2. 轿车外形对空气升力的影响

如图7-16所示，方背式轿车后端的形心位置比直背式和斜背式轿车的高，具有较大的负迎角，因此，它的空气升力系数也比直背式和斜背式轿车的小。现代轿车的楔形车身造型都具有较大的负迎角，可有效降低空气升力。

汽车前风窗与发动机罩之间的夹角使发动机罩上面的气流受阻形成涡流，在前风窗的局部区域里形成一个高压区，对汽车有方向朝下的作用力，使汽车空气升力减小，但同时也使汽车的空气阻力增加。前风窗的后倾角越大，空气阻力越小，空气升力则越大。因此，在前风窗倾斜角的选取上应兼顾各方面的性能要求。

汽车后背倾斜角的大小不同，其后背上的气流所引起的空气升力也不同，如图7-17所示。当倾斜角ψ从零开始增大时，后背上的空气升力系数相应增加。当ψ增至某一值后，空气升力系数将随ψ的增加而下降。由此可知，直背式车尾有较小的空气升力系数，而方背式车尾的空气升力系数最小。

阶背式轿车的车身后背如图7-18所示，气流在后窗与行李箱盖之间的转角处形成一个涡流区，使空气升力减小。一种形状似鸭尾的轿车车尾如图7-19所示，车尾后端上翘的部分对车顶冲下来的气流产生阻扰，使其在该区域形成向下的作用力，有效地减小了空气升力。

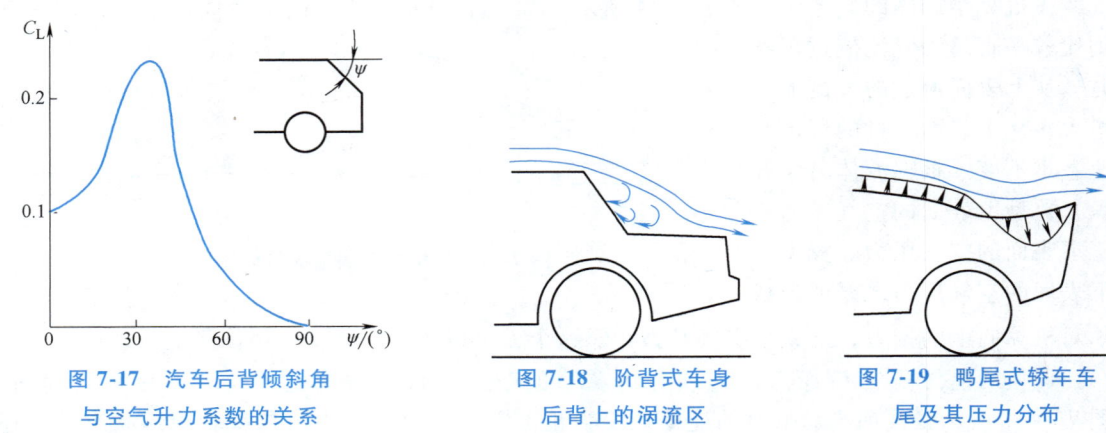

图7-17 汽车后背倾斜角与空气升力系数的关系

图7-18 阶背式车身后背上的涡流区

图7-19 鸭尾式轿车车尾及其压力分布

现在很多轿车的后端上沿或后背上都设有后扰流器，如图7-20所示。和"鸭尾"式车尾的原理一样，扰流器的作用也是使气流受阻而减速增压，以减小空气升力。后扰流器能有效地减小空气升力,并且结构简单,安装方便,因此在轿车上,特别是在车速较高的运动型轿车上得到广泛采用。

图 7-20　几种后扰流器

解决空气升力的另一种方法是在车身上加装负升力翼,如图 7-21 所示。负升力翼就像一个前倾的倒机翼,在汽车行驶时产生向下的压力,从而减小汽车的空气升力,提高汽车高速行驶时的动力性和安全性。这种结构通常用在赛车和运动型轿车上。

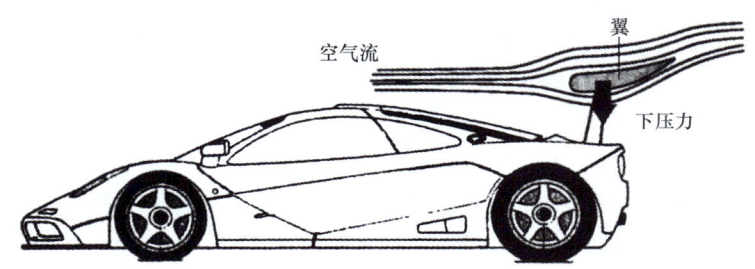

图 7-21　负升力翼的作用原理

三、侧向风对汽车行驶稳定性的影响

前面讨论了汽车在静止的空气中行驶的状况,若汽车在有风的情况下行驶就要受到风力的作用。当风的方向与汽车纵向轴线平行时,相当于增大或减小了汽车与周围空气的相对速度,对汽车的行驶稳定性影响不大。当风的方向与汽车行驶方向有夹角 τ 时(见图 7-22),汽车的行驶将受到侧向风的影响,τ 称为风的侧偏角。

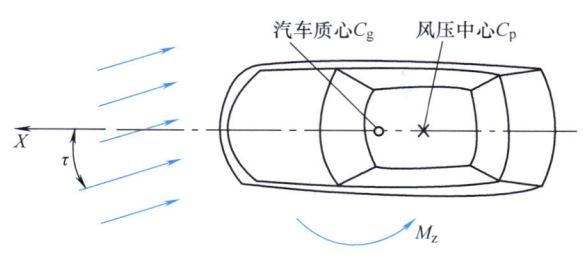

图 7-22　风的侧偏角及横摆力矩

汽车的车身表面是左右对称的,无侧向风作用时($\tau=0°$),车身表面的空气压力分布是左右对称的。在侧向风的作用下($\tau\neq0°$),车身表面的空气压力分布就不再是左右对称的了,这时汽车将受到侧向风力的作用。侧偏角 τ 越大,汽车受到的侧向风力越大。当汽车的风压中心与汽车的质心不重合时,侧向风将使汽车受到横摆力矩 M_z 的作用。

横摆力矩 M_z 使汽车偏离原有的行驶方向,直接影响汽车的安全行驶。如果侧向风稳定地一直作用在汽车上,驾驶人可以通过对转向盘的操纵来调整汽车的行驶路线,消除侧向风的干扰。但是，汽车在高速行驶时如果突然受到剧烈的侧向风的吹袭，就有偏离原行驶路线而发生事故的危险。这种情况通常发生在高速行驶的汽车受到阵风的吹袭，或汽车高速地从避风处驶入受风处的一瞬间，如从森林、山谷驶入开阔地带，从高大建筑物之间的风巷通过等。

在汽车车身的造型设计中，应该考虑风压中心与汽车质心的相对位置。在有横向风的情况下，风力有一侧偏角τ，如果汽车的风压中心C_p在汽车质心C_g的前面（见图7-23a），横摆力矩M_z将使汽车有沿顺时针方向偏转的趋势，从而使汽车偏离原行驶路线。尽管开始时风的侧偏角τ也许不是很大，但随着汽车的偏转，侧偏角τ相应地增大，横摆力矩M_z随之增大，汽车偏转的趋势更加严重，加上侧向风力也将随τ增加而增大，有可能使驾驶人无法操纵汽车而发生事故。如果汽车的风压中心C_p在汽车质心C_g的后面（见图7-23b），侧向风力使汽车偏离原行驶路线，同时横摆力矩M_z使汽车沿逆时针方向偏转，也就是使汽车车头对着风的方向偏转，则侧偏角τ将减

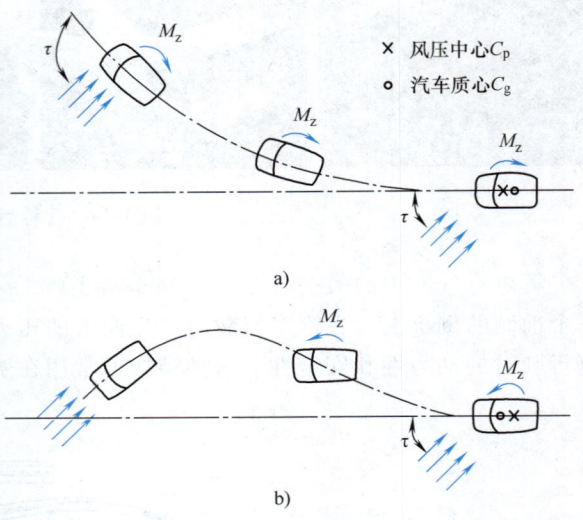

图7-23 不同风压中心与汽车质心相对位置的汽车对侧向风的响应
a) 风压中心在汽车质心前面 b) 风压中心在汽车质心后面

小，横摆力矩M_z也将随之减小，汽车又可回到原行驶路线。由此可见，在车身造型设计时，应该使风压中心C_p位于汽车质心C_g之后，并适当增大两者之间的距离，以提高汽车的空气动力稳定性。

风压中心的前后位置，主要取决于汽车的侧视投影面积形心的位置。当汽车前部的侧视面积比后部大时，风压中心靠前；反之，风压中心靠后。方背式轿车的后部侧视面积比直背式、斜背式以及阶背式轿车的都大，因此方背式轿车在侧向风作用下的行驶稳定性比较好。

第二节　汽车外形的演变

汽车诞生一百多年来，汽车外形经过了马车形、箱形、甲壳虫形、船形、鱼形和楔形等演变。

1. 马车形汽车

汽车诞生时，主要精力集中在动力的更换方面，本茨的第一辆三轮汽车和戴姆勒的第一辆四轮汽车都是无篷马车形。车速提高以后，马车形汽车采用的敞篷式难以抵挡风雨侵袭就成了亟待解决的问题。

1900年，德国人费迪南德·波尔舍设计了带球面挡风板的汽车（见图7-24a）。1903年，德国戴姆勒公司梅赛德斯汽车（见图7-24b）开始采用风窗玻璃。1908年，福特汽车公

司生产了一种带布篷的小客车。这些汽车都是马车形汽车的代表。

图 7-24　马车形汽车

a）带球面挡风板的汽车（1900 年）　b）采用风窗玻璃的汽车（1903 年）

2. 箱形汽车

1915 年福特汽车公司生产出一种 T 型车（见图 7-25a），人们将这种 T 型车作为箱形汽车的代表。这是汽车车身的第一次飞跃，箱形汽车可以说是真正意义上的汽车造型的初期阶段。箱形汽车的造型维持了 20 多年。初期箱型汽车的前后风窗玻璃都是竖直的，到第二次世界大战前开始倾斜，但总体上仍然较陡，车身较高，空气阻力较大。

图 7-25　箱形汽车

a）福特公司的 T 型车（1915 年）　b）捷克的太脱拉牌汽车（1923 年）

汽车试验表明（见图 7-1），当车速小于 50km/h 时，行驶阻力以轮胎滚动阻力为主；当车速升高到 100km/h 以上时，发动机的功率主要消耗在空气阻力上。因此，要想提高车速，当务之急就是降低空气阻力。

3. 甲壳虫形汽车

箱形汽车时代的后期，人们逐步认识到降低空气阻力的重要性。改变汽车外形是降低空气阻力最有效的途径，包括降低车高、减小迎风面积和将汽车做成流线型的外形。

1934 年，美国克莱斯勒汽车公司的气流牌轿车（见图 7-26）首先采用流线型车身，是流线型汽车的先锋。流线型汽车的大量生产是从德国的大众牌轿车开始的。1937 年，德国大众汽车公司的费迪南德·波尔舍设计了一种甲壳虫形汽车（见图 7-27）。1939 年，第一批甲壳虫形汽车问世，由于第二次世界大战的影响其产量很低，直到战后才开始大批量生产。1981 年，第 2000 万辆甲壳虫形汽车从位于墨西哥的大众汽车分厂的装配线上驶下，打破了福特 T 型车 1500 多万辆的产量纪录，成为世界上同种车产量最多的汽车。

甲壳虫形汽车是汽车车身外形的第二次飞跃。这种车将车身高度由 2m 降到 1.5m 左右，并以其圆滑的过渡和完美的流线型大大降低了空气阻力，车速可达 120km/h。

但甲壳虫形汽车也有两个缺点：一是暴露在外的轮罩占据了一定的车宽，使车内空间变小，两个人同坐一排座位便会感到拥挤；二是抵抗侧向风的能力差，5级侧向风就能影响它的行驶方向。这是因为甲壳虫形汽车的发动机位于汽车后部，因此汽车质心位置偏后，使得汽车的侧向风压中心位于汽车质心前面所造成的。

图 7-26　美国克莱斯勒汽车公司的气流牌轿车　　图 7-27　德国大众汽车公司的甲壳虫形汽车

4. 船形汽车

第二次世界大战结束后，福特汽车公司于1949年研制出福特V8型轿车，如图7-28a所示，它是船形汽车的代表。从外形上看，整车就像在河道中行驶的机动船，所以称为船形汽车。

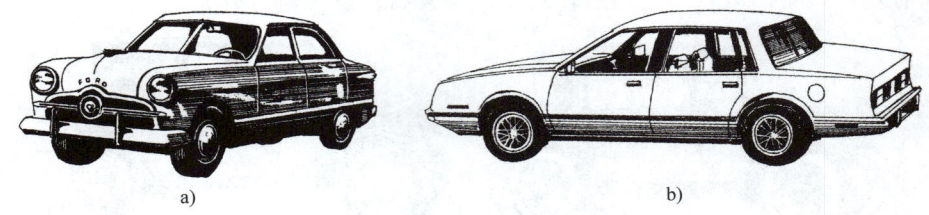

图 7-28　船形汽车

a) 美国福特V8型汽车（1949年）　b) 美国通用雪佛兰汽车

船形汽车加宽了车体，因而扩大了乘坐室空间，轮罩与车体融为一体。整个车身分成前、中、后三个空间。前面为发动机室，中间为乘员室，后面为行李箱。三个室互相隔开，这种车形称为"三厢式"。三厢式船形汽车的发动机位于汽车的前部，汽车质心位置偏前，位于侧向风压中心的前面，因此汽车抵抗侧向风的能力加强了，车内空间也扩大了。自20世纪60年代以来，船形一直是民用轿车外形的主流。对于民用轿车的外形来说，船形已经比较完善了，其最高车速都在150~250km/h之间。

船形汽车存在的问题是，由于车的尾部过分地伸长，形成了阶梯状，高速行驶时会产生较强的空气涡流，因此影响了车速的进一步提高。

5. 鱼形汽车

为克服船形汽车尾部呈阶梯状而产生较强空气涡流的缺点，设计者将汽车后窗倾斜，形成斜背式。由于斜背式汽车的背部很像鱼的脊背，所以称之为鱼形汽车。最早的鱼形汽车是美国通用公司1952年生产的别克牌轿车（见图7-29）。

甲壳虫形汽车是流线型，鱼形汽车也是流线型，但两者有本质的区别。甲壳虫形汽

图 7-29　鱼形汽车

车的后背是短而陡的滑背，鱼形汽车的后背是斜而长的斜背，鱼形汽车空气阻力小于甲壳虫形汽车。鱼形汽车是从船形汽车演变而来的，车身仍保持着船形汽车的整体式车身，且低矮宽敞。

鱼形汽车的流线型造型使空气阻力大为减小，最高车速比船型汽车有了进一步提高。但是，由于鱼形汽车的侧视形状类似于飞机翼型，汽车高速行驶时将产生很大的升力。升力使汽车与地面的附着力减小，使汽车的行驶稳定性和操纵稳定性降低。

鱼形汽车带来的问题，使人们开始致力于既减小空气阻力又减小空气升力的空气动力性研究。在鱼形汽车设计上将车尾截去一部分，成为鱼形短尾式；或将鱼形汽车的尾部安上只微翘的鸭尾，成为鱼形鸭尾式。这些方法对减小汽车后部产生的升力有一定的效果。图 7-30 所示为两种典型的鱼形汽车。

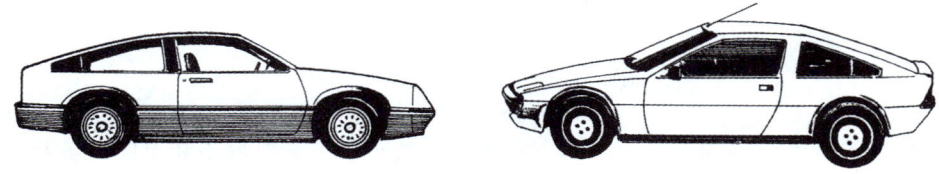

图 7-30　两种典型的鱼形汽车

6. 楔形汽车

为了较好地解决鱼形汽车的升力问题，人们找到了楔形造型，就是将车身前部向下方倾斜，使车尾更短、车顶较平，即所谓的楔形汽车，如图 7-31 所示。

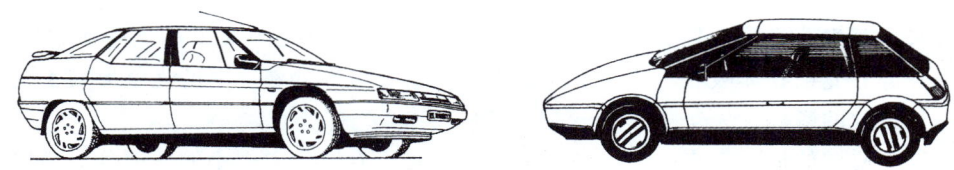

图 7-31　楔形汽车

楔形汽车的前端低矮，减少了进入汽车底部的气流量，有利于降低空气阻力和空气升力；楔形造型使发动机罩与前风窗间的转折趋于平滑，减小了此处的空气阻力；楔形汽车的侧视形状具有较大的负迎角，因此空气升力较小；楔形汽车的侧向风压中心后移，有效地提高了汽车的空气动力稳定性。

这种以船形汽车为基础的楔形汽车是轿车较为理想的造型，它较好地协调了乘坐空间、空气阻力和空气升力的关系，使汽车造型实用性与空气动力性较好地结合起来。

7. 多用途汽车

1984 年，克莱斯勒汽车公司推出第一代多用途汽车（见图 7-32），这是世界汽车史上具有转折意义的产品之一，它宣告一个以强调实用性、多用途、家庭化和休闲娱乐为特征的汽车消费新时代的到来。

多用途汽车以轿车为原型，接近于面包汽车的内部空间，汽车的前部采用大斜面的造型，融入了流线型赛车的风格。汽车性能优良，装备齐全，有移动家庭之感。多用途汽车在外形设计上集流线型和楔形的优点于一身，线条流畅，动感性强，具有鲜明的时代气息。

图 7-32 多用途汽车
a）克莱斯勒汽车公司顺风牌汽车（1984 年） b）通用公司雪佛兰汽车（1993 年）

第三节 汽车的色彩

随着汽车工业的发展和汽车数量的不断增加，汽车的色彩对城市和道路的美化，对人们的精神感染已成为不容忽视的问题。人对色彩的爱好，随着民族、地区、年龄、性别、职业和文化程度等因素的不同而千差万别，但对于特定的环境和大多数人，总会找到共同的看法。

一、色彩概述

1. 光与色彩

色彩来源于光，光是人们感知色彩存在的必要条件。当光源发出的光线照射在物体上时，其中一部分光被物体吸收，另一部分光得到反射，这部分被反射的光就形成了我们所看到的物体呈现出的颜色。

光是以电磁波的形式存在的，人眼可见的光只是所有波长中极小的一部分。当白色的光经过三棱镜时，由于不同波长的光的折射系数不同，就会形成红、橙、黄、绿、青、蓝、紫的彩色光谱。按照光谱中各色光的波长，可见光的波长范围见表 7-1。

表 7-1 可见光的波长范围

光色	红	橙	黄	绿	青	蓝	紫
波长/nm	780~610	610~590	590~570	570~500	500~460	460~430	430~380

2. 色彩的属性

色彩视觉是人辨别不同波长的光波的能力。色彩的种类很多，色相、明度和纯度是用以描写和鉴别色彩的三个基本属性。

（1）色相 色相是色彩类别的名称。不同色相的色彩，其光波具有不同的波长。例如，红、橙、黄、绿、青、蓝、紫等色相，它们的光波波长是不同的。每一种色相又可细分，例如，绿色的波长是 500~570nm，在这个波长范围内，还可以细分为各种不同的绿色，波长较大的草绿色（偏黄）、波长较小的翠绿色（偏蓝）等。

（2）明度 明度（又称为光度、亮度）是指色彩的明暗程度。有些色彩（如黄色、橙色）看起来比较亮，具有较高的明度。而另一些色彩（如蓝色、紫色）看起来比较暗，具有较低的明度。同一色相加进白色则明度增大；反之，加进黑色则明度减小。

（3）纯度　纯度（又称为饱和度、彩度）是指色彩接近标准色的程度。所谓标准色，是指不掺有白、黑、灰的色彩。掺有白、黑、灰越多，色彩的纯度越低。通常，日光透过棱镜折射出的各种色彩，它们的纯度都很高。

3. 加色混合原理

加色混合是指色光的混合。两种以上的色光混合在一起，光的亮度会提高，混合色光的总亮度等于相混各色光亮度之和。红、绿、蓝三种色光称为三基色，是合成其他色光的基本色。图7-33a所示为色光加色混合原理。色光加色混合原理的彩色图见附录A。

红光+绿光＝黄光；红光+蓝光＝品红光；绿光+蓝光＝青光；红光+绿光+蓝光＝白光。

凡是两种色光相加产生白光，这两种色光即为补色，这种关系称为互补关系。青、品红、黄分别是红、绿、蓝的补色，即红与青（或绿与品红，蓝与黄）色光以适当的比例混合便得到白光。

4. 减色混合原理

减色混合是指色料的混合。两种以上颜色的色料混合在一起，纯度降低，明亮度降低，故称为减色混合。品红、黄、青三种色称为三基色，是合成其他色彩的基本色。图7-33b所示为色料减色混合原理。色料减色混合原理的彩色图见附录A。

品红色+青色＝蓝色；品红色+黄色＝红色；青色+黄色＝绿色；品红色+青色+黄色＝黑色。

两种颜色的色料相加产生灰黑色，这两种颜色即为补色。红、绿、蓝分别是青、品红、黄的补色，即红与青（或绿与品红，蓝与黄）色料以适当的比例混合便得到灰黑色。

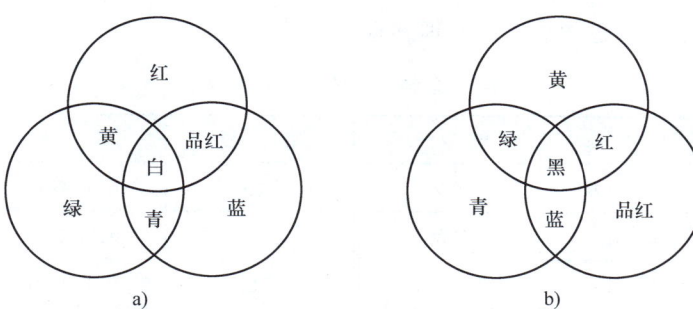

图7-33　色彩混合原理
a）色光加色混合原理　b）色料减色混合原理

二、色彩的心理感觉

由于自然界的一切物体都具有色彩，人类在长期劳动和实践中逐渐地使色彩视觉与各种感觉器官通过大脑神经活动而建立了复杂的联系，形成对各种色彩的心理感觉。

1. 色彩的冷暖感

色彩本身无所谓冷暖，主要是不同的色彩作用于人的感官，在人的心理上引起冷一些或暖一些的感觉和反应。例如，红色、橙色、黄色常常使人联想到阳光和烈火，因此当人们看到这些颜色时，心中就会产生温暖的感觉；蓝色、绿色则使人们联想到碧海蓝天，因此这些颜色会带给人们清凉的感觉。

2. 色彩的轻重感

色彩在人的心理感受上有轻重之分。这种色彩的轻重感一般由明度决定。高明度的色彩给人心理上轻快的感觉，而低明度的色彩则会有一种凝重的感觉。在所有颜色中，白色给人的感觉最轻，而黑色给人的感觉最重。

3. 色彩的软硬感

不同的色彩会给人的心理带来不同的感觉，柔软或坚硬就是其中的一种感觉。色彩的这种软硬感与明度、纯度有关。明度较高且含有灰色系的色彩具有柔软的感觉，明度较低且含灰色系的色彩具有硬的感觉。纯度越高越具有硬感，纯度越低越具有软感。

4. 兴奋感与沉静感

色彩的兴奋感与沉静感与色相、明度、纯度都有关。例如，在色相方面，偏红、橙的暖色系有兴奋感，而偏蓝、青的冷色系有沉静感；在明度方面，明度高的色彩具有兴奋感，明度低的色彩具有沉静感；在纯度方面，纯度高的色彩具有兴奋感，纯度低的色彩具有沉静感。

5. 膨胀感与收缩感

同一面积、同一背景的物体，由于色彩不同，会给人造成大小不同的视觉效果。凡明度高的色彩，看起来面积大些，有膨胀的感觉，如黄色、红色等。凡明度低的色彩，看起来面积小些，有收缩的感觉，如蓝色、绿色等。当不同颜色的车辆与观察者保持相同的距离时，明度高的红色车和黄色车看上去离观察者近一些；而明度低的蓝色车和绿色车看上去离观察者远一些。

表7-2中举出了各种色彩给人的心理感觉。

表7-2 各种色彩给人的心理感觉

色 彩	褒 义	贬 义	色 彩	褒 义	贬 义
红色	热情,活力	警惕	紫色	庄重,幽雅	悲伤
橙色	温暖,高贵	烦躁	白色	纯洁,雅致	空虚
黄色	光明,温柔	生命枯竭	黑色	庄重,严肃	恐怖,绝望
绿色	青春,希望	狰狞	灰色	朴素,含蓄	沉闷,寂寞
蓝色	幽远,宁静	寒冷,后退	银色	精致,高雅	平淡

色彩的种类无穷尽，人们赋予色彩生命力，对不同色彩的喜好，反映出人们不同的个性特质。例如，人们普遍认为黑色是纯净、高雅的色调，选择黑色车的车主，通常表现得较为沉稳内敛；白色的车身亮丽整洁，它往往显示出车主追求完美的特质；喜欢蓝色车身，意味着车主冷静且具有很好的分析力；选择红色车身，将会体现出车主的热情奔放；一些车主喜好拥有较深色系的汽车，如深蓝等，则车主多有着细致与稳重的个性；偏好中等色调的车主通常虑事中庸，行事稳重，性格坚毅；而车身是淡色系的，如淡蓝色或粉红色，车主多拥有浪漫的天性；选择车身颜色较不起眼的人，多半是循规蹈矩，努力工作的人；相对的，选择亮丽颜色的人重视的是享受生活乐趣。

三、色彩的社会特性

汽车的色彩与汽车的使用功能、使用环境、使用对象、安全性等方面也有不同程度的关系。

1. 汽车色彩与使用功能有关

汽车在使用过程中,已经形成惯用色彩。例如,消防车采用红色,除了红色亮度高,容易引起人们注意外,主要是人们一见到红色的消防车,就想到有火灾发生,因而赶紧避让;白色用于医疗救护车,是运用白色的洁白、神圣的联想含义;邮政车选择绿色,是因为绿色给人以和平、安全的感觉;作为军用车辆,一般都为深绿色,使车辆与草木、黑色的沥青路面颜色相近,达到隐蔽安全的目的;工程车辆多采用黄黑相间的色彩,是运用黄色亮度高、醒目的特点,以引起行人和其他车辆注意。

2. 汽车色彩与国家和宗教有关

不同国家在色彩观念上是不同的,对颜色的偏好也是不同的,即使相同的颜色在不同的国家所代表的意义也是不同的,如各国国旗中红色所代表的含义就不尽相同。另外,不同的宗教信仰对色彩观念也有不同的影响。

3. 汽车色彩与地理环境有关

由于不同地区的日光照射强度有差别,造成人们对不同色彩的偏爱。南欧的意大利人喜欢黄色和红色,北欧人则更喜欢青绿色,这与当地自然环境中的阳光偏色有关。北欧的阳光接近于冷色调,南欧的日光偏于暖色调。因此,北欧人喜欢青绿色,南欧人喜欢黄红色。

不同自然地理条件下生活的人们在色彩观念上也不同。伊朗、科威特、沙特阿拉伯、伊拉克等国家均推崇绿色,认为绿色是生命之源。在充满黄褐色的沙漠里,阳光灼热,绿色实在是珍惜而宝贵的颜色。

4. 汽车色彩与交通安全有关

汽车的行驶安全是与汽车的制动性、操纵稳定性等直接相关的,但也与汽车的色彩有一定关系。明度高的白色、红色和黄色等具有膨胀感,人们易于觉察而及早做出反应;明度低的黑色、蓝色和绿色等具有收缩感,人们不易觉察而造成事故。深颜色的黑色汽车在清晨和傍晚时段光线不好的情况下,最难被肉眼所识别,而浅颜色的白色和银灰色则容易辨识。有关部门对大量交通事故进行了统计,发现黑色汽车的事故率最高,绿色汽车和蓝色汽车的事故率居中,白色汽车的事故率最低。

从安全的角度考虑,汽车色彩最好选择浅颜色。白色是最安全的选择。银灰色汽车不但看上去有品位,而且事故率也比其他颜色的汽车低得多,特别是在晚上,这种颜色可以反射灯光,更容易令其他驾驶人注意到。

5. 汽车色彩与盗窃行为有关

汽车色彩与汽车盗窃小有联系。据伦敦《泰晤士报》刊登的一篇关于汽车色彩影响窃车族的行为的报告中,公布了如下几个数据:各种颜色汽车的失窃危险程度不同,其中黑色汽车的失窃率为6.7%,红色、白色和灰色汽车为5.6%,蓝色汽车为5.1%,黄色、褐色和橘红色汽车为4.6%。为此,艾德米拉尔保险公司经理斯蒂文在研究了1万例汽车失窃案后,决定将汽车颜色列入投保时要考虑的重要因素之一。

此外，在不同的时期，汽车也有不同的流行色彩，并且汽车的流行色彩呈现周期性的变化。其间的原因是多方面的，而人们对色彩的新鲜感是流行色彩的原动力。

2003年，美国汽车油漆生产商杜邦公司对全球汽车色彩的现状进行了调查并公布了调查报告。这项名为《2003全球色彩流行调查》的报告涉及欧洲和美洲的多个国家以及日本，调查结果显示了各种色彩在这些国家的受欢迎程度（见表7-3）。

表 7-3　各种色彩在不同类型汽车中所占比例

色彩	小型客车和货车	紧凑型和小型轿车	中级轿车	豪华级/高级轿车
银色	18.6%	30.3%	35.5%	31.5%
蓝色	13.5%	20.9%	19.7%	16.9%
黑色	6.7%	14.2%	15.5%	22.3%
灰色	3.5%	10.6%	11.5%	14.2%
红色	7.2%	8.9%	5.8%	3.5%
绿色	5.8%	5.5%	5.5%	4.8%
白色	39.0%	7.0%	3.6%	3.7%
米色	1.8%	0.3%	1.2%	1.3%
黄色	1.7%	1.2%	10名之外	10名之外
金色	10名之外	0.5%	0.4%	1.1%
橙色	1.0%	10名之外	0.6%	10名之外

习　题

7-1　汽车的滚动阻力和空气阻力的大小是如何随车速变化而变化的？

7-2　汽车空气阻力的大小与哪些因素有关？如何降低空气阻力？

7-3　汽车的空气升力是如何产生的？如何降低空气升力？

7-4　如何降低侧向风对汽车行驶稳定性的影响？

7-5　汽车外形的发展经历了哪几种形式的演变？

7-6　色光的混合与色料的混合有什么区别？

7-7　色彩对人的心理会产生哪些感觉？

第八章

汽车消费信贷与汽车保险

第一节　汽车消费信贷

一、汽车消费信贷的意义

开办汽车消费信贷业务在世界各国早已是一种通行的做法，它不仅可以缓解汽车消费者的资金压力，而且为汽车生产企业提供了巨大的资金支持，加快了企业生产资金的流动。目前发达国家汽车消费信贷十分普及，对汽车工业起到了非常重要的作用。汽车工业是高投入高产出的企业，其发展水平是一个国家综合国力的体现，能够带动几十个相关行业的发展。因此，汽车消费信贷对我国的汽车工业乃至国民经济的发展具有深远的意义。

从1998年中国人民银行下发《汽车消费贷款管理办法》，允许国有商业银行办理汽车消费贷款业务以来，据资料统计，2022年中国汽车金融公司贷款余额达7853亿元。

二、我国开展汽车消费信贷的基础

信贷消费的社会功效是鼓励消费和刺激需求，其存在和发展的基础条件是供大于求的买方市场的形成。通过发展信贷消费，一方面，可以在现有货币支付能力的社会有效需求基础上，通过信贷消费方式提高全社会购买力水平，使一部分潜在的需求转化为现实的需求，进而拉动需求使其上升以缓解市场供需矛盾；另一方面，通过信贷消费，可以帮助中低收入阶层上升到更高等级的消费层次，全方位推动社会消费的超前化。

目前，我国的汽车产量迅猛增长，2024年汽车产量已超过3100万辆，比美国和日本汽车年产量之和还要多1000多万辆。在汽车产量增长的同时，汽车的库存量也在增加，不考虑进口的车辆，仅就国产汽车在总量上供过于求已成定局，汽车工业的发展为汽车消费信贷提供了物质基础。

我国的信用消费市场刚刚起步，市场规则和市场制度有待于进一步健全和完善，特别是缺少个人信用征信体系和机制，银行等信贷提供方只能以消费者的经济实力为主要依据来判断其"信用度"。

我国是一个高储蓄率的国家，而且储蓄的增长速度非常快。据有关方面统计，我国城乡居民储蓄余额2002年为8.1万亿元，到了2022年，居民储蓄余额已达到了206.5万亿元，20年间居民储蓄余额增长了约25倍。根据信贷消费市场的经验，居民家庭金融资产的增加意味着负债承受能力的增强，既可以增强消费贷款的信心，也可以降低信贷提供方的市场风险，增强贷款信心。

三、我国汽车消费信贷的主要模式

汽车消费信贷可以采用多种模式，目前我国汽车消费信贷主要有以下三种模式，即以银行为主体的模式、以经销商为主体的模式和以非银行金融机构为主体的模式。

1. 以银行为主体的模式

以银行为主体的模式是由银行、专业资信调查公司、保险公司和汽车经销商四方联合。银行直接面对客户，在对客户的信用进行审核、评定合格后，银行与客户签订信贷协议，客户将在银行设立的汽车消费信贷机构中获得一个车贷的额度，使用该车贷额度就可以到汽车市场上选购自己满意的产品。在该模式中，银行是中心，银行指定律师行出具客户的资信报告，银行指定保险公司并要求客户购买其汽车保险，银行指定经销商销售车辆，风险主要由银行和保险公司共同承担。

2. 以经销商为主体的模式

以经销商为主体的模式是由银行、保险公司和经销商三方联合。该模式的特点是由经销商为购车人办理贷款手续，负责对贷款购车人进行资信调查，以经销商自身资产为客户承担连带责任保证，并代银行收缴贷款本息，而购车人可以享受到经销商提供的一站式服务。在该模式中，经销商是主体，经销商与银行和保险公司达成协议，负责处理一切与消费信贷有关的事务，风险主要由经销商和保险公司共同承担。

3. 以非银行金融机构为主体的模式

以非银行金融机构为主体的模式是由非银行金融机构、经销商和保险公司三方联合。金融机构组织对购车者进行资信调查、担保、审批工作，并向购车者提供贷款，风险主要由金融机构和保险公司共同承担。

全球各大汽车集团的汽车金融公司在汽车信贷经营上有着可观的利润，汽车贷款所获得的利润大多都超过汽车制造集团的利润。在我国，汽车金融公司的成立打破了银行对汽车消费信贷的垄断，使得我国的汽车信贷模式更加丰富多样，并与世界接轨。

四、我国汽车消费信贷的贷款类型

目前，我国的汽车消费信贷有担保贷款和分期付款两种形式。

1. 担保贷款形式的汽车消费信贷

汽车消费担保贷款是商业银行与汽车经销商向购买汽车的借款人发放的用于购买汽车的担保贷款。汽车消费担保贷款的担保方式有抵押贷款、按揭贷款、质押贷款和第三方担保贷款等类型。

（1）汽车抵押贷款　汽车抵押贷款是购买汽车的借款人以其所拥有的抵押物（一般限定为房产）作为获得贷款的条件的贷款。贷款人与借款人签订抵押合同后，到借款人还清全部汽车贷款本息前，借款人不得转移对该抵押物的财产占有权。当借款人不履行债务时，债权人有权按照法律规定以该抵押财产折价或者拍卖、变卖该抵押财产，获得的价款优先用于还贷。

（2）汽车按揭贷款　购买汽车的借款人用所购的汽车作为抵押，以这种方式作为担保的贷款称为按揭贷款。按揭是英文"Mortgage"（抵押）的音译，是抵押贷款的一个分类。借款人在购买汽车时按规定支付了不少于 20% 的首付款后，银行将借款人所购汽车的产权转给银行，作为还款的保证，然后由银行贷款为其垫付其余的购车款项。在还清所贷购车款之前，该辆汽车的所有权作为债务担保抵押给贷款银行，在还清全部按揭的本息后，银行将该汽车的所有权转回给购车者。

（3）汽车质押贷款　汽车质押贷款是购车借款人以其本人的动产作为质押物所获得的贷款。可以作为汽车质押贷款的动产有银行存单、国库券、金融债券、股份和股票等。购车借款人将本人的动产移交给贷款银行，作为购车贷款的债权担保。当借款人不履行债务时，贷款银行有权将该抵押动产折价、拍卖或变卖，获得的价款优先用于还贷。

（4）第三方担保贷款　汽车消费的第三方担保贷款是指经销商以其自身较高的商业信誉，为购车借款人提供第三方全程担保，银行向在特约经销商处购买汽车的借款人提供的贷款。当借款人恶意拖欠还款或已无还款能力时，经销商将承担第三方担保责任，同时依据与购车借款人之间的协议收回车辆。

2. 分期付款形式的汽车消费信贷

汽车分期付款是分期偿还本金和利息的贷款。分期偿还汽车消费贷款的期限通常在两年至五年之间。购车借款人在支付了一定比例的首付款后，由银行、经销商或者金融机构为其垫付余款，借款人按月分期偿还借款的本金和利息。这种方式大多采用担保形式，以保证分期付款资金的安全。

五、贷款购车的额度、期限和利率

1. 额度

借款人以国库券、金融债券、国家重点建设债券抵押的，银行出具个人存单质押的，或银行、保险公司提供连带责任保证的，首期付款额不得少于购车款的20%，借款额不得超过购车款的80%。

借款人以所购车辆、房屋及其他地上定着物等不动产抵押申请贷款的，首期付款额不得少于购车款的30%，借款额不得超过购车款的70%。

借款人以提供第三方保证方式申请贷款的（银行、保险公司除外），首期付款额不得少于购车款的40%，借款额不得超过购车款的60%。

2. 期限

借款人的借款期限最长不超过5年（含5年），所购车辆用于出租营运、汽车租赁及客货运输等经营用途的，最长借款期限不得超过2年（含2年）。

3. 利率

贷款利率执行中国人民银行规定的同期贷款利率，并随利率调整一年一定。如遇国家在年度中调整利率，则按中国人民银行公布的利率水平执行。

贷款购车费用肯定会高于一次性付款，除了利息、保证金外，在保险上的花费也要多些。如果购车人手中没有足够的钱，而有稳定的月收入，可以选择贷款购车，早日享受拥有汽车带来的方便和驾车出游的快乐。

汽车不同于房产，它没有增值功能。如果消费者手中有足够的资金可以全款购车，同时又有稳定可靠的投资项目，若通过贷款的方式购车，则可省下手中资金去投资稳定可靠的项目而实现增值。

六、中外消费信贷的比较

1. 中外消费观念方面的差异

消费信贷在国外已经非常普及。提前购买自己所需要的东西，提前享受舒适的生活，对于追求高质量生活的人来说是一件快乐的事。许多西方人从十几岁开始，就在成人的指导下使用消费信贷，有的学校还开设专门的课程，让孩子接受消费信贷管理方面的教育。到了上大学的年龄，他们就基本上可以独立地使用信贷资金了，并建立了最初的信用。参加工作后，他们使用消费信贷更多了，贷款买房、买汽车、买法律服务、买医疗服务等，成为他们生活中不可缺少的部分。

然而传统的中国人一向把"勤俭节约、量入为出"看作是一种美德，因为有这样的传统观念，中国人不到万不得已是不肯向人借钱的。随着社会的进步、经济的发展，中国人的消费观念已经开始发生变化，人们在相信自己有足够的还款能力的前提下，已经在合理地利用消费信贷。

2. 个人信用制度方面的差距

在国外，发达国家已经建立起了完备、严密、透明的社会信用网络。人们都有自己的信用号码，它类似我们的身份证号码，伴随人的一生。人们的每一笔收入、纳税、借贷、还款的情况都记录在案。银行根据个人的信用记录决定是否借钱给他。当出现偷逃税款、拖欠贷款等行为时，一经发现处罚会特别严厉，并在个人的信用记录中成为永不抹去的污点。所以，一般人绝对不敢轻易越轨。正是有了健全的个人信用制度，这些国家才能够降低信用风险，同时使消费信用业务办理变得简便、快捷。

在我国由于个人信用制度不完善，办理消费信贷手续非常繁琐。一笔消费贷款，中间要经过借款人的资信审查、抵押物估价、抵押权登记、抵押财产保险、第三方担保和贷款合同公证等多道环节和程序。这些程序客观上造成了个人消费贷款手续的繁杂和不规范，一方面加大了贷款银行的业务成本和工作难度，另一方面也加重了借款人的负担，并由此影响到消费者申请消费贷款的信心。相信随着我国个人信用制度的逐步建立健全，这种状况会得到改善，与国外的差距会逐渐缩小。

第二节 汽车保险

汽车自从发明至今已有 100 多年的历史，今日的汽车已成为人类最重要的交通工具。汽车的发明并非完全造福人类，它对人类的伤害也是十分巨大的。根据有关数据资料显示，全世界每年由于交通事故所造成的死亡人数约为 130 万人，重伤数百万人，其中汽车肇事占绝大多数。我国 2022 年因车祸丧生的人数已超过 6 万人，受伤人数超过 25 万人。通过汽车保险对日益增多的伤残和损失事故进行风险防范和风险控制是十分必要的，并且汽车保险对损失事故的合理赔偿也对社会经济的稳定起到了保障作用。

一、汽车保险的概念和重要性

1. 汽车保险的概念

汽车保险属于财产保险的一种，它是以汽车本身及其相关经济利益为保险标的的一种运输工具保险。它能够使汽车保险的被保险人和交通事故的受害者在机动车辆发生事故时，得到经济补偿，最大限度地减少事故所造成的损失，能够促使交通事故损害赔偿纠纷的及时解决，促进社会的稳定。

机动车辆保险合同为不定值保险合同。不定值保险合同是指在保险合同中当事人双方事先不确定保险标的的实际价值，而只订明保险金额作为最高赔偿限额的保险合同。

2. 汽车保险的重要性

随着我国国民经济的不断增长，交通事业也在不断发展，各种交通运输工具日益增多。开展汽车保险，对保障汽车的正常行驶，促进物资流通和生产发展有着重要的意义。具体表现在以下几个方面：

1）汽车保险具有广泛性。随着汽车进入家庭，私人拥有汽车量不断增加，汽车保险不再是以企业和单位为主要对象的业务，而是逐步发展成为以个人为主要对象的业务，汽车保险正在成为与人们生活紧密联系的一种保险。

2）第三者责任保险作为汽车保险中的主要险种，在稳定社会关系和维护社会公共秩序方面起着特殊的作用，使其不仅仅是合同方的经济活动，而是逐步成为社会法制体系的一个组成部分。

3）由于汽车保险的出险率高，保险人的理赔技术和服务将成为一个十分突出的问题。在我国，财产保险的大部分保费收入来自汽车保险。因此，加强和完善汽车保险的理赔技术和服务，将直接影响保险业的健康发展。

二、汽车保险的种类

2006年3月1日，国家颁布了《机动车交通事故责任强制保险条例》，并于2006年7月1日起实施。至此，我国正式建立了机动车交通事故责任强制保险制度。

机动车保险经过十多年的改革发展，取得了积极的成效，但长期存在的深层次矛盾和问题没有得到根本解决。为了推动汽车保险高质量发展，银保监会研究制定了《关于实施车险综合改革的指导意见》，并于2020年9月19日起开始施行。

汽车保险是以车辆本身及其相关经济利益为保险标的的不定值保险，分为机动车交通事故责任强制保险（简称机动车交强险）和机动车商业保险两大部分。虽然它们都由商业保险公司经营，但机动车交强险是强制性保险，是每辆机动车必须投保的保险，而机动车商业保险中的各个险种则是被保险人自愿选择投保的。

在保险合同中，保险人即保险公司是第一方，也称为第一者；投保人即被保险人是第二方，也称为第二者；遭受人身伤亡或财产损失的受害人是第三方，也称为第三者。

1. 机动车交强险

机动车交强险是由保险公司对被保险车辆发生道路交通事故造成受害人（不包括本车人员和被保险人）的人身伤亡、财产损失，在责任限额内予以赔偿的强制性责任保险。凡是在中华人民共和国境内道路上行驶的机动车的所有人或者管理人都必须投保机动车交强险，否则公安机关交通管理部门有权扣留其机动车，并处应缴纳保险费的2倍罚款。

被保险人在使用被保险车辆过程中发生交通事故，致使受害人遭受人身伤亡或者财产损失，依法应当由被保险人承担的损害赔偿责任，保险人按照机动车交强险合同的约定对每次事故在下列赔偿限额内承担赔偿责任：死亡伤残赔偿限额为18万元，医疗费用赔偿限额为

1.8万元，财产损失赔偿限额为2000元；被保险人无责任时，无责任死亡伤残赔偿限额为1.8万元，无责任医疗费用赔偿限额为1800元，无责任财产损失赔偿限额为100元。

实行机动车交强险制度不仅有利于道路交通事故受害人获得及时有效的经济保障和医疗救治，而且有助于减轻交通事故肇事方的经济负担。机动车交强险制度对于维护道路交通通行者的人身财产安全、确保道路交通安全具有重要作用，同时可以减少法律纠纷、简化处理程序，确保受害人获得及时有效的赔偿。

2. 机动车商业保险

机动车商业保险分为主险和附加险两部分。主险包括机动车损失险、第三者责任险和车上人员责任险共三个独立的险种，投保人可以选择投保全部险种，也可以选择投保其中部分险种。

（1）主险

1）机动车损失险。机动车损失险是指保险车辆遭受保险责任范围内的自然灾害（不包括地震）或意外事故，造成被保险车辆本身损失，保险人依据保险合同的约定承担赔偿责任的保险。

根据新的汽车保险法，机动车损失险在现有保险责任基础上，扩大了保险责任，增加了机动车全车盗抢险、玻璃单独破碎险、自燃损失险、发动机涉水损失险、不计免赔率险、机动车损失保险无法找到第三方特约险等保险责任，为消费者提供更加全面完善的车险保障服务。

① 全车盗抢险。全车盗抢险是指保险车辆因全车被盗、被抢劫或被抢夺，保险人依据保险合同的约定承担赔偿责任的保险。

② 玻璃单独破碎险。玻璃单独破碎险是指被保险车辆发生玻璃单独破碎，保险人依据保险合同的约定承担赔偿责任的保险。

③ 自燃损失险。自燃损失险是指被保险车辆在使用过程中，因自燃造成的损失以及合理的施救费用，保险人依据保险合同的约定承担赔偿责任的保险。

④ 发动机涉水损失险。发动机涉水损失险是指被保险车辆在使用过程中，因发动机进水后导致发动机的直接损毁，保险人依据保险合同的约定承担赔偿责任的保险。

⑤ 不计免赔率险。不计免赔率险是指经特别约定，保险事故发生后，按照对应投保的险种条款规定的免赔率计算的、应当由被保险人自行承担的赔额部分，保险人依据保险合同的约定承担赔偿责任的保险。

⑥ 机动车损失保险无法找到第三方特约险。机动车损失保险无法找到第三方特约险是指在车辆出现损坏的时候，本来应当由造成车辆损坏的第三方负责赔偿，但是在无法找到第三方责任人的情况下，则由保险人依据保险合同的约定承担赔偿责任的保险。

2）第三者责任险。第三者责任险是指被保险人或其允许的驾驶人在使用被保险车辆过程中发生意外事故，致使第三者遭受人身伤亡或财产直接损毁，保险人依据保险合同的约定，对于超过机动车交强险赔偿限额的部分承担赔偿责任。第三者不包括被保险人以及保险事故发生时保险车辆上的人员。

3）车上人员责任险。车上人员责任险是指被保险人或其允许的驾驶人在使用保险车辆过程中发生意外事故，致使车上人员遭受人身伤亡，依法应当由被保险人承担的损害赔偿责任，保险人依据保险合同的约定承担赔偿责任的保险。

（2）附加险

1）车轮单独损失险。车轮单独损失险是指被保险人或其允许的驾驶人在使用被保险机动车过程中，因自然灾害、意外事故，导致被保险车辆未发生其他部位的损失，仅有车轮（含轮胎、轮毂、轮毂罩）单独的直接损失，保险人依据保险合同的约定承担赔偿责任的保险。

2）医保外医疗费用责任险。医保外医疗费用责任险是指被保险人或其允许的驾驶人在使用被保险车辆的过程中发生交通事故，导致第三者受到人身伤亡或财产损失，在医保范围外，因意外或疾病导致的医疗费用，保险人依据保险合同的约定承担赔偿责任的保险。

3）绝对免赔率特约条款。绝对免赔率特约条款是指被保险人或其允许的驾驶人在使用被保险车辆的过程中发生交通事故，导致第三者受到人身伤亡或财产损失，依法应由被保险人自行承担的免赔额部分，保险人依据保险合同的约定承担赔偿责任的保险。

4）发动机进水损坏除外特约条款。若购买了发动机进水损坏除外特约条款，则可降低保费，但当车辆因涉水导致发动机直接损坏时，则不属于保险责任，维修费用应由车主承担，保险公司不予理赔。

5）增值服务特约条款。增值服务特约条款包括道路救援服务特约条款、车辆安全检测特约条款、代为驾驶服务特约条款、代为送检服务特约条款共四个独立的特约条款，投保人可以选择投保全部特约条款，也可以选择投保其中部分特约条款。保险人依据保险合同的约定提供增值服务。

6）法定节假日限额翻倍险。被保险人或者其允许的驾驶人在使用被保险车辆的过程中，如果发生第三者责任保障范围内的保险事故，则在理赔时，被保险车辆的第三者责任险保障限额可以在保单载明的基础上翻倍。所谓法定节假日是指国家法定节假日，包括元旦、春节、清明节、劳动节、端午节、国庆节、周末等。

7）新增设备损失条款。新增设备损失条款是指被保险车辆在使用过程中，因发生交通事故，造成车上新增设备的直接损毁，保险人依据保险合同的约定承担赔偿责任的保险。

8）修理期间费用补偿险。在车辆发生事故或损坏后，车主通常需要将车辆送至修理厂进行修复。在车辆修理期间，车主可能会面临无法使用车辆带来的不便和经济损失，修理期间费用补偿险就是保险人依据保险合同的约定承担赔偿责任的保险。

9）车身划痕损失险。车身划痕损失险是指保险车辆在使用期间，若产生无明显碰撞痕迹的车身划痕损失，保险人依据保险合同的约定承担赔偿责任的保险。

10）车上货物责任险。车上货物责任险是指被保险车辆在使用过程中发生意外事故，致使被保险车辆上所载货物遭受直接损毁，依法应由被保险人承担的经济赔偿责任，保险人依据保险合同的约定承担赔偿责任的保险。

11）交通事故精神损害抚慰金责任险。交通事故精神损害抚慰金责任险是指被保险车辆在使用过程中，因发生交通事故，致使第三者或本车上人员受害，受害方提出精神损害赔偿，依照法院判决应由被保险人承担的精神损害赔偿责任，保险人在扣除交强险应赔偿部分后，依据保险合同的约定承担赔偿责任的保险。

第三节　汽车保险理赔

一、汽车保险理赔的概念

汽车保险理赔是指保险车辆在发生事故后，保险人依据保险合同的约定，对被保险人提出的索赔请求进行处理的行为。汽车事故损失有的属于保险责任，有的属于非保险责任，即使属于保险责任，因多种因素制约，被保险人的损失不一定等于保险人的赔偿额。所以说，汽车保险理赔涉及保险合同双方的权利与义务的实现，是保险经营中的一项重要内容。

二、汽车保险理赔的流程

保险车辆在发生事故后，被保险人向保险公司报案，对属于保险责任范围内的事故，保险公司就会在其承担的范围内进行赔偿。理赔的一般流程是：受理案件、现场查勘、损失确定、赔款理算、赔付结案。

（1）受理案件 被保险人在发生事故后，应及时向承保的保险公司报案。保险公司在受理报案后，应根据报案人对事故的描述，初步确定是否属于承保的责任。对于符合保险合同承保范围内的案件，保险公司业务人员进行立案登记；对于明显不符合保险合同承保范围的案件，则不予立案。

（2）现场查勘 对交通事故现场进行实地验证和查询，主要内容是查明出险时间、出险地点、出险车辆情况、驾驶人情况、事故原因、受损财产、损失程度，形成现场查勘记录报告。

（3）损失确定 根据保险合同的规定和现场查勘的实际损失记录，在尊重客观事实的基础上，确定保险责任，然后对事故损失进行定损及赔款计算工作。损失确定包括车辆损失、人身伤亡相关费用以及其他财产损失。

（4）赔款理算 保险公司按照保险合同的约定与相关法律的规定，并根据保险事故的实际情况，核定和计算应向被保险人赔付的金额，赔款理算应做到项目齐全、计算准确。然后送交核赔人员审查。

（5）赔付结案 经由核赔人员审查无误后，理赔人员填发《赔款通知书》，保险公司财会部门向被保险人支付赔款。保险公司对所有与案件理赔相关的单证进行整理、装订、登记、归档。至此，理赔案件结案完成。

交通事故发生后，首先由保险公司在交强险责任限额范围内予以赔偿。超过交强险责任限额的部分，如果车主投保有商业保险，则保险公司按照商业保险合同内容进行理赔。超出商业保险的部分，则由车主个人承担。

习　题

8-1　我国汽车消费信贷主要有哪三种模式？
8-2　我国汽车消费担保贷款有哪几种类型？
8-3　为什么国家要规定机动车必须投保机动车交强险？
8-4　汽车商业保险有哪些常用险种？
8-5　保险车辆发生事故后，理赔的一般流程是什么？

第九章

汽车驾驶考试与交通信号

第一节 汽车驾驶简介

汽车驾驶是指汽车在驾驶人的操纵下，利用汽车的功能，适应各种道路和交通条件的操作。汽车驾驶具体包括汽车的起步、停车、换档、制动、转向和掉头等。

汽车分为普通变速器汽车和自动变速器汽车两大类，由于两类汽车变速器的变速原理不同，驾驶室内的操纵件有所不同，其操纵方法差别也很大。操纵件主要有转向盘、离合器踏板、制动踏板、加速踏板、变速杆、驻车制动器操纵杆及各种开关等。普通变速器汽车驾驶室内的操纵件如图9-1所示，自动变速器汽车驾驶室内的操纵件如图9-2所示。

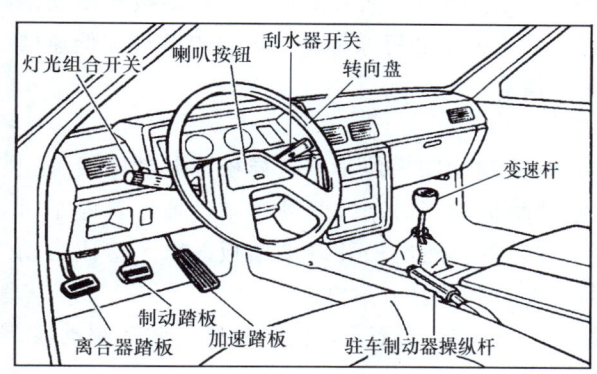

图9-1 普通变速器汽车的驾驶室

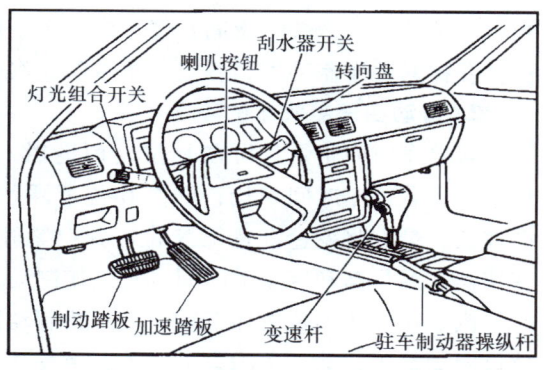

图9-2 自动变速器汽车的驾驶室

一、汽车的起动和起步

汽车由静止（发动机停转或怠速）状态逐渐起步到一定速度的状态称为起步驾驶。该操作主要包括发动机的起动和汽车的起步。

1. 发动机的起动

现代汽车发动机均采用起动机起动。由于起动机工作电流大、发热量大，为了防止蓄电池大量放电而损坏蓄电池和起动机，起动时每次不得超过5s，再次使用间隔不得少于15s。

对于普通变速器汽车，起动发动机时，应将变速杆置于空档位置，驻车制动器处于拉紧位置；对于自动变速器汽车，起动发动机时，应将变速杆置于P位（驻车）或N位（空档），驻车制动器处于拉紧位置。

对于装有电控汽油喷射式发动机的汽车，电控单元可根据发动机的状态（水温、环境温度等）自动调整可燃混合气的浓度，一般只需控制点火开关，按常规操作即可方便起动发动机。

2. 汽车的起步

普通变速器汽车起步的步骤为：

1）踩下离合器踏板，将变速杆推入一档或二档。

2）松开驻车制动器（将驻车制动器操纵杆压下放松）。

3）慢慢放松离合器踏板，同时平稳地踩下加速踏板。当离合器主动盘与从动盘开始接触时，离合器踏板应在这个位置稍停一下，待汽车缓慢而平稳地运动时，离合器踏板即可完全放松。

自动变速器汽车起步的步骤为：

汽车起步时应先踩下制动踏板，将变速杆置于选定的档位，松开驻车制动器，然后平稳地抬起制动踏板，待汽车缓慢起步后再逐渐踩下加速踏板。

二、停车

1. 普通变速器汽车的停车步骤

踩下离合器踏板，同时平稳地踩下制动踏板，使汽车停得平稳而正直。车停稳后拉紧驻车制动器（将驻车制动器操纵杆向上拉紧），挂上低速档位，然后放松离合器踏板和制动踏板，并关闭点火开关。夜间暂停车应开放小灯，防止来车和行人撞上。坡道停车应挂低速档位，并拉紧驻车制动器，塞上三角木防止汽车下滑。

2. 自动变速器汽车的停车步骤

若停车时间很短，可在 D 位（前进档）下踩住制动踏板停车，这样松开制动踏板可立即起步；若停车时间稍长，可在 D 位下踩住制动踏板的同时，拉紧驻车制动器；若停车时间较长，最好将变速杆置于 N 位，并拉紧驻车制动器，然后松开制动踏板，以免造成自动变速器油温过高和因制动时间过长而使制动灯消耗过多的蓄电池电能。

汽车在停放的位置停下后，应踩住制动踏板，将变速杆置于 P 位，并拉紧驻车制动器，放松制动踏板，然后关闭点火开关，使发动机熄火。

三、换档

改变汽车行驶的速度和牵引力主要靠节气门和变换档位，换档的操作是加速踏板、离合器踏板（自动变速器汽车无此踏板）和变速杆三个操纵件密切配合的过程。

1. 普通变速器汽车的换档步骤

1）加档。加档前，平稳地踩下加速踏板，逐渐提高车速；当速度适合换入高一级档位时，立即放松加速踏板，同时踩下离合器踏板，将变速杆移至空档，随即松抬离合器踏板后再踩下离合器踏板；然后迅速将变速杆推入高一级档位；最后在放松离合器踏板的同时踩下加速踏板加油。

2）减档。在放松加速踏板的同时踩下离合器踏板，将变速杆移至空档；再抬起离合器踏板，根据车速快慢适当加一下空油（车速快，加油多；车速慢，加油少）；随后迅速踩下离合器踏板，将变速杆推入低一级的档位；最后，在放松离合器踏板的同时踩下加速踏板加油。

2. 自动变速器汽车的换档步骤

变速杆位于 D 位时，加大或减小节气门，变速器会在一档、二档和三档中自动换档（若变速杆位于 2 位，变速器会在一档和二档中自动换档），以满足发动机工作在最佳转速范围的要求。

在行驶中，根据道路情况，需要改变变速器的自动换档范围时，可通过变速杆选档。选档时应当注意，在汽车高速行驶的情况下不应将变速杆从 D 位换入 2 位（二档）或 L 位（一档）。这样会引起发动机强烈的制动作用，使低档换档执行元件受到较剧烈的摩擦而损坏。应当在车速下降以后再从高档位换入低档位。另外，在换入低档位后，不要猛踩加速踏板，否则容易使发动机的转速过高，造成自动变速器中的摩擦片磨损加剧和自动变速器油温过高。

四、转向

汽车转向时，应根据道路和交通情况在离路口前约 50~100m 处发出转向信号，并减低车速，鸣喇叭，靠右行驶，徐徐转动转向盘，沿规定的路线行驶；待汽车行驶到车头接近新方向时，把转向盘回正。

五、掉头

汽车掉头时，可能要进行几次前进、后退，才能把车头调过 180°。

1）前进方式掉头。用低速靠边行驶，当车头接近掉头地点时，向另一边迅速把转向盘转到底，将汽车驶向路的另一边，待前轮接近路边时，迅速回转转向盘并停车。

2）倒车方式掉头。从车门或车窗观察后倒路线情况，起步后迅速转动转向盘（需要车尾往哪边去，就往那一边转动），待后轮接近路边时，迅速回转转向盘并停车。

普通变速器汽车倒车时应挂入倒档，挂入倒档时汽车可以处于缓慢前行或停止状态。自动变速器汽车需要倒车时，应在汽车完全停稳后再将变速杆移至 R 位（倒档），否则会损坏自动变速器中的换档执行元件或停车锁止机构。

如果是在平坦的路面上倒车，松开制动踏板和驻车制动器后，以发动机的急速缓慢倒车即可，无需踩加速踏板。如果倒车中要越过台阶或其他障碍物，应缓慢踩下加速踏板，并在越过障碍物后及时制动。如果进行一次前进或后退还不能掉头，可按上述方法多做几次前进、后退。

六、制动

汽车在行驶中常受到地形和交通情况的限制，需要减速或停车，以保证行车安全。

1. 预见性制动

放松加速踏板，利用发动机的牵阻作用降速，以减轻制动器的负荷，使车辆免受冲击和振动，必要时轻踩制动踏板使汽车平缓地减速停车。

2. 紧急制动

遇到突发的情况时，为避免事故，应采取紧急制动，使车辆立即停止。方法是：掌握好转向盘，迅速放松加速踏板，急踩制动踏板，同时拉紧驻车制动器。紧急制动时，传统汽车容易出现侧滑、甩尾和失去转向能力等现象，从而造成交通事故；而装有 ABS 的汽车，驾驶人只需将制动踏板一脚踩到底，汽车会在最短的距离内停止，同时驾驶人仍能操纵转向盘改变汽车的行驶方向，可有效防止制动时侧滑、甩尾的发生，提高行车安全。

第二节　汽车驾驶考试

根据 2025 年 1 月 1 日起实施的《机动车驾驶证申领和使用规定》，驾驶机动车，应当依法取得机动车驾驶证。申请机动车驾驶证，应当符合国务院公安部门规定的驾驶许可条件；经考试合格后，由公安机关交通管理部门发给相应类别的机动车驾驶证。不同的驾驶证准许驾驶的车型是不同的，准驾车型及代号见表 9-1。

表 9-1　准驾车型及代号

准驾车型	代号	准驾的车辆	准予驾驶的其他准驾车型
大型客车	A1	大型载客汽车	A3、B1、B2、C1、C2、C3、C4、M
重型牵引挂车	A2	总质量大于 4500kg 的汽车列车	B1、B2、C1、C2、C3、C4、C6、M
城市公交车	A3	核载 10 人以上的城市公共汽车	C1、C2、C3、C4
中型客车	B1	中型载客汽车（含核载 10 人以上、19 人以下的城市公共汽车）	C1、C2、C3、C4、M
大型货车	B2	重型、中型载货汽车；重型、中型专项作业车	
小型汽车	C1	小型、微型载客汽车以及轻型、微型载货汽车；轻型、微型专项作业车	C2、C3、C4
小型自动档汽车	C2	小型、微型自动档载客汽车以及轻型、微型自动档载货汽车；轻型微型自动档专项作业车；上肢残疾人专用小型自动档载客汽车	
低速载货汽车	C3	低速载货汽车	C4
三轮汽车	C4	三轮汽车	
残疾人专用小型自动档载客汽车	C5	残疾人专用小型、微型自动档载客汽车（只允许上肢、右下肢或者双下肢残疾人驾驶）	
轻型牵引挂车	C6	总质量小于（不包含等于）4500kg 的汽车列车	
普通三轮摩托车	D	发动机排量大于 50mL 或者最大设计车速大于 50km/h 的三轮摩托车	E、F
普通二轮摩托车	E	发动机排量大于 50mL 或者最大设计车速大于 50km/h 的二轮摩托车	F
轻便摩托车	F	发动机排量小于等于 50mL，最大设计车速小于等于 50km/h 的摩托车	
轮式专用机械车	M	轮式专用机械车	
无轨电车	N	无轨电车	
有轨电车	P	有轨电车	

机动车驾驶人考试内容分为道路交通安全法律、法规和相关知识考试科目（简称科目一）、场地驾驶技能考试科目（简称科目二）、道路驾驶技能和安全文明驾驶常识考试科目（简称科目三）。考试内容和合格标准全国统一，根据不同准驾车型规定相应的考试项目。

第九章 汽车驾驶考试与交通信号

一、科目一考试

科目一考试内容包括：驾驶证和机动车管理规定；道路通行条件及通行规定；道路交通安全违法行为及处罚；道路交通事故处理相关规定；机动车基础知识；地方性法规；大中型客货车制动系统与安全装置知识；轮式专用机械车、有轨电车、无轨电车专用知识。

合格标准：科目一考试满分为100分，成绩达到90分的为合格。

二、科目二考试

科目二考试内容与驾驶的车型有关。

大型客车、重型牵引挂车、城市公交车、中型客车、大型货车准驾车型的考试内容应包括：桩考、坡道定点停车和起步、侧方停车、通过单边桥、曲线行驶、直角转弯、通过限宽门、窄路掉头、模拟高速公路行驶、模拟连续急弯山区路行驶、模拟隧道行驶、模拟雨（雾）天行驶、模拟湿滑路行驶、模拟紧急情况处置。

小型汽车、低速载货汽车准驾车型的考试内容应包括：倒车入库、坡道定点停车和起步、侧方停车、曲线行驶、直角转弯。

小型自动档汽车、残疾人专用小型自动档载客汽车准驾车型的考试内容应包括：倒车入库、侧方停车、曲线行驶、直角转弯。

轻型牵引挂车准驾车型的考试内容应包括：桩考、曲线行驶、直角转弯。

三轮汽车、普通三轮摩托车、普通二轮摩托车和轻便摩托车准驾车型的考试内容应包括：桩考、坡道定点停车和起步、通过单边桥。

轮式专用机械车、无轨电车、有轨电车准驾车型的考试内容应按省级公安机关交通管理部门规定执行。

合格标准：科目二考试满分为100分，考试大型客车、重型牵引挂车、城市公交车、中型客车、大型货车、轻型牵引挂车准驾车型的，成绩达到90分的为合格，其他准驾车型的成绩达到80分的为合格。

下面仅介绍小型汽车、低速载货汽车的考试内容，即：倒车入库、坡道定点停车和起步、侧方停车、曲线行驶、直角转弯。

1. 倒车入库

倒车入库主要考核驾驶人基本动作的掌握程度，驾驶人的目测能力，以及对转向盘、制动器、离合器操纵控制的熟练程度等。

1）考试车辆运行路线（见图9-3）。对于小型载客汽车，库长为车长加0.7m，库宽为2.3m，车道宽为6.7m，距离 d 为6.7m。

2）操作要求。从道路一端控制线（两个前轮触地点在控制线以外）倒入车库停车，再前进出库向另一端控制线行驶，待两个前轮触地点均驶过控制线后，倒入车库停车，前进驶出车库，回到起始点。考试过程中，车身不得超出道路边缘线或库位边线，车辆进退途中不应停车。项目完成时间不应超过3.5min。

2. 坡道定点停车和起步

坡道定点停车和起步主要考核驾驶人在上坡路段驾驶车辆的能力，正确地在固定地点靠边停稳车辆，正确使用制动、档位和离合器，以适应在上坡路段停车和起步的需要。

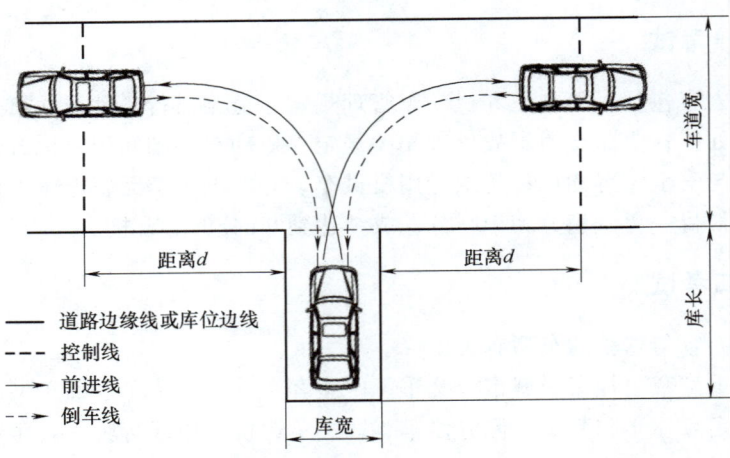

图 9-3　汽车倒车入库

1）考试车辆运行路线（见图 9-4）。对于小型载客汽车，坡道长≥20m，坡度≥10%，车道宽≥3.2m，停车桩杆线与坡底距离≥1.5 倍车长，停车桩杆线线宽 b_2 为 0.3m，停车控制线到停车桩杆线边缘距离 d 为 0.5m。

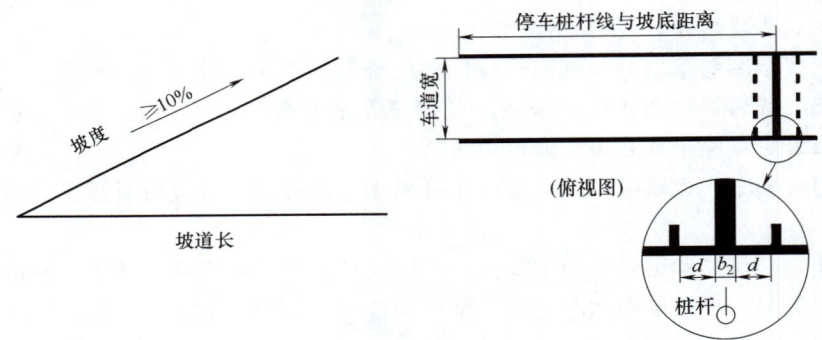

图 9-4　汽车坡道定点停车和起步

2）操作要求。控制车辆准确停车，平稳起步。行驶过程中，车轮不应触轧道路边缘线；停车时，汽车前保险杠应位于桩杆线上，车身距离右侧道路边缘线距离不应超过 30cm；起步时，车辆不应后溜。起步时间不应超过 30s。

3. 侧方停车

侧方停车主要考核驾驶人掌握将整车正确停于路右车位（库）中的技能，以适应日常驾驶中临时停车的需要。

1）考试车辆运行路线（见图 9-5）。对于小型载客汽车，库长为 1.5 倍车长加 1.0m，库宽为 2.5m，车道宽为 3.4m，长度 L_1≥4.5m，长度 L_2≥1.0m。

2）操作要求。车辆在库前方一次倒车入库，中途不得停车，车轮不触轧车道边线，车身不触碰库位边线。再前进向左前方出库，出库前应开启左转向灯，出库过程中车轮不触轧车道边线，车身不触碰库位边线，出库后关闭转向灯。项目完成时间不得超过 1.5min。

4. 曲线行驶

曲线行驶主要考核驾驶人操纵转向、控制车辆曲线行驶的能力。

第九章　汽车驾驶考试与交通信号

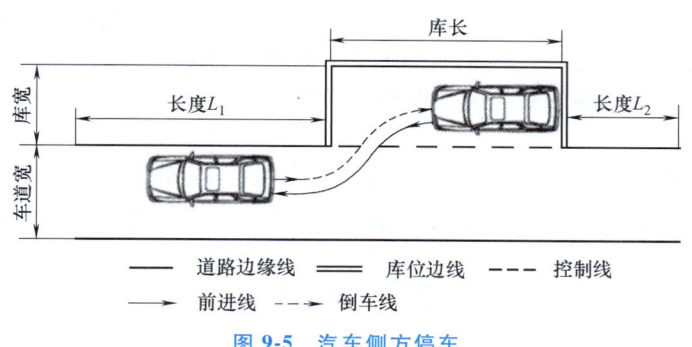

图 9-5　汽车侧方停车

1）考试车辆运行路线（见图 9-6）。对于小型载客汽车，路宽为 3.5m，半径为 7.5m。

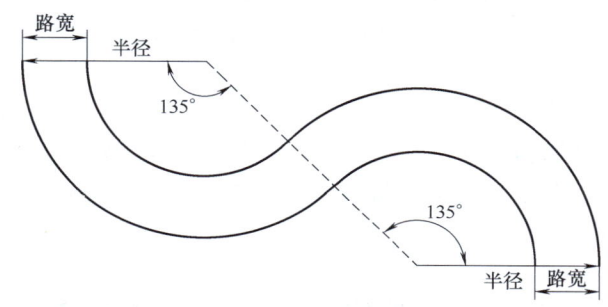

图 9-6　汽车曲线行驶

2）操作要求。驾驶车辆以二档（含）以上档位从弯道的一端前进驶入，从另一端驶出。行驶中转向、速度平稳。中途不得停车，车轮不得碰轧车道边线。

5. 直角转弯

直角转弯主要考核驾驶人在急转弯路段能迅速运用方向并对车辆内、外轮差距进行正确判断。

1）考试车辆运行路线（见图 9-7）。对于小型载客汽车，路长≥6.8m，路宽为 3.6m。

2）操作要求。驾驶车辆按规定的线路行驶，由左向右或由右向左直角转弯，一次通过，中间不得停车，车轮不得碰轧车道边线。转弯前，应开启转向灯，完成转弯后，关闭转向灯。

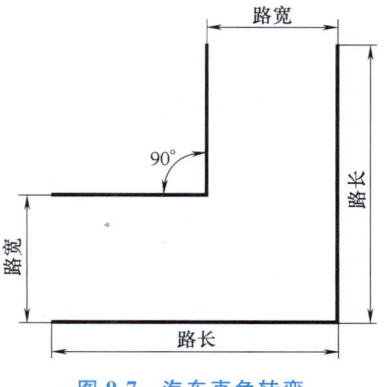

图 9-7　汽车直角转弯

三、科目三考试

科目三考试包括道路驾驶技能考试和安全文明驾驶常识考试两方面的内容。

道路驾驶技能考试内容包括：上车准备、起步、直线行驶、加减档位操作、变更车道、靠边停车、直行通过路口、路口左转弯、路口右转弯、通过人行横道线、通过学校区域、通过公共汽车站、会车、超车、掉头、模拟夜间灯光使用或夜间行驶。

安全文明驾驶常识考试的试题内容包括：安全行车常识，文明行车常识，道路交通信号在交通场景中的综合应用，恶劣气象和复杂道路条件下安全驾驶知识，紧急情况下避险常识，防范次生事故处置与伤员急救知识，典型事故案例分析。

合格标准： 科目三道路驾驶技能和安全文明驾驶常识考试满分分别为 100 分，成绩分别达到 90 分的为合格。

考试顺序按照科目一、科目二、科目三依次进行，前一科目考试合格后，方准参加后一科目的考试。科目三道路驾驶技能考试合格后，方准参加安全文明驾驶常识考试。

第三节 交 通 信 号

交通信号是对车辆、行人发出可以前进、停止或者转弯信息的特定信号。它可以合理地限制和科学地组织车流，减少相互间的干扰和妨碍，提高道路通行能力，保障安全和畅通。交通信号分为交通信号灯、交通警察的指挥、交通标志和交通标线。

一、交通信号灯

我国的交通信号灯采用红、黄、绿三种光色。交通信号灯分为：机动车信号灯、非机动车信号灯、人行横道信号灯、车道信号灯、闪光警告信号灯、方向指示信号灯（箭头信号灯）以及道路与铁路平交道口信号灯。

1. 机动车信号灯

1）绿灯亮时，准许车辆通行，但转弯的车辆不得妨碍被放行的直行车辆和行人通行。
2）黄灯亮时，已越过停止线的车辆可以继续通行。
3）红灯亮时，禁止车辆通行。右转弯车辆在不妨碍被放行车辆和行人通行的情况下可以通行。

在未设置非机动车信号灯和人行横道信号灯的路口，非机动车和行人应当按照机动车信号灯的指示通行。

2. 人行横道信号灯

绿灯亮时，准许行人通过人行横道；红灯亮时，禁止行人进入人行横道，但是已经进入人行横道的，可以继续通过或者在道路中心线处停留等候。

3. 车道信号灯

车道信号灯分为绿色箭头灯和红色叉形灯。绿色箭头灯亮时，准许本车道车辆按指示方向通行；红色叉形灯或红色箭头灯亮时，禁止本车道车辆通行。

4. 闪光警告信号灯

持续闪烁的黄灯为闪光警告信号灯，提示车辆、行人须在确保安全的原则下通行。

5. 方向指示信号灯

方向指示信号灯的箭头方向向左、向上、向右分别表示左转、直行、右转。

6. 道路与铁路平交道口信号灯

道路与铁路平交道口有两个红灯交替闪烁或者一个红灯亮时，禁止车辆、行人通行；红灯熄灭时，允许车辆、行人通行。

二、交通警察的指挥

交通警察的指挥分为手势信号和使用器具的交通指挥信号，这里仅介绍手势信号。交通

第九章 汽车驾驶考试与交通信号

警察手势信号有停止信号、直行信号、左转弯信号、左转弯待转信号、右转弯信号、变道信号、减速慢行信号、示意车辆靠边停车信号共8种。下面简单介绍其中的停止信号、直行信号和左转弯信号（见图9-8）。

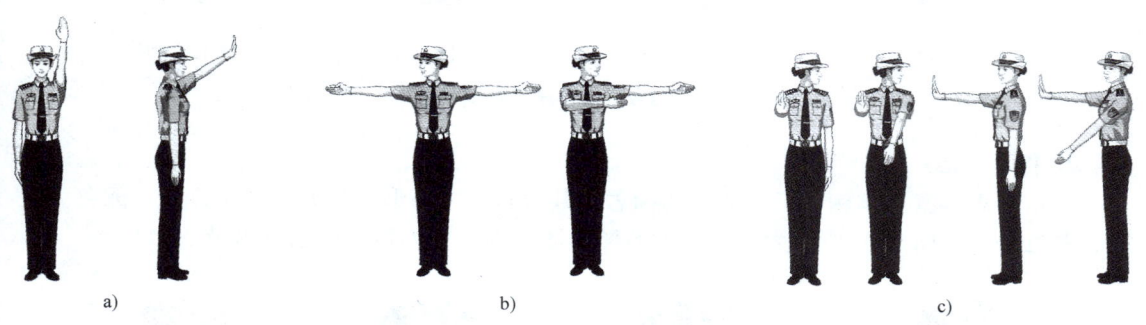

图 9-8　手势信号示意图
a）停止信号　b）直行信号　c）左转弯信号

1. 停止信号

左臂由前向上直伸与身体呈135°，手掌向前与身体平行，五指并拢，面部及目光平视前方。停止信号示意不准前方车辆通行，但已越过停车线的车辆可继续通行，如图9-8a所示。

2. 直行信号

左臂向左平伸与身体呈90°，手掌向前，五指并拢，面部及目光同时转向左方45°；右臂向右平伸与身体呈90°，手掌向前，五指并拢，面部及目光同时转向右方45°。右臂水平向左摆动与身体呈90°，手掌向内，小臂与胸平行，面部及目光同时转向左方45°。直行信号示意准许右方直行的车辆通行，如图9-8b所示。

3. 左转弯信号

右臂向前平伸与身体呈90°，掌心向前，手掌与手臂夹角不小于60°，五指并拢，面部及目光同时转向左方45°；左臂与手掌平直向右前方摆动，手臂与身体呈45°，掌心向右。左转弯信号示意准许车辆左转弯，如图9-8c所示。

三、交通标志

道路交通标志是用图形符号、颜色和文字向驾驶人和行人传递特定信息，用以管理和引导交通的设施，车辆和行人必须遵守交通标志和交通标线的规定，从而保障道路畅通和交通安全。《道路交通标志和标线　第2部分：道路交通标志》（GB 5768.2—2022）按作用分类，分为主标志和辅助标志两大类。主标志包括：禁令标志，指示标志、警告标志、指路标志、旅游标志、告示标志。辅助标志设在主标志下方，是对其进行辅助说明的标志。下面介绍其中的禁令标志、指示标志、警告标志、指路标志和辅助标志。

1. 禁令标志

禁令标志是禁止或限制车辆、行人交通行为的标志。其颜色除个别标志外，均为白底、红圈、红杠、黑色图案。形状分为圆形、八角形、顶角向下的等边三角形。图9-9所示为禁令标志的黑白图举例。彩色禁令标志见附录A。

149

禁止载货汽车驶入　　禁止畜力车进入　　禁止向左转弯　　禁止鸣喇叭

图 9-9　禁令标志举例

2. 指示标志

指示标志是指示车辆、行人通行的标志。其形状分为圆形、长方形和正方形，颜色为蓝底、白色图案。图 9-10 所示为指示标志的黑白图举例。彩色指示标志见附录 A。

直行和向右转弯　　分隔带左侧行驶　　鸣喇叭　　最低限速

图 9-10　指示标志举例

3. 警告标志

警告标志的作用是警告车辆、行人注意危险地点。其形状为等边三角形、顶角向上，颜色为黄底、黑边、黑色图案。图 9-11 所示为警告标志的黑白图举例。彩色警告标志见附录 A。

交叉路口　　交叉路口　　向左急变路　　反向弯路

图 9-11　警告标志举例

4. 指路标志

指路标志是传递道路方向、地点、距离信息的标志。其形状一般为长方形和正方形。一般道路的指路标志为蓝底、白色图案；高速公路的指路标志为绿底、白色图案。图 9-12 所示为指路标志的黑白图举例。彩色指路标志见附录 A。

港湾式紧急停车带　　入口预告　　无障碍设施　　停车场

图 9-12　指路标志举例

5. 辅助标志

辅助标志是设在主标志下，对主标志起辅助说明作用的标志。其形状为长方形。颜色为白底、黑字、黑色边框，如图 9-13 所示。

距离范围　　　　　　　塌方　　　　　　　组合辅助标志

图 9-13　辅助标志举例

四、交通标线

道路交通标线是由路面标线、箭头、文字、立面标记、凸起路标和路边线轮廓等所构成的交通安全设施。道路交通标线分为指示标线、禁止标线和警告标线三类，它的作用是管制和引导交通。其颜色除个别外，一般为白色或黄色。图 9-14 所示为交通标线的黑白图举例。彩色交通标线见附录 A。

人行横道线　　　　　　左转弯导向线　　　　　　车行道分界线

图 9-14　交通标线举例

习　题

9-1　驾驶人考试分为哪三个科目？
9-2　小型汽车科目二考试有哪几个项目？
9-3　道路交通标志分为哪几类？分别采用什么颜色？
9-4　道路交通标线分为哪几类？一般采用什么颜色？

第十章

著名汽车公司及其车标

世界著名的汽车公司有：通用、福特、克莱斯勒、大众、戴姆勒-奔驰、宝马、丰田、日产、本田、标致、雷诺、法拉利、菲亚特等汽车公司。

车标是随着汽车生产和销售的发展而产生的。车标是汽车的标志，它装饰在汽车头部和明显部位上，光彩夺目，向人们展示着公司和汽车辉煌的历史。

第一节　美国著名汽车公司及其车标

早期美国的汽车工业落后于法国、德国等国家，从1906年起，美国成为世界汽车产量最多的国家。1929年美国汽车产量达到534万辆，汽车保有量占世界的90%以上。在美国的汽车公司中，通用汽车公司、福特汽车公司和克莱斯勒汽车公司垄断了该国90%以上的汽车生产。之前美国汽车年产量一直位居世界第一，现已被中国、日本超过，成为世界第三大汽车生产国。

下面分别介绍通用汽车公司、福特汽车公司和克莱斯勒汽车公司。

一、通用汽车公司

威廉·杜兰特（William Durant）于1908年成立了通用汽车公司，公司总部设在美国密歇根州底特律市。通用汽车公司是由多家汽车公司组合而成的股份有限公司。1923年阿尔弗雷德·斯隆接管公司后，对公司进行了全面的改组整顿，使得通用汽车公司的市场占有率从1921年的12%增加到1941年的44%，汽车产量在1928年超过福特汽车公司，成为世界最大的汽车公司。此后一直居世界各汽车公司之首。

通用汽车公司标志"GM"取自通用汽车公司（General Motor Corporation）的英文名称。各车型的车标都采用了通用公司下属各汽车分部的标志。图10-1所示为通用汽车公司创始人威廉·杜兰特和通用公司标志，图10-2所示为1919年建造的当时世界上最大的办公大楼——通用汽车大厦。

通用汽车公司在美国本土进行汽车生产的有九个分部，分别是：凯迪拉克（Cadillac）分部、别克（Buick）分部、雪佛兰（Chevrolet）分部、奥兹莫比尔（Oldsmobile）分部、旁蒂克（Pontiac）分部、土星（Saturn）分部、吉姆西（GMC）分部、吉喔（GEO）分部和悍马（HUMMFR）分部。在国外还有一些子公司和合资公司，如欧宝（Opel）、萨博（SAAB）、大宇（Daewoo）、沃克斯豪尔（Vauxhall）、富士重工（FHI）、五十铃（Isuzu）、霍顿（Holden）等汽车公司。

2008年，受金融危机影响，通用汽车公司陷入困境，2009年，通用汽车公司申请破产保护，之后重组成立新通用汽车公司，仍使用原有标志，只保留"凯迪拉克""别克""雪

第十章　著名汽车公司及其车标

图 10-1　威廉·杜兰特和通用公司标志

图 10-2　1919 年建造的通用汽车大厦

佛兰"和"吉姆西"四个核心汽车品牌。

下面仅介绍凯迪拉克分部、别克分部和雪佛兰分部。

1. 凯迪拉克分部

凯迪拉克（Cadillac）分部的前身是底特律汽车公司，是亨利·福特与其他投资人共同创建的。1902 年，福特离开公司，另求发展。该公司的投资人聘请亨利·利兰德（Henry Leland）主持汽车生产，利兰德出任公司总经理，并将公司更名为凯迪拉克汽车公司，专门生产豪华轿车。取名凯迪拉克是为了纪念底特律市的创建者法国人安东尼·凯迪拉克。1909 年，凯迪拉克汽车公司并入通用汽车公司，成为通用汽车公司生产豪华轿车和跑车的分部，其产品是通用汽车公司最高档次的汽车，也是多位美国总统的座驾。图 10-3 所示为亨利·利兰德和早年的凯迪拉克汽车。

图 10-3　亨利·利兰德和早年的凯迪拉克汽车

早期的凯迪拉克汽车车标是凯迪拉克家族在古代战争中所使用的"冠"和"盾"形图案，冠上的珍珠显示了皇家贵族的尊贵血统，盾象征着凯迪拉克军队的英勇。后来在冠和盾周围增加了郁金香花瓣构成的花环。从 1999 年开始，凯迪拉克汽车改用新车标，以铂金颜色为底色，去掉了花冠和珍珠，车标更加简洁、高贵和气派。图 10-4 所示为凯迪拉克汽车车标的演变。

  a)   b)   c)   d)

图 10-4 凯迪拉克汽车车标的演变

a）1925 年 b）1959 年 c）1982 年 d）1999 年

2. 别克分部

  别克（Buick）汽车公司创建于 1903 年，创始人是大卫·别克（David Buick）。后来由于经营不善，工厂负债累累，1904 年，威廉·杜兰特资助并控制了别克汽车公司，使公司兴旺起来。1908 年，威廉·杜兰特以别克汽车公司为核心成立了通用汽车公司。图 10-5 所示为大卫·别克和 1905 年的别克 C 型汽车。

图 10-5 大卫·别克和 1905 年的别克 C 型汽车

  别克汽车使用别克家族的家徽作为车标，别克家族的家徽是一个红色盾形标志，上有斜向布置的带状格子图案（图 10-6a）。到了 1975 年，别克车标改为一只展翅的鹰位于别克字样之上的图案（图 10-6c）。2002 年，别克车标图案更加简洁（图 10-6e），盾牌由低到高排列，给人一种积极进取、不断攀登的感觉。

 a)   b)   c)   d)   e)

图 10-6 别克汽车车标的演变

a）1942 年 b）1959 年 c）1975 年 d）1990 年 e）2002 年

3. 雪佛兰分部

  1910 年，由于通用汽车公司的股东之间矛盾激化，威廉·杜兰特被迫辞去总经理职务，离开了通用汽车公司。1911 年，杜兰特与移居美国的瑞士赛车手、工程师路易斯·雪佛兰

(Louis Chevrolet）合建雪佛兰（Chevrolet）汽车公司。雪佛兰希望公司生产高性能的跑车，而杜兰特主张生产大众化的汽车，由于两人的经营理念不同，无法取得一致，1914年雪佛兰离开了自己的公司。在商业奇才杜兰特的经营下，雪佛兰汽车发展迅速，很快成为美国的著名汽车品牌。1918年杜兰特重新领导通用汽车公司，将雪佛兰汽车公司并入通用汽车公司，此后雪佛兰分部一直是通用汽车公司最大的分部，主要生产经济型车及中、高级跑车。图10-7所示为路易斯·雪佛兰与第一辆雪佛兰汽车。

图10-7 路易斯·雪佛兰与第一辆雪佛兰汽车

雪佛兰汽车车标是经图案化的蝴蝶领结，象征着雪佛兰汽车的大方、气派和风度，如图10-8a、b所示。雪佛兰分部生产的高级运动车的车标如图10-8c所示。

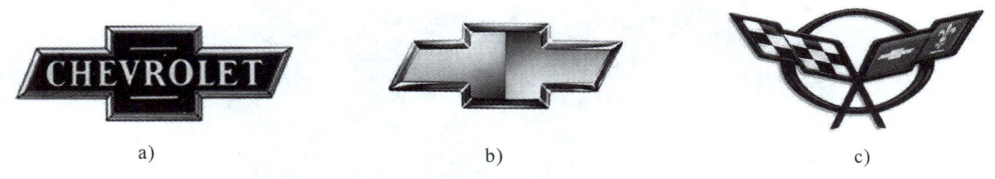

a)　　　　　　　　　　　b)　　　　　　　　　　　c)

图10-8 雪佛兰汽车车标

a) 早期的车标　b) 现在的车标　c) 运动车的车标

二、福特汽车公司

亨利·福特（Henry Ford）于1903年在美国密歇根州迪尔伯恩创建福特汽车公司。1908年，福特汽车公司生产出世界第一辆属于普通百姓的T型汽车（见图10-9），1913年福特汽车公司又开发出了世界上第一条汽车装配流水线（见图10-10），到1927年T型车累计产量已超过1500万辆。福特汽车公司早期是世界最大的汽车公司，现在是世界十大汽车公司之一。

福特汽车公司在美国本土拥有福特分部和林肯-水星分部，在国外的较大分公司有英国福特汽车公司和德国福特汽车公司，其他子公司和合资公司有英国的阿斯顿·马丁汽车公司、捷豹汽车公司和路虎汽车公司，日本的马自达汽车公司，瑞典的沃尔沃汽车公司等。此外，福特汽车公司还拥有汽车信贷、汽车租赁等业务。

福特汽车公司拥有福特（Ford）、林肯（Lincoln）、水星（Mercury）、阿斯顿·马丁（Aston Martin）、捷豹（Jaguar）、马自达（Mazda）、路虎（Land Rover）、沃尔沃（Volvo）等汽车品牌。

图 10-9　1908 年生产的福特 T 型汽车

图 10-10　福特汽车装配流水线

近年来，福特汽车公司调整产品结构，制定"一个福特"的战略，将以往收购的阿斯顿·马丁、捷豹、路虎、沃尔沃等品牌纷纷卖出，进一步加强福特自有品牌的竞争实力。

下面仅介绍福特分部和林肯分部。

1. 福特分部

福特分部主要生产福特牌汽车。

福特汽车车标采用蓝底白字的福特英文"Ford"字样，形似奔跑的小白兔形象，犹如在大自然中，有一只活泼可爱的小白兔正在向前飞奔，象征福特汽车飞奔世界各地。福特汽车车标的演变如图 10-11 所示。

2. 林肯分部

第一次世界大战爆发时，亨利·利兰德组织通用旗下的凯迪拉克汽车公司出色的工程师，成立了一家生产飞机发动机的公司，但是遭到通用公司总裁杜兰特的反对。为此，利兰

第十章 著名汽车公司及其车标

a) b) c) d)

图 10-11 福特汽车车标的演变

a) 1909 年 b) 1912 年 c) 1927 年 d) 1976 年

德离开凯迪拉克汽车公司，于 1917 年另创建林肯飞机发动机公司。利兰德用"林肯"作为公司名，是因为他对林肯总统非常敬仰。1922 年，公司被福特汽车公司收购，成为福特汽车公司林肯分部。1945 年，福特汽车公司将林肯分部和水星分部合并为林肯-水星分部，生产林肯和水星品牌汽车。林肯汽车是第一个以总统的名字命名，并为总统生产的汽车。历届美国总统如胡佛、罗斯福、杜鲁门、艾森豪威尔、肯尼迪、约翰逊、尼克松、福特、卡特、里根、布什和克林顿等都乘坐林肯牌轿车。图 10-12 所示为林肯牌总统座驾。

林肯汽车车标是由一颗闪闪发光的辰星和一个近似矩形的外框组成的图案，表示林肯总统是美国联邦统一和废除奴隶制度的启明星，如图 10-13 所示。左侧为早期林肯车标，右侧为林肯新车标。

图 10-12 林肯牌总统座驾　　　　图 10-13 林肯汽车车标

三、克莱斯勒汽车公司

1921 年，沃尔特·克莱斯勒（Watler Chrysler）受聘参与管理濒临破产的麦克斯韦尔（Maxwell）汽车公司。1925 年，克莱斯勒买下破产的麦克斯韦尔汽车公司，创建以自己的姓氏命名的克莱斯勒（Chrysler）汽车公司，公司总部设在美国密歇根州奥本山。克莱斯勒汽车公司有克莱斯勒、道奇、普利茅斯和吉普-鹰四个分部。在 20 世纪三四十年代成为美国第二大汽车公司，后来一直是美国第三大汽车公司。

1998 年，德国戴姆勒-奔驰汽车公司与克莱斯勒汽车公司结成联盟，成为戴姆勒-克莱斯勒汽车公司，2007 年，戴姆勒-克莱斯勒汽车公司分离解体。

2013 年，意大利菲亚特汽车公司收购了克莱斯勒汽车公司，更名为菲亚特克莱斯勒汽车公司。图 10-14 所示为沃尔特·克莱斯勒与第一辆克莱斯勒汽车。

克莱斯勒汽车公司拥有克莱斯勒（Chrysler）、道奇（Dodge）、普利茅斯（Plymouth）和吉普（Jeep）等汽车品牌。

下面仅介绍克莱斯勒分部、道奇分部和吉普-鹰分部。

1. 克莱斯勒分部

克莱斯勒分部主要生产克莱斯勒牌汽车。

克莱斯勒汽车车标的演变如图10-15所示。1951年克莱斯勒分部生产的汽车采用圆形金色徽章车标（见图10-15a），中间写有克莱斯勒（Chrysler）字样。1962年克莱斯勒公司开始使用"五角星"车标（见图10-15b），五角星车标像一枚勋章。从1997年开始，克莱斯勒汽车车标采用一个银色的飞翔标志（见图10-15c），中间为写有克莱斯勒的金色徽章，飞翔标志如同雄鹰展翅，自由翱翔。从2010年开始，银色的飞翔标志变得更为简洁、舒展（见图10-15d）。

图10-14 沃尔特·克莱斯勒与第一辆克莱斯勒汽车

  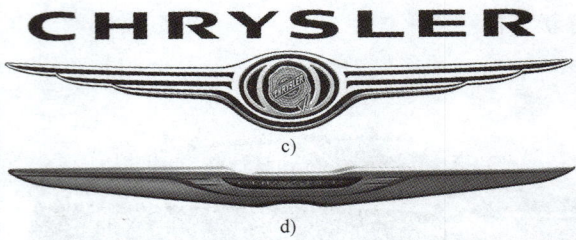

a) b) c) d)

图10-15 克莱斯勒汽车车标的演变

a) 1951年 b) 1962年 c) 1997年 d) 2010年

2. 道奇分部

1901年，道奇兄弟（约翰·道奇和霍瑞斯·道奇）公司开始生产汽车配件。1913年，道奇兄弟成立道奇（Dodge）汽车公司，并于1914年设计生产出他们的第一辆汽车。1920年，道奇兄弟先后去世，公司陷入瘫痪。1928年，道奇汽车公司被克莱斯勒汽车公司收购，成为克莱斯勒汽车公司的一个分部，主要生产中级轿车和运动型轿车。图10-16所示为道奇兄弟，图10-17所示为道奇公司1914年生产的汽车。

图10-16 约翰·道奇和霍瑞斯·道奇

图10-17 道奇公司1914年生产的汽车

道奇的公羊车标是一个五边形中有一个羊头形象,象征道奇汽车强壮彪悍,善于决斗,又表示道奇汽车朴实无华、美观大方,如图10-18a所示。道奇汽车公司生产的高级运动车采用蝰蛇车标,蝰蛇(Viper)是美国最凶猛的蛇种之一,如图10-18b所示。

图10-18　道奇汽车车标
a) 公羊车标　b) 蝰蛇车标

3. 吉普-鹰分部

1908年,约翰·威利斯(John Willys)买下了奥佛兰德汽车公司,更名为威利斯-奥佛兰德汽车公司,主要生产轻型越野汽车。

第二次世界大战期间,美国军方寻找一种通用功能的汽车,要求该车具有容易驾驶、重量轻、坚固、安全可靠、操纵灵活等特点。福特、班特、威利斯-奥佛兰德三家公司竞标。最终,威利斯-奥佛兰德汽车公司的车型得到了军方的认可,同时采用福特和班特车型的部分优点对该车型做了一些改进,从此,吉普车(Willys MB)开始了它辉煌的历程。图10-19所示为第二次世界大战时期的吉普车。

图10-19　第二次世界大战时期的吉普车

威利斯-奥佛兰德汽车公司于1970年被美国汽车公司(AMC)兼并,1987年,美国汽车公司又被克莱斯勒汽车公司收购,成立了吉普-鹰分部,生产吉普品牌和鹰品牌汽车。

吉普汽车车标如图10-20所示。吉普车的车名来源有几种说法:一种说法是取自军方招标的名称——通用功能汽车(General Purpose),英文简称G.P.,流传到士兵们嘴里变成了"Jeep";另一种较为流行的说法是"Jeep"来源于美国漫画家斯格的连环画中一种奇怪的动物,它的本领很大,无所不能,会发出"Jeep、Jeep"的怪叫,人们用"Jeep"来命名这种无所不能的轻型越野车,既形象又亲切。

图10-20　吉普汽车车标

第二节　日本著名汽车公司及其车标

日本是世界汽车生产大国,目前汽车年产量位居世界第二。日本有丰田、日产、本田、马自达、三菱、五十铃、富士重工、大发、铃木等汽车公司。

日本的汽车生产虽然比欧洲晚 30 多年，但其发展的速度令世界刮目相看。1941 年，汽车年产量为 5 万多辆，第二次世界大战结束时汽车年产量下降到几千辆。20 世纪 60 年代后，日本从国外引进技术，很快掌握了先进的生产和管理技术，并不断加以发展和提高，使汽车生产的质量、产量等都得到了提高，日本汽车以其"物美价廉"的优势源源不断地进入了世界市场。1967 年，日本超过德国成为第二大汽车生产国。1980 年，日本的汽车产量超过了多年处于冠军宝座的美国。直到 1993 年，才又被美国超过处于世界第二的位置。现在日本的汽车产量落后于中国，仍为世界第二大汽车生产国。

下面介绍丰田、日产、本田、马自达、三菱和铃木汽车公司。

一、丰田汽车公司

丰田（Toyota）汽车公司的前身是纺织机械制作所。1933 年，丰田喜一郎（Kiichiro Toyoda）在纺织机械制作所设立汽车部，1935 年研制成功丰田 G1 型载货汽车，1936 年制造出丰田 AA 型轿车，1937 年成立丰田汽车公司，公司总部设在爱知县丰田市。20 世纪 50 年代日本战后经济困难，丰田汽车公司穷则思变，创造了一套与众不同的生产经营管理模式——丰田生产方式，大大提高了工厂生产效率，并在 1980 年的世界年产量中排第一位。目前丰田汽车公司是日本最大的汽车公司，是世界第二大汽车公司。图 10-21 所示为创始人丰田喜一郎与 1936 年生产的丰田 AA 型轿车。

丰田汽车公司拥有丰田（Toyota）、雷克萨斯（Lexus）、赛恩（Scion）、大发（Daihatsu）、日野（Hino）等汽车品牌。下面介绍丰田、雷克萨斯和赛恩汽车车标。

丰田汽车公司及其车标用丰田喜一郎的英文名字（Toyoda），为了吉祥，采用"Toyota"的拼法。丰田汽车车标由三个椭圆构成，外边的大椭圆表示地球，大椭圆内的一个横向椭圆和一个纵向椭圆构成一个字母"T"，是丰田英文"Toyota"的第一个字母，代表丰田汽车公司，如图 10-22a 所示。

雷克萨斯（Lexus）（过去译为凌志）是丰田汽车公司的豪华轿车品牌，雷克萨斯汽车车标为椭圆造型，里面的字母"L"是雷克萨斯英文"Lexus"的第一个字母，如图 10-22b 所示。

赛恩（Scion）是丰田的第三个自有品牌，从英文名字上理解，有子孙、后代的意思。赛恩汽车车标如图 10-22c 所示。

图 10-21 丰田喜一郎与 1936 年生产的丰田 AA 型轿车

第十章 著名汽车公司及其车标

a) b) c)

图 10-22 丰田汽车公司的汽车车标

a）丰田汽车车标 b）雷克萨斯汽车车标 c）赛恩汽车车标

二、日产汽车公司

日产（Nissan）汽车公司的前身是汽车制造股份公司，于 1933 年由日本产业公司与户田铸造公司联合创建。1934 年更名为日产汽车公司，公司总部设在日本东京。日产汽车公司是日本第二大汽车公司，也是世界十大汽车公司之一。图 10-23 所示为日产的第一辆汽车。

1999 年，法国雷诺汽车公司购得日产汽车公司部分股份，组建雷诺-日产汽车联盟。

日产汽车车标中的圆表示太阳，象征东方的旭日，中间字母"NISSAN"是日产的英文名字。整个图案表明了日产汽车公司是日本的汽车公司，如图 10-24a、b 所示。英菲尼迪（Infiniti）（又译为无限）是日产汽车公司的豪华轿车品牌，由椭圆和两条相交直线构成，代表通往巅峰的道路。英菲尼迪车标如图 10-24c 所示。

图 10-23 日产的第一辆汽车

a) b) c)

图 10-24 日产汽车公司的汽车车标

a）日产旧汽车车标 b）日产新汽车车标 c）英菲尼迪汽车车标

三、本田汽车公司

本田（Honda）汽车公司的全称是本田技研工业株式会社，公司总部设在日本东京，于1946年由本田宗一郎（Soichiro Honda）创建。其前身是本田技术研究所，专门生产摩托车。1948年成立本田技研工业株式会社。1978年摩托车产量达3000多万辆，成为世界最大的摩托车生产厂之一。20世纪60年代初本田公司涉足汽车工业，很快成为既生产汽车又生产摩托车的大型公司。2014年，本田汽车公司的产量被日产汽车公司超过，成为日本第三大汽车公司，也是世界十大汽车公司之一。图10-25所示为创始人本田宗一郎与本田汽车。

图10-25　本田宗一郎与本田汽车

本田汽车车标中的"H"字母是本田英文"Honda"的第一个字母，"H"字母外边用方框围着，如图10-26a所示。阿库拉（Acura）（又译为讴歌）是本田汽车公司的豪华汽车品牌，阿库拉车标是英文字母"A"的变形，如图10-26b所示。

a)　　　　　　　　　　　　　　　b)

图10-26　本田汽车公司的汽车车标

a)本田汽车车标　b)阿库拉汽车车标

四、马自达汽车公司

马自达（Mazda）汽车公司的前身是东洋软木工业公司，1920年由松田重次郎（Jujiro Matsuda）创建。1931年开始生产三轮汽车，1960年开始生产汽车，1984年更名为马自达汽车公司，公司总部设在日本广岛。

马自达汽车公司是唯一一个将转子发动机汽车投入批量生产的汽车公司。转子发动机体积小、能量大的特点使得它与赛车结缘，装载着转子发动机的马自达赛车，曾经在勒芒耐力赛中获得显赫战绩。

创始人松田重次郎的英文名字"Matsuda"与"Mazda"读音相近，所以公司采用了"Mazda"这种拼法。1996年，美国福特公司购买马自达汽车公司的部分股份，马自达成为福特汽车公司的合资公司。图10-27所示为创始人松田重次郎与马自达RX-7跑车。

图10-27 松田重次郎与马自达RX-7跑车

马自达汽车车标的演变如图10-28所示。新的马自达汽车车标是椭圆中一对展翅飞翔的翅膀。

图10-28 马自达汽车车标的演变

a）1960年 b）1991年 c）1992年 d）1998年

五、三菱汽车公司

三菱（Mitsubishi）汽车公司的前身是日本高知县的九十九商会，创建于1870年。1872年更名为三菱商会，1917年生产出日本第一辆汽车，1935年生产出日本第一辆柴油机汽车。1970年，在三菱重工业公司和美国克莱斯勒汽车公司共同出资下，成立了三菱汽车股份有限公司，公司总部设在日本东京。三菱汽车公司是日本三菱集团的成员之一。图10-29所示为三菱公司1917年生产的A型汽车。

图10-29 三菱公司1917年生产的A型汽车

三菱汽车车标的三个菱形图案是创始人家族的徽号，是从几世纪前的三片树叶演变而成的，如图10-30所示。红色菱形车标表达了公司的三个原则：承担对社会的共同责任；诚实与公平；通过贸易促进国际谅解和合作。

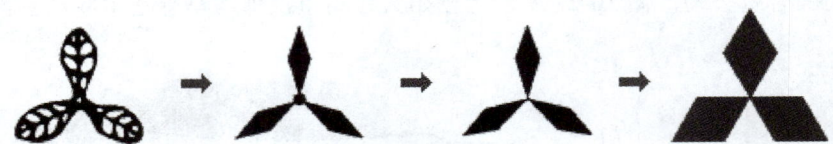

图 10-30　三菱汽车车标的演变

六、铃木汽车公司

铃木（Suzuki）汽车公司的前身是铃木织机制作所，创建于1909年，创始人是铃木道雄。1952年开始生产摩托车，1954年更名为铃木汽车有限公司，公司总部设在日本静冈县滨松市。

铃木汽车公司主要生产小型车和中小型越野车。作为家庭用车而深受日本人喜爱的铃木微型汽车，其销量一直居于日本国内首位，充分显示了铃木汽车公司在小排量汽车制造方面的雄厚实力。图10-31所示为创始人铃木道雄与1955年生产的第一辆铃木汽车。

铃木汽车车标图案中的"S"是铃木英文"Suzuki"的第一个字母，这种设计给人以力量的感觉，象征着发展中的铃木，如图10-32所示。

图 10-31　铃木道雄与1955年生产的第一辆铃木汽车　　图 10-32　铃木汽车车标

第三节　德国著名汽车公司及其车标

德国是最早发明和生产汽车的国家，世界上的第一台煤气内燃机、第一台汽油机、第一台柴油机、第一辆内燃机汽车都诞生在德国。在第二次世界大战中，德国汽车工业受到了严重破坏，但战后恢复迅速。到1956年，德国汽车产量达107万辆，排在美国后面，1967年被日本超过而排在第三位，2006年被中国超过。德国主要生产汽车的公司有大众汽车公司、戴姆勒-奔驰汽车公司及宝马汽车公司等。德国是世界第四大汽车生产国。

下面介绍大众汽车公司、戴姆勒-奔驰汽车公司、宝马汽车公司、保时捷汽车公司和欧宝汽车公司。

一、大众汽车公司

大众（Volks Wagen）汽车公司创建于1937年，创始人是著名的汽车设计大师费迪南德·波尔舍（Ferdinand Porsche），公司总部设在德国柏林。大众汽车公司取名"大众"，顾名思义是生产大众化的汽车。第二次世界大战使大众汽车公司成为废墟，战后大众汽车公司总部迁往德国沃尔夫斯堡。

公司创建初期生产波尔舍设计的"甲壳虫"汽车，到1981年"甲壳虫"汽车已生产了2000万辆。这一产量打破了福特T型车1500万辆的单产最高纪录。此后，大众汽车公司又推出高尔夫等畅销汽车品牌。

大众汽车公司于1964年收购了德国汽车联盟公司，1991年收购了西班牙的西亚特汽车公司和捷克的斯柯达汽车公司，1998年收购了意大利的布加迪、兰博基尼和英国的宾利等汽车公司。大众汽车公司是德国最大的汽车公司，是世界十大汽车公司之一。图10-33所示为创始人费迪南德·波尔舍与大众"甲壳虫"汽车。

大众汽车公司拥有大众（Volkswagen）、奥迪（Audi）、保时捷（Porsche）、西亚特（Seat）、斯柯达（Skoda）、布加迪（Bugatti）、兰博基尼（Lamborghini）、宾利（Bentley）和斯堪尼亚（Scania）等汽车品牌。下面介绍大众汽车车标和奥迪汽车车标。

图10-33　费迪南德·波尔舍与大众"甲壳虫"汽车

1. 大众汽车车标

大众汽车车标为圆造型，圆内叠加着"V"和"W"两个字母，它们是德文"Volks Wagen"两个单词的第一个字母，德文的意思是"大众化车"，这是公司创建时的宗旨。大众汽车车标的演变如图10-34所示。

图10-34　大众汽车车标的演变
a）1939年　b）1945年　c）1980年　d）2007年

2. 奥迪汽车车标

1932年，奥迪（Audi）、迪克瓦（DKW）、霍希（Horch）和漫游者（Wanderer）四家

德国公司联合组成汽车联盟公司。汽车联盟公司曾是德国第二大汽车公司,第二次世界大战后,公司被注销,后来又重新注册新的汽车联盟公司,并于 1964 年被大众汽车公司部分收购,1966 年成为大众汽车公司的全资子公司。1969 年,汽车联盟公司与大众公司新购入的恩苏汽车公司合并,更名为奥迪恩苏汽车联盟公司,1985 年改名为奥迪汽车公司。奥迪(Audi)是创始人霍希(Horch)姓氏的拉丁文意译。图 10-35 所示为奥迪公司和霍希公司的创始人奥古斯特·霍希(August Horch)与奥迪汽车。

奥迪汽车车标由 4 个紧扣着的圆环组成,四圆环表示公司当初由奥迪、迪克瓦、霍希和漫游者四家公司合并而成,象征公司成员精诚合作,密不可分,如图 10-36 所示。

图 10-35 奥古斯特·霍希与奥迪汽车

a) b)

图 10-36 奥迪汽车车标

a) 1932 年 b) 1985 年

二、戴姆勒-奔驰汽车公司

1886 年,卡尔·本茨(Karl Benz)和戈特里布·戴姆勒(Gottlieb Daimler)分别研制成功世界上第一辆三轮汽车和第一辆四轮汽车,并分别成立了奔驰汽车公司和戴姆勒汽车公司。1926 年,戴姆勒汽车公司与奔驰汽车公司合并成立戴姆勒-奔驰(Daimler-Benz)汽车公司,公司总部设在德国斯图加特。两家公司合并后,生产得以很快发展,在德国汽车工业中起到了重要作用,是德国第二大汽车公司。

戴姆勒-奔驰汽车公司拥有梅赛德斯-奔驰(Mercedes-Benz)、迈巴赫(Maybach)和精灵(Smart)等汽车品牌。其中,"梅赛德斯"是戴姆勒汽车公司一经销商女儿的名字,在西班牙语中有幸运的含义。

梅赛德斯-奔驰(简称奔驰)是高级、豪华汽车品牌,奔驰汽车的乘坐舒适性是世界公认第一流的,奔驰是一些国家政府级礼宾车的常用车种之一。

图 10-37 所示为创始人卡尔·本茨驾驶第一辆三轮汽车，图 10-38 所示为创始人戈特里布·戴姆勒与儿子驾驶第一辆四轮汽车。

下面介绍奔驰车标和迈巴赫车标。

图 10-37　卡尔·本茨驾驶第一辆三轮汽车

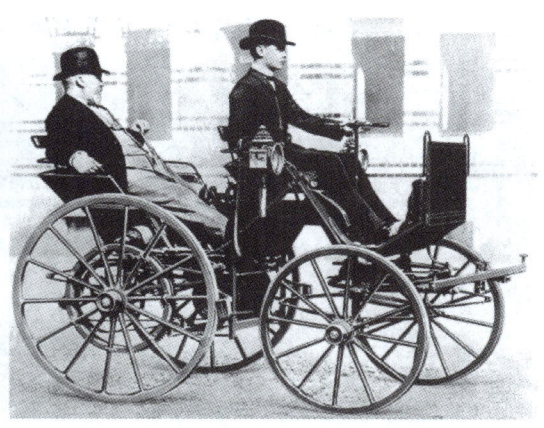

图 10-38　戴姆勒与儿子驾驶第一辆四轮汽车

1. 奔驰车标

1909 年奔驰汽车公司使用的车标是月桂枝包围着"BENZ"字样（见图 10-39a）。1916 年戴姆勒汽车公司使用的车标是三叉星标志，圆环下方有"MERCEDES"字样（见图 10-39b）。1926 年，两家汽车公司合并，车标改为在圆环的上方是"MERCEDES"字样，下方是"BENZ"字样，两者用月桂枝连接起来，中间是三叉星（见图 10-39c）。到了 1989 年，车标简化为形似转向盘的三叉星（见图 10-39d）。

a)

b)

c)

d)

图 10-39　奔驰汽车车标的演变

a) 1909 年　b) 1916 年　c) 1926 年　d) 1989 年

2. 迈巴赫车标

威尔海姆·迈巴赫（Wilhelm Maybach）早先与戴姆勒合作，制造出第一辆汽油发动机四轮汽车，是戴姆勒汽车公司的总工程师，也是第一辆梅赛德斯汽车的设计者。1909 年，威尔海姆·迈巴赫与儿子卡尔·迈巴赫创办了自己的飞艇发动机制造有限公司，1918 年公司更名为迈巴赫发动机股份有限公司，1919 年公司重返汽车行业，从事汽车和发动机设计。迈巴赫汽车是德国的超豪华汽车，与英国的

图 10-40　威尔海姆·迈巴赫与儿子卡尔·迈巴赫

劳斯莱斯汽车对应。1961年，迈巴赫发动机股份有限公司因经营不善，被戴姆勒-奔驰汽车公司收购。图10-40所示为威尔海姆·迈巴赫与儿子卡尔·迈巴赫，图10-41所示为迈巴赫汽车。

迈巴赫汽车车标是球面三角形里有两个重叠的M，"MM"原来代表"Maybach Motorenbau"（迈巴赫发动机）之意，现解作"Maybach Manufaktur"（迈巴赫制造），如图10-42所示。

图10-41　迈巴赫汽车

图10-42　迈巴赫汽车车标

三、宝马汽车公司

宝马汽车公司起源于两个飞机公司，即拉普发动机公司（创建于1913年）和奥托飞机发动机公司（创建于1911年），1917年，两家飞机公司合并，更名为巴伐利亚发动机有限公司（Bayerische Motoren Werke AG），简称宝马（BMW），公司总部设在德国慕尼黑。第一次世界大战后的德国航空工业受到严格限制，《凡尔赛条约》禁止德国生产飞机发动机。1928年，宝马汽车公司兼并了德国的爱森纳赫汽车制造股份公司（创建于1896年），开始从事汽车生产。1998年，宝马汽车公司购得英国劳斯莱斯汽车品牌。

宝马汽车公司以生产豪华轿车和高性能发动机而闻名于世，其轿车在国际上以高质量、高性能著称，与奔驰汽车并列为著名品牌。宝马汽车公司拥有宝马（BMW）、迷你（Mini）和劳斯莱斯（Rolls-Royce）等汽车品牌。图10-43所示为1933年宝马汽车公司自行设计生

图10-43　1933年生产的第一辆宝马汽车B-MW303

产的第一辆宝马汽车 B-MW303。

宝马汽车车标是在双圆环的上方标有"BMW"字样，这是宝马汽车公司的缩写。内圆为蓝白两色相间的螺旋桨图案，代表着在蓝天白云中旋转的螺旋桨，象征该公司过去在航空发动机技术方面的领先地位，又表现出该公司一贯的宗旨和目标，如图 10-44 所示。

图 10-44　宝马汽车车标

四、保时捷汽车公司

保时捷（Porsche）汽车公司创建于 1931 年，创始人是费迪南德·波尔舍（Ferdinand Porsche），他也是大众汽车公司的创始人和"甲壳虫"汽车的设计者，公司总部位于德国斯图加特。

费迪南德·波尔舍以及他的儿子费利·波尔舍、孙子亚历山大·波尔舍都是举世闻名的汽车设计大师，他们三代人推出的跑车产品风靡全世界。保时捷 356、保时捷 804、保时捷 904 和保时捷 911 都是名噪一时的运动车，保时捷汽车被誉为"跑车之王"。2012 年，保时捷汽车公司被大众汽车公司完全收购。图 10-45 所示为创始人费迪南德·波尔舍与儿子费利·波尔舍，图 10-46 是保时捷 911 跑车。

图 10-45　费迪南德·波尔舍与儿子费利·波尔舍

图 10-46　保时捷 911 跑车

保时捷汽车车标是以德国黑、红、黄三色旗作底，最上方是"PORSCHE"字样；中间是一匹黑色的骏马，表明斯图加特以产马而闻名；马的上方是"STUTTGART"字样，表明公司所在地；背景左上和右下的鹿角表明这里以前是狩猎场，如图 10-47 所示。

五、欧宝汽车公司

1863 年，亚当·欧宝（Adam Opel）家族在吕塞尔海姆建立了一家生产自行车和缝纫机的工厂。1899 年，亚当·欧宝的两个儿子弗里茨·欧宝和威廉·欧宝开始进行汽车和摩托车的制造，并成立欧宝（Opel）汽车公司。1914 年，欧宝汽车公司成为德国最大的汽车公司。欧宝汽车公司由于生产速度太快而遭遇严重的经济困难，面临破产。1929 年，美国通用汽车公司收购了欧宝汽车公司 80% 的股份，两年以后又收购了余下的

图 10-47　保时捷汽车车标

20%股份，从此欧宝汽车公司成为通用汽车公司在美国本土之外最大的全资子公司。通用汽车公司收购欧宝汽车公司后，保留了"欧宝"品牌。

1935年，欧宝汽车公司成为欧洲最大的汽车公司，第二次世界大战期间欧宝汽车公司遭到严重破坏，战后欧宝汽车公司发展很快，一直到20世纪70年代初期，欧宝仍然是德国最大的汽车公司，直至20世纪70年代末其地位才由大众汽车公司取代。欧宝产品以小型轿车和中级轿车为主。图10-48所示为创始人亚当·欧宝与1899年生产的欧宝汽车。

图10-48 亚当·欧宝与1899年生产的欧宝汽车

欧宝汽车车标的演变如图10-49所示。现在欧宝汽车车标的图案像划破长空的闪电，喻示欧宝汽车风驰电掣。

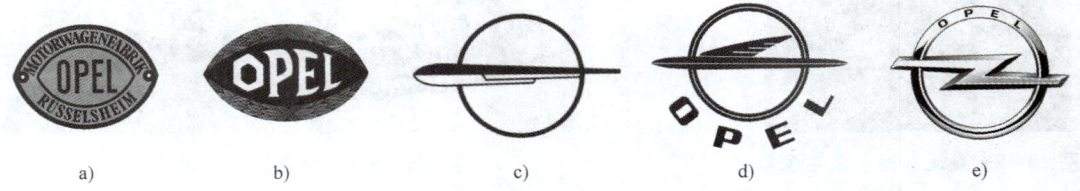

图10-49 欧宝汽车车标的演变
a）1902年 b）1910年 c）1947年 d）1954年 e）2010年

第四节 法国著名汽车公司及其车标

法国是最早生产汽车的国家之一，1890年，第一辆法国汽车诞生。此后法国的汽车工业发展很快，1906年以前，法国的汽车产量一直位居世界第一。第二次世界大战中法国的汽车工业受到严重破坏，战后又迅速发展。20世纪60年代法国的汽车公司主要有雷诺汽车公司、标致汽车公司和雪铁龙汽车公司。1976年，标致汽车公司和雪铁龙汽车公司合并为标致-雪铁龙集团，从此法国95%以上的汽车生产由标致-雪铁龙集团和雷诺汽车公司所垄断。现在，法国的汽车产量排在世界十大汽车生产国之后。

下面介绍标致-雪铁龙集团和雷诺汽车公司。

第十章 著名汽车公司及其车标

一、标致-雪铁龙集团

1. 标致汽车公司

1819 年，标志家族创建了标志兄弟公司，生产钟表弹簧、缝纫机等。1896 年阿尔芒·标致（Armand Peugeot）成立标致汽车公司，公司总部设在法国巴黎。到第一次世界大战前，标致汽车公司已成为法国最大的汽车公司。第二次世界大战后，标致汽车公司成为法国第二大汽车公司，1976 年，标致汽车公司收购了经营不善的雪铁龙汽车公司，并于 1979 年成立标致-雪铁龙集团（PSA Peugeot Citroen），1980 年改名为标致集团，汽车产量超过雷诺汽车公司，成为法国最大的汽车公司，也是世界十大汽车公司之一。图 10-50 所示为创始人阿尔芒·标致与标致汽车。

图 10-50 阿尔芒·标致与标致汽车

标致-雪铁龙集团拥有标致（Peugeot）和雪铁龙（Citroen）两个汽车品牌。

标致汽车公司从一开始就采用狮子车标，狮子是标致家族的徽号，100 多年来标致车标的图案改变了多次，图 10-51 所示为标致汽车车标演变的部分图案，站立的雄狮喻示着标致汽车像雄狮那样威武、敏捷，永远保持旺盛的生命力。

a)   b)   c)   d)   e)

图 10-51 标致汽车车标的演变

a) 1936 年   b) 1950 年   c) 1960 年   d) 1980 年   e) 1998 年

2. 雪铁龙汽车公司

1902 年，安德列·雪铁龙（Andre Citroen）创建了一家齿轮公司，1915 年开始生产汽车，1919 年雪铁龙在法国首先采用流水线生产汽车，1924 年成立雪铁龙汽车公司，公司总部设在法国巴黎。雪铁龙组织了雪铁龙汽车的"非洲之行"，使雪铁龙汽车名噪世界，销量也随之大增。20 世纪 70 年代，雪铁龙汽车公司遇到财务危机，标致公司收购了面临困境的雪铁龙汽车公司，成立标致-雪铁龙集团。图10-52所示为创始人安德列·雪铁龙与雪铁龙C5汽车。

图10-52　安德列·雪铁龙与雪铁龙C5汽车

雪铁龙汽车公司的前身是生产齿轮的工厂，以生产人字形齿轮而出名，所以车标采用啮合的人字形齿轮轮齿图案，象征公司员工密切合作，同心协力，勇往直前，如图10-53所示。

图10-53　雪铁龙汽车车标

二、雷诺汽车公司

1898年，路易斯·雷诺（Louis Renault）在法国布洛涅-比扬古创建雷诺汽车公司，并在第一次世界大战中得到较大发展。1903年，雷诺获得制造巴黎出租车的合约，销售汽车1600多辆，发展成为法国最大的汽车制造厂。雷诺汽车公司在第二次世界大战中遭到破坏，战争结束后，雷诺汽车公司被收为国有，改为国营雷诺汽车公司，雷诺汽车公司在政府的支持下，有了很大的发展。从1994年起，法国政府逐渐向民间开放雷诺汽车公司股权，雷诺汽车公司重新成为私营企业。雷诺汽车公司曾经是法国最大的汽车公司，现在是法国第二大汽车公司，也是世界十大汽车公司之一。

1999年，雷诺汽车公司收购了罗马尼亚的达西亚汽车公司。同年，雷诺汽车公司和陷于债务困境中的日产汽车公司结为合作伙伴，买下日产汽车公司的部分股份，成立雷诺-日产汽车联盟。2000年，雷诺公司收购韩国三星汽车公司。

雷诺汽车公司拥有雷诺（Renault）、达西亚（Dacia）等汽车品牌。图10-54所示为创始人路易斯·雷诺与早年的雷诺汽车。

雷诺汽车车标的演变如图10-55所示，现在的雷诺车标是菱形图案，表示雷诺能在四维的空间中竞争、生存、发展。

第十章 著名汽车公司及其车标

图 10-54　路易斯·雷诺与早年的雷诺汽车

a)　　　　　b)　　　　　c)　　　　　d)　　　　　e)

图 10-55　雷诺汽车车标的演变

a) 1923 年　b) 1925 年　c) 1959 年　d) 1972 年　e) 1992 年

第五节　英国著名汽车公司及其车标

英国汽车工业起步较早，1930 年汽车产量超过法国位居世界第二。直到 1960 年被德国超过，此后又被其他国家赶超，现在英国的汽车产量排在世界十大汽车生产国之后。英国有劳斯莱斯、阿斯顿·马丁、捷豹、莲花、宾利、沃克斯豪尔等著名的汽车公司。下面介绍劳斯莱斯汽车公司、宾利汽车公司和捷豹汽车公司。

一、劳斯莱斯汽车公司

劳斯莱斯（Rolls-Royce）汽车公司是著名的英国豪华汽车公司，创建于 1906 年，创始人是查尔斯·劳斯（Charles Rolls）和弗雷德里克·莱斯（Frederick Royce）。劳斯莱斯汽车公司以创始人查尔斯·劳斯和弗雷德里克·莱斯的姓氏命名。劳斯莱斯汽车制作精细，材质优良，年产量只有几千辆。劳斯莱斯轿车之所以成为显示地位和身份的象征，是因为该公司要审查购车者的身份及背景条件。劳斯莱斯汽车公司曾经有过这样的规定：只有贵族身份才能成为其车主。1955 年，劳斯莱斯被授权皇室专用徽章。劳斯莱斯轿车是当今世界最尊贵、最豪华、最气派的轿车。图 10-56 所示为创始人查尔斯·劳斯和弗雷德里克·莱斯，图 10-57 所示为 1904 年生产的第一款劳斯莱斯汽车。

由于经营不善，劳斯莱斯汽车公司长期亏损。德国大众汽车公司和宝马汽车公司都希望收购劳斯莱斯汽车公司，最终于 1998 年，劳斯莱斯生产企业被德国大众汽车公司收购，而

图 10-56　查尔斯·劳斯和弗雷德里克·莱斯　　图 10-57　1904 年生产的第一款劳斯莱斯汽车

劳斯莱斯汽车品牌于 2003 年被宝马汽车公司购得。

劳斯莱斯汽车平面车标的上方为劳斯（Rolls），下方为莱斯（Royce），中心为两个重叠的"RR"，说明两人紧密合作，相互支持；立体车标是一尊金灿灿的飞翔女神像，如图 10-58 所示。

图 10-58　劳斯莱斯汽车车标

二、宾利汽车公司

1919 年，沃尔特·本特利（Walter Bentley）（又译为沃尔特·宾利）创建宾利汽车股份有限公司，开始设计制造他多年来梦寐以求的运动车。1924 年，宾利汽车首次在勒芒汽车大赛中获胜。此后宾利汽车连续 8 次参加勒芒汽车大赛，5 次夺冠，名声大噪，深得热衷于汽车运动的青年人的喜爱。宾利汽车生产量不大，价格昂贵，在高档汽车市场上名声显赫。尽管宾利汽车成绩斐然，但仍旧无法摆脱长期的经济困难，于 1931 年宣告破产，被劳斯莱斯汽车公司收购，成为劳斯莱斯的一个专门生产高级跑车的分部。1998 年，宾利成为大众汽车公司的品牌。图 10-59 所示为创始人沃尔特·本特利与 1924 年获得勒芒冠军的宾利汽车。

宾利车标是以公司名"Bentley"的第一个字母"B"为主体，生出一对翅膀，似凌空翱翔的雄鹰，又被称为"胜利之翼"，如图 10-60 所示。

第十章 著名汽车公司及其车标

图 10-59　沃尔特·本特利与 1924 年获得勒芒冠军的宾利汽车

图 10-60　宾利汽车车标

三、捷豹汽车公司

捷豹（Jaguar）（又译为美洲豹、美洲虎）汽车公司创建于 1922 年，创始人是英国的威廉·莱昂斯（William Lyons）和威廉·韦斯利（William Walmsley）。公司早期生产摩托车，名为燕子摩托车厂，后改名为燕子四轮车制造公司，1945 年改名为捷豹（Jaguar）汽车公司。20 世纪 60 年代，捷豹汽车公司兼并了多家汽车公司，其中包括英国戴姆勒汽车公司和英国汽车公司（BMC），成为世界著名汽车公司。但是到了 20 世纪 80 年代，威廉·莱昂斯去世后，捷豹公司每况愈下，销量大减。1989 年，捷豹汽车公司被美国福特汽车公司收购，成为福特汽车公司生产高级运动车的子公司。2008 年，捷豹汽车公司被转卖给印度塔塔集团。图 10-61 所示为创始人威廉·莱昂斯与捷豹汽车。

捷豹汽车车标是一只正在跳跃前扑、矫健勇猛的美洲豹雕像，体现了公司生产的汽车具

图 10-61　威廉·莱昂斯与捷豹汽车

175

有勃勃雄心。以后又出现了一种美洲豹的浮雕头像，怒目咆哮、盛气凌人，是捷豹运动车的一种标志，如图 10-62 所示。

图 10-62　捷豹汽车车标

第六节　意大利著名汽车公司及其车标

意大利是世界上较早制造汽车的国家，汽车产量曾一度位居世界第五，现在意大利的汽车产量排在世界十大汽车生产国之后。意大利的汽车生产厂家不少，但几乎都被菲亚特汽车公司收购，其他汽车公司主要生产跑车。意大利以生产高速跑车而闻名。

下面介绍菲亚特汽车公司和法拉利汽车公司。

一、菲亚特汽车公司

意大利菲亚特汽车公司是由一群商人和贵族于 1899 年创建的，名为意大利都灵汽车制造厂（Fabbrica Italiana Autimobili Torino），简称菲亚特（FIAT），公司位于意大利都灵市。乔瓦尼·阿涅利（Giovanni Agnelli）是公司创始人之一，并于 1920 年当选为菲亚特的董事长。1923 年，菲亚特成为当时欧洲最大的汽车制造厂。1968 年，意大利都灵汽车制造厂更名为菲亚特集团，菲亚特汽车公司是其最大的子公司。图 10-63 所示为创始人乔瓦尼·阿涅利与 1902 年生产的菲亚特汽车。

图 10-63　乔瓦尼·阿涅利与 1902 年生产的菲亚特汽车

在政府的支持下，菲亚特汽车公司收购了意大利多家汽车公司，成为意大利规模最大的汽车公司，汽车产量占意大利汽车总产量的 90% 以上，拥有菲亚特（FIAT）、法拉利（Ferrari）、蓝旗亚（Lancia）、阿尔法·罗密欧（Alfa Romeo）、玛莎拉蒂（Maserati）、依维柯（Iveco）等汽车品牌，是世界十大汽车公司之一。

2013 年，菲亚特汽车公司收购了克莱斯勒汽车公司，更名为菲亚特克莱斯勒汽车公司。

菲亚特汽车车标的演变如图 10-64 所示，新的菲亚特汽车车标是圆形图标中加"FIAT"字样。

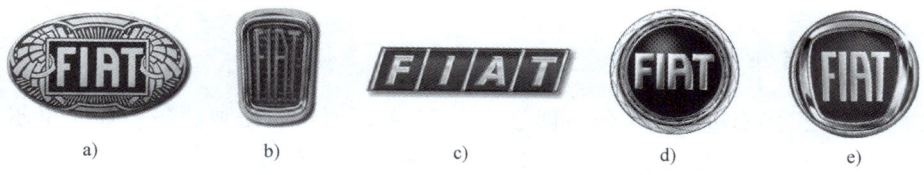

图 10-64　菲亚特汽车车标的演变

a）1904 年　b）1959 年　c）1968 年　d）1999 年　e）2007 年

二、法拉利汽车公司

法拉利（Ferrari）汽车公司是意大利超级跑车制造公司，创始人是恩佐·法拉利（Enzo Ferrari），公司总部设在意大利摩德纳省的马拉内罗。1929 年，恩佐·法拉利建立起法拉利赛车俱乐部，使用阿尔法·罗密欧赛车参赛。1943 年，法拉利汽车公司成立，直到第二次世界大战后的 1947 年，法拉利才设计生产出第一辆自己的赛车。伴随着法拉利赛车在赛场上的一次次胜利，法拉利的名气如日中天。很多有钱的车迷向法拉利公司求购跑车，法拉利汽车公司开始小批量生产超级跑车。法拉利既是一位汽车企业家，又是一位著名赛车手。

1969 年，菲亚特汽车公司收购了法拉利汽车公司的大部分股份，法拉利汽车公司成为菲亚特汽车公司的子公司。图 10-65 所示为创始人恩佐·法拉利与法拉利汽车。

图 10-65　恩佐·法拉利与法拉利汽车

法拉利汽车车标为一匹跃马，如图 10-66 所示。其中右图的盾形车标用于法拉利公司生产的 F1 和 GT 赛车。

图 10-66　法拉利汽车车标

第七节 其他著名汽车公司及其车标

一、沃尔沃汽车公司

瑞典的沃尔沃（Volvo）汽车公司创建于1927年，创始人是阿萨尔·加布里尔松（Assar Gabrielsson）和古斯塔夫·拉尔松（Gustaf Larson）。经过几十年的发展，目前沃尔沃集团已是北欧最大的工业企业，包括轿车公司、货车公司、大客车公司、建筑设备公司、发动机制造公司等，集团总部设在瑞典哥德堡。

1979年，沃尔沃集团将轿车和载货汽车分开独立，分别命名为沃尔沃汽车公司和沃尔沃载货汽车公司。1999年，面对世界性汽车产业的大调整，沃尔沃集团做出重大决定，将沃尔沃汽车公司卖给了美国福特汽车公司，沃尔沃集团和福特汽车公司共同持有沃尔沃品牌。沃尔沃集团则收购了法国雷诺载货汽车公司，使沃尔沃集团的重型载货汽车产量位居欧洲第一、世界第二。大型客车产量位居世界第二。

2010年，中国吉利集团从福特汽车公司手中收购了沃尔沃汽车公司，吉利集团保留沃尔沃汽车在瑞典和比利时的工厂，同时逐渐在中国建设新的工厂，使得生产更贴近中国市场。

图10-67所示为创始人阿萨尔·加布里尔松和古斯塔夫·拉尔松，图10-68所示为早年的沃尔沃汽车制造厂。

图10-67 阿萨尔·加布里尔松和古斯塔夫·拉尔松

图10-68 早年的沃尔沃汽车制造厂

沃尔沃汽车车标图案为车轮形状，并有指向右上方的箭头，具有罗马战神和男性阳刚气质的含义。"VOLVO"的拉丁语是"滚滚向前"的意思，喻示着沃尔沃汽车的车轮滚滚向前和公司兴旺发达，如图10-69a所示。早期沿着散热器的对角线给沃尔沃车标加上了一条斜带，其目的是为了固定车标（见图10-69b），如今斜带已经发展成为车标必要的组成部分（见图10-69c、d）。

二、现代汽车公司

韩国的现代（Hyundai）汽车公司创建于1967年，创始人是郑周永，公司总部设在韩国首尔。现代汽车公司是韩国最大的综合企业——现代集团的子公司，现代汽车公司是韩国最大的汽车公司。1998年，现代汽车公司收购了韩国起亚汽车公司，成为世界十大汽车公司

 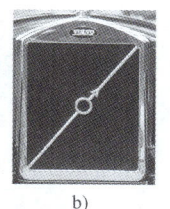  

a)　　　　　　　　b)　　　　　　　　c)　　　　　　　　d)

图 10-69　沃尔沃汽车车标

之一。图 10-70 所示为创始人郑周永与现代汽车。

图 10-70　郑周永与现代汽车

现代汽车车标为椭圆造型，里面是斜花体"H"，"H"是现代汽车公司英文"Hyundai"的第一个字母，如图 10-71a 所示。

起亚（Kia）汽车公司成立于 1944 年，是韩国最早的汽车制造公司，也是韩国第二大汽车公司。1998 年因为亚洲金融风暴的影响，濒临破产的起亚汽车公司被现代汽车公司收购。起亚汽车车标为椭圆造型，里面是起亚汽车公司的英文"KIA"，含义是起亚汽车公司"崛起于亚洲"，如图 10-71b 所示。

a)　　　　　　　　　　　　b)

图 10-71　现代汽车公司车标
a）现代汽车车标　b）起亚汽车车标

三、斯柯达汽车公司

斯柯达（Skoda）汽车公司的前身是捷克的劳林-克莱门特（Laurin & Klement，简称 L&K）公司，创建于 1894 年，创始人是瓦克拉夫·劳林（Vaclav Laurin）和瓦克拉夫·克莱门特（Vaclav Klement）。公司早期生产自行车，后来生产摩托车，并于 1906 年生产出第一辆汽车。第一次世界大战后，公司实力下降，1925 年，公司被当时捷克国内最大的工业机械公司斯柯达（Skoda）集团收购，开始生产以斯柯达为品牌的汽车，并更名为斯柯达汽车公司。1991年，斯柯达汽车公司被德国大众汽车公司接管，到2000年斯柯达汽车公司成为大众汽车公司的全资子公司。图10-72所示为创始人瓦克拉夫·劳林和瓦克拉夫·克莱门特，图10-73所示为斯柯达公司制造的第1000万辆斯柯达汽车。

图10-72　瓦克拉夫·劳林和瓦克拉夫·克莱门特

图10-73　第1000万辆斯柯达汽车

斯柯达汽车车标的演变如图10-74所示。1905年，斯柯达汽车采用劳林-克莱门特公司的商标作为车标（见图10-74a）；1925年，劳林-克莱门特公司被斯柯达公司收购后，采用斯柯达公司的商标作为车标（见图10-74b）；1933年，斯柯达公司采用鸟翼飞箭车标（见图10-74c）；1991年，斯柯达公司与大众公司合并后，采用新设计的鸟翼飞箭车标（见图10-74d）；2011年，新车标变得更为简洁（见图10-74e）。

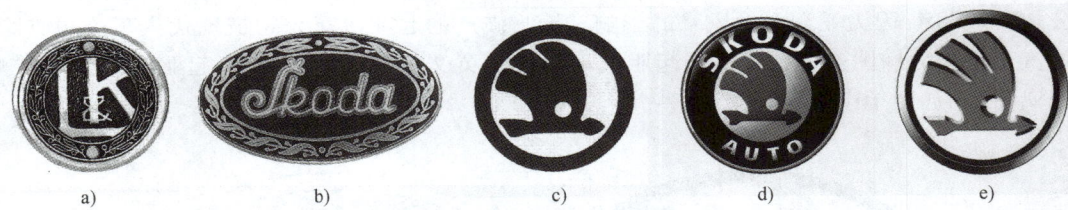

　　a)　　　　　　　　b)　　　　　　　　c)　　　　　　　　d)　　　　　　　　e)

图10-74　斯柯达汽车车标的演变

a) 1905年　b) 1925年　c) 1933年　d) 1991年　e) 2011年

四、霍顿汽车公司

1948年，霍顿（Holden）汽车公司在澳大利亚墨尔本市成立。

其实，"霍顿"这个名字很早就开始使用了，1856年，从英格兰移民到澳大利亚的詹姆士·霍顿（James Holden），在澳大利亚阿德莱德市成立了霍顿公司，主要经营马具产品。1908年公司开始涉足汽车行业，进行汽车维修工作，后来专门为客户设计制造车身，并于1919年更名为霍顿车身制造公司。1926年，与通用汽车公司合作。1931年，霍顿车身制造公司更名为通用-霍顿汽车有限公司。

从1948年起，通用-霍顿汽车有限公司开始生产自己的车型，澳大利亚历史上第一辆本土轿车于当年下线（见图10-75），从此"霍顿"成为澳大利亚汽车工业的代名词。1994年

第十章　著名汽车公司及其车标

图 10-75　1948 年通用-霍顿汽车有限公司生产的轿车

该公司不再使用"通用-霍顿"的名称，而仅仅使用"霍顿"作为公司名称。

霍顿汽车公司拥有加来（Calais）、阿斯特拉（Astra）、克鲁兹（Cruze）、摩纳罗（Monaro）、政治家（Statesman）等汽车品牌。

霍顿汽车车标图案是狮子滚石球。根据寓言传说，轮子的原理是原始人观察狮子滚动一块石头时获得的。1928 年，霍顿公司开始使用狮子滚石球作为标志，现在使用的霍顿车标如图 10-76 所示。

五、瓦兹汽车公司

俄罗斯的瓦兹汽车公司（Volzhsky Automobilny Zavod，简称 VAZ）成立于 1966 年，因坐落在伏尔加河（Volga）畔，又称为伏尔加（Volga）汽车公司，是俄罗斯最大的轿车制造厂。该公司曾与意大利菲亚特公司合作生产拉达（Lada）汽车。"Lada"在俄语中的意思是"人民大众的车"。

图 10-76　霍顿汽车车标

瓦兹汽车公司曾经是世界上最大的汽车制造厂之一，拥有 144km 长的生产线，是世界上唯一一个几乎所有汽车零部件都在自己的工厂内制造的汽车公司。

1970 年，瓦兹汽车公司开始生产轿车，每年生产轿车近 100 万辆，约有 1/3 的轿车销往世界 80 多个国家。到 2012 年，拉达品牌汽车累计产量已超过 1600 万辆。图 10-77 所示为拉达汽车。

瓦兹汽车公司拥有拉达（Lada）、纳捷斯达（Nadeschda）、泥娃（Niva）、诺瓦（Nova）、萨马拉（Samara）、塔赞（Tarzan）等汽车品牌。

拉达汽车车标图案是由 Lada 的"L"和"D"两个字母组合而成的一个带帆的游船图形，预示着拉达汽车一帆风顺。"Lada"在俄语方言中有"敬爱、钟爱"之意。拉达汽车车标如图 10-78 所示。

六、塔塔汽车公司

印度的塔塔（TATA）汽车公司是印度塔塔集团下属的子公司，成立于 1945 年。1969

图 10-77　拉达汽车

图 10-78　拉达汽车车标

年，塔塔汽车公司开始能够独立设计出自己的汽车产品。20 世纪 90 年代末，塔塔汽车公司自行设计生产的印迪卡轿车（见图 10-79），由于外形优雅、价格低廉，创造了印度汽车销售的最高纪录，成为印度的主要汽车品牌。塔塔汽车已出口到欧洲、非洲和亚洲等一些国家和地区。

2003 年，塔塔汽车公司收购了韩国大宇公司旗下的货车子公司。2008 年，塔塔汽车公司收购了福特汽车公司旗下的捷豹品牌和路虎品牌。如今塔塔汽车公司已经成为世界第五大中型及重型载货汽车制造商。塔塔汽车公司是印度最大的综合性汽车公司。

塔塔汽车公司拥有印迪卡（Indica）、英骏（Indigo）、远征（Safari）、速猫（Sumo）等汽车品牌。

塔塔汽车车标为椭圆造型（见图 10-80），里面是两个字母"T"相叠而成，一个实心，另一个则是空心，巧妙地融合在一起，下方是"TATA"的字母排列。"Tata"在印度语中代表"大生意，大事业"。

图 10-79　塔塔汽车公司的印迪卡轿车

图 10-80　塔塔汽车车标

第八节　国产汽车公司及其车标

中国汽车工业历经 50 多年的创业，已形成第一汽车、东风汽车、上海汽车、北京汽车、南京汽车、长安汽车、广州汽车、重型汽车等多家汽车集团公司，它们大多数均与国外知名

第十章　著名汽车公司及其车标

汽车企业联手，组建合资企业，引进国外先进的技术和产品，生产国外品牌的轿车、客车或载货汽车，其中部分企业仍保有自主汽车品牌。近十多年来，一些股份制汽车公司和民营汽车公司也崭露头角，发展很快，涌现出一批国产自主汽车品牌，打破了国外汽车品牌在中国一统天下的局面。

下面简要介绍第一汽车、东风汽车、上海汽车、长安汽车、北京汽车和广州汽车六家国内最大的汽车集团公司，以及奇瑞汽车、吉利汽车、长城汽车、比亚迪汽车和江淮汽车五家主要生产自主汽车品牌的汽车公司。

一、第一汽车集团公司

第一汽车集团公司（简称一汽集团）的前身是第一汽车制造厂，创建于1953年，公司设在吉林省长春市。1956年，第一辆"解放"牌载货汽车下线；1958年，研制成功"东风"牌轿车，随后研制出"红旗"牌轿车。一汽的建成与投产，结束了中国不能生产汽车的历史，为中国汽车工业独立发展奠定了基础。

图 10-81 所示为一汽生产的第一辆解放牌载货车；图 10-82 所示为一汽生产的第一辆东风牌轿车；图 10-83 所示为一汽生产的红旗牌轿车；图 10-84 所示为一汽生产的新红旗牌轿车。

图 10-81　一汽生产的第一辆解放牌载货车

图 10-82　一汽生产的第一辆东风牌轿车

图 10-83　一汽生产的红旗牌轿车

图 10-84　一汽生产的新红旗牌轿车

从1988年开始，一汽先后与德国大众汽车公司、日本丰田汽车公司合作生产轿车、客车和货车。现在，由多家汽车公司联合组成的第一汽车集团公司，其科研水平和生产能力又跃上一个新台阶，为中国汽车工业迅速发展奠定了基础。第一汽车集团公司是中国六大汽车集团公司之一。

一汽集团拥有一汽解放汽车有限公司、一汽轿车股份有限公司、一汽-大众汽车有限公司、一汽通用汽车有限公司、一汽吉林汽车有限公司、天津一汽夏利有限公司、天津一汽丰田汽车有限公司、一汽客车有限公司等整车企业。

一汽集团旗下拥有一汽、解放、红旗、奔腾等自主汽车品牌；拥有朗世、开利等合资汽车品牌；还拥有大众、奥迪、丰田、马自达等外资汽车品牌。

图10-85所示为一汽集团部分自主品牌的汽车车标。一汽车标（见图10-85a）是阿拉伯数字"1"和汉字"汽"两个字艺术化的组合，构成一只展翅飞翔的雄鹰。一汽又增加了"1"字车标（见图10-85b），椭圆中的"1"既表示"一汽"制造，又有"第一"的含义。解放车标（见图10-85c）为毛泽东主席的手写体"解放"。红旗车标（见图10-85d）象征"毛泽东思想"这面红旗。

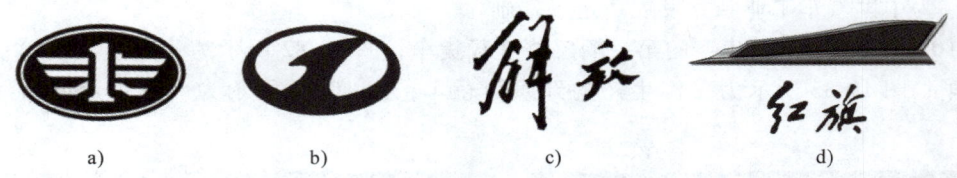

图10-85　一汽集团部分自主品牌的汽车车标
a）一汽车标　b）一汽车标　c）解放车标　d）红旗车标

二、东风汽车集团有限公司

车风汽车集团有限公司（简称东风汽车集团）的前身是中国第二汽车制造厂，创建于1969年，公司设在湖北省十堰市。作为中国人自己设计、自行施工建设的第一个汽车厂，为中国的汽车工业添上了光辉的一页。其1975年研制生产出的"东风"牌载货汽车，又把中国载货汽车生产技术提高到了一个新水平。图10-86所示为"东风"牌载货汽车。

图10-86　"东风"牌载货汽车

1992年，第二汽车制造厂更名为东风汽车公司，开始积极与国外汽车公司合作，先后与标致-雪铁龙集团、日产汽车公司、本田汽车公司、雷诺汽车公司等合作，成为国际化汽车集团。2017年，东风汽车公司更名为东风汽车集团有限公司。

东风汽车集团拥有神龙汽车有限公司、东风汽车股份有限公司、东风本田汽车有限公司、东风雷诺汽车有限公司、东风电动车辆股份有限公司、东风商用车公司、东风日产乘用车公司、东风汽车集团乘用车公司、东风悦达-起亚汽车有限公司及东风裕隆汽车有限公司等整车企业。东风汽车集团是中国六大汽车集团公司之一。

东风汽车集团旗下拥有东风、风神等自主汽车品牌；拥有启辰、思铭、华骐等合资汽车品牌；还拥有雪铁龙、标致、本田、日产、雷诺等外资汽车品牌。

图10-87所示为东风汽车集团的部分汽车车标。东风车标（见图10-87a）为圆造型，取燕子凌空飞翔时的剪形尾羽作为图案基础，含义是"双燕舞东风"，二汽的"二"字寓意于双燕之中，为自主商用车车标。风神车标（见图10-87b）

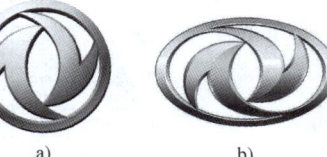

图10-87　东风汽车集团的部分汽车车标
a）东风车标　b）风神车标　c）启辰车标

为椭圆造型，为自主乘用车车标。启辰车标（见图10-87c）的图案为"蔚蓝星空，五星辉映"，有开启光明之意，为东风日产公司乘用车车标。

三、上海汽车集团股份有限公司

上海汽车集团股份有限公司（简称上汽集团）的前身是上海市内燃机配件制造公司，后改名为上海汽车制造厂，于1958年生产出第一辆"凤凰"牌轿车，并于1965年研制出"上海"牌轿车；20世纪80年代与德国大众汽车公司合作生产桑塔纳牌轿车，为我国轿车的普及做出了贡献；20世纪90年代，又与美国通用汽车公司合作生产高档轿车，再一次把我国轿车工业推到了一个崭新的时代。1995年成立上海汽车工业（集团）总公司，2008年收购南汽集团。图10-88所示为上海汽车制造厂生产的"凤凰"牌轿车，图10-89所示为上海汽车制造厂生产的"上海"牌轿车。

图10-88　上海汽车制造厂生产的"凤凰"牌轿车　　图10-89　上海汽车制造厂生产的"上海"牌轿车

上汽集团拥有上汽集团乘用车公司、上汽集团商用车公司、上海大众汽车有限公司、上海通用汽车有限公司、上汽通用五菱汽车股份有限公司、南京汽车集团有限公司、南京依维柯汽车有限公司、上海申沃客车有限公司、上汽依维柯红岩商用车有限公司等整车企业。上汽集团是中国六大汽车集团公司之一。

上汽集团旗下拥有上海、跃进、荣威、五菱、名爵（收购英国品牌）、罗孚（收购英国品牌）、大通（收购英国品牌）等自主汽车品牌；拥有宝骏、申沃、天越等合资汽车品牌；还拥有大众、雪佛兰、别克、依维柯等外资汽车品牌。

图10-90所示为上汽集团的汽车车标。上海车标（见图10-90a）就是轿车产地"上海"

两个汉字,"上海"牌轿车为我国轿车的发展做出了很大的贡献,20 世纪 80 年代后期停止生产。跃进车标(见图 10-90b)椭圆内的图案蕴含"四通八达"之意。1958 年,南京汽车制造厂研制出中国第一辆轻型载货汽车,命名为"跃进"牌。"跃进"为上汽集团自主商用车车标。荣威车标(见图 10-90c)图案的上部是双狮护卫着华表,图案下部是荣威英文名称"ROEWE"的首末两个字母"R""E"的艺术造型,蕴含中西融合之意。"荣威"为上汽集团自主轿车车标。五菱车标(见图 10-90d)由五个菱形组成,形似雄鹰翱翔。"五菱"为上汽通用五菱公司自主商用车车标。名爵为收购的英国汽车品牌,车标延用品牌的原有车标(见图 10-90e),名爵(MG)是有百年历史的著名汽车品牌。

a)　　　　b)　　　　c)　　　　d)　　　　e)

图 10-90　上汽集团的汽车车标

a)上海车标　b)跃进车标　c)荣威车标　d)五菱车标　e)名爵车标

四、长安汽车集团有限公司

长安汽车集团有限公司(简称长安汽车集团)的前身是 1862 年由清朝大臣李鸿章创办的上海洋炮局,是中国近代史上第一家工业企业。1958 年,长安机器制造厂生产出中国第一辆"长江"牌吉普车(见图 10-91)。1983 年,长安机器制造厂试制出"长安"牌微型载货汽车(见图 10-92)。1984 年,江陵机器厂试制出江陵牌发动机。1995 年,原长安机器制造厂和江陵机器厂合并,成立长安汽车(集团)有限责任公司,2005 年更名为南方工业汽车股份有限公司,2009 年更名为长安汽车集团有限公司,公司总部设在北京。

图 10-91　长安机器制造厂生产的"长江"牌吉普车

长安汽车集团拥有长安汽车有限公司、哈尔滨哈飞汽车有限公司、长安福特汽车有限公司、长安马自达汽车有限公司、重庆长安铃木汽车有限公司、长安标致-雪铁龙汽车有限公司、长安重型汽车有限公司等整车企业。长安汽车集团是中国六大汽车集团之一。

图 10-92　长安机器制造厂生产的"长安"牌微型载货汽车

长安汽车集团旗下拥有长安、哈飞、松花江、长安重汽等自主汽车品牌；拥有陆丰、佳跃等合资汽车品牌；还拥有福特、铃木、马自达、沃尔沃（客）、标致、雪铁龙等外资汽车品牌。

图 10-93 所示为长安汽车集团的汽车车标。长安车标（见图 10-93a）以天体椭圆运行轨迹为基础，以"长安"两字汉语拼音的首字母"C""A"为元素，变形成为永恒运行的天体，为长安汽车股份有限公司商用车车标。图 10-93b 所示的长安车标以"V"为核心造型，象征胜利，为长安汽车股份有限公司轿车车标。松花江车标（见图 10-93c）为滚滚江水图案，寓意公司的事业如松花江水滚滚向前，为哈飞汽车有限公司微型车车标。赛豹车标（见图 10-93d）椭圆内有两颗星相连，是由"H"字母变形而来，"H"是哈飞的第一个字母，代表哈飞汽车，为哈飞汽车有限公司轿车车标。长安重汽车标（见图 10-93e）圆内有经艺术化创意设计的字母"S"。长安重型汽车有限公司原为山西的南方重汽，南方重汽的英文名称和"山西"两字的汉语拼音首字母都是"S"。

a)　　　　　　b)　　　　　　c)　　　　　　d)　　　　　　e)

图 10-93　长安汽车集团的汽车车标

a）长安车标　b）长安车标　c）松花江车标　d）赛豹车标　e）长安重汽车标

五、北京汽车集团有限公司

北京汽车集团有限公司（简称北汽集团），是由北京市人民政府投资的国有独资公司。

1949 年，北京市人民政府将一个破旧修理厂改名为北平汽车修配厂。1958 年，北平汽车修配厂生产出第一辆"井冈山"牌轿车（见图 10-94），又试制成功"北京"牌高级敞篷轿车，同年更名为北京汽车制造厂，1963 年生产出北京牌 BJ210C 轻型越野车（见图 10-95），1965 年开始批量生产"北京"牌 BJ212 轻型越野车，累计产量超过 100 万辆。

1984年，我国第一家中外合资汽车企业——北京吉普汽车有限公司成立。1996年，成立北汽福田汽车股份有限公司。2002年，与韩国现代汽车集团合资成立北京现代汽车有限公司。2005年，与戴姆勒-奔驰公司合资成立北京奔驰汽车有限公司。2010年，公司更名为北京汽车集团有限公司。

图10-94　北平汽车修配厂生产的"井冈山"牌轿车

北汽集团拥有北京汽车股份有限公司、北京汽车制造厂有限公司、北京现代汽车有限公司、北汽福田汽车股份有限公司、北京奔驰汽车有限公司、江西昌河汽车有限责任公司、北京新能源汽车股份有限公司等整车企业。北汽集团是中国六大汽车集团之一。

北汽集团旗下拥有北汽、威旺、福田、昌河等自主汽车品牌；拥有首望、派喜等合资汽车品牌；还拥有克莱斯勒、吉普、现代、奔驰、铃木等外资汽车品牌。

图10-95　北京汽车制造厂生产的"北京"牌轻型越野车

图10-96所示为北汽集团的汽车车标。北汽车标（见图10-96a）是椭圆内有"北"字的艺术造型，为北京汽车制造厂股份有限公司商用车车标。图10-96b所示的北汽车标将"北"字艺术化成两个门把手，意为敞开的两扇大门，为北京汽车股份有限公司乘用车车标。威旺车标（图10-96c）图案为"北"字的艺术化造型，中间又像一条通向远方的道路，为北京汽车股份有限公司商用车车标。福田车标（见图10-96d）圆内是钻石造型，蕴含珍

　　　a)　　　　　　　b)　　　　　　　c)　　　　　　　d)　　　　　　　e)

图10-96　北汽集团的汽车车标

a) 北汽车标　b) 北汽车标　c) 威旺车标　d) 福田车标　e) 昌河车标

贵、恒久之意，为北汽福田汽车股份有限公司商用车车标。昌河车标（见图 10-96e）为"昌河"两字汉语拼音的首字母"C""H"的组合，并形成一个椭圆，为江西昌河汽车有限责任公司商用车车标。

六、广州汽车集团股份有限公司

广州汽车集团股份有限公司（简称广汽集团）创立于 2005 年，其前身为成立于 1997 年 6 月的广州汽车集团有限公司。

广汽集团拥有广汽集团乘用车有限公司、广汽集团客车有限公司、广汽吉奥汽车有限公司、广汽长丰汽车股份有限公司、广汽丰田汽车有限公司、广汽本田汽车有限公司、广汽日野汽车有限公司、广汽三菱汽车有限公司、广汽菲亚特汽车有限公司、广汽中兴汽车有限公司等整车企业。广汽集团是中国六大汽车集团之一。图 10-97 所示为广汽集团的汽车生产线。

图 10-97　广汽集团的汽车生产线

广汽集团旗下拥有传祺、吉奥、长丰、田野等自主汽车品牌；拥有理念等合资汽车品牌；还拥有丰田、本田、三菱、日野、菲亚特等外资汽车品牌。

图 10-98 所示为广汽集团的汽车车标。传祺车标（见图 10-98a）椭圆内是字母"G"的艺术化创意设计，G 为"广汽"中"广"字的汉语拼音首字母，为广汽集团自主乘用车车标。吉奥车标（见图 10-98b）椭圆内也是字母"G"的艺术化创意设计，G 代表"吉奥"，椭圆里面又像天体运行的轨道，寓意吉奥人永不停息的创业轨迹，为广汽吉奥汽车有限公司自主乘用车车标。长丰车标（见图 10-98c）椭圆内的三角造型就像一只张嘴咆哮的猎豹，也可以看成是字母"C"的艺术化创意设计，C 代表"长丰"，为广汽长丰汽车股份有限公司自主汽车车标。田野车标（见图 10-98d）椭圆内有象征公路的曲线，椭圆表示广大的田野，为广汽中兴汽车有限公司自主汽车车标。理念车标（见图 10-98e）采用螺旋上升的艺术造型，追求动感、时尚的理念，为广汽本田汽车有限公司轿车车标。

　　　a)　　　　　　　b)　　　　　　　c)　　　　　　　d)　　　　　　　e)

图 10-98　广汽集团的汽车车标

a）传祺车标　b）吉奥车标　c）长丰车标　d）田野车标　e）理念车标

七、奇瑞汽车股份有限公司

奇瑞汽车股份有限公司成立于1997年,是由安徽省的5家地方国有投资公司共同投资兴建的国有大型股份制企业,公司总部设在安徽芜湖。公司于1999年12月生产出第一辆奇瑞轿车。2001年奇瑞轿车正式上市。公司成立以来,始终坚持自主创新,逐步建立了完整的技术和产品研发体系,并打造了一系列国内知名的自主汽车品牌,产品出口到海外80余个国家和地区,出口量位居中国乘用车企业第一位。图10-99所示为奇瑞汽车公司的QQ牌轿车。

奇瑞汽车股份有限公司旗下拥有奇瑞(Chery)、开瑞(Karry)、瑞麒(Riich)、威麟(Rely)等自主汽车品牌;拥有观致等合资汽车品牌。

图10-100所示为奇瑞汽车股份有限公司的汽车车标。奇瑞车标(见图10-100a)是英文字母"CAC"的艺术化创意设计,是奇瑞汽车公司英文名称"Chery Automobile Corporation"的缩写,为中低档乘用车车标。开瑞车标(见图10-100b)椭圆内是英文字母"Karry",为中低档商用车车标。瑞麒车标(见图10-100c)为银色飞翼与金色字母"R"的组合,为中高档乘用车车标。威麟车标(见图10-100d)由字母"R"和大半个椭圆构成,像麒麟的脚印,有平安、吉祥之意,为中高档商用车车标。

图10-99 奇瑞QQ牌轿车

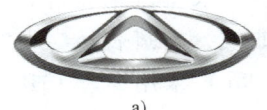   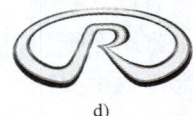
　　　a)　　　　　　　　b)　　　　　　　　c)　　　　　　　　d)

图10-100 奇瑞汽车股份有限公司的汽车车标

a)奇瑞车标　b)开瑞车标　c)瑞麒车标　d)威麟车标

八、吉利控股集团有限公司

吉利控股集团有限公司(简称吉利集团)是一家大型民营企业集团,创建于1986年,创始人是李书福,公司总部设在浙江杭州。吉利集团的前身是黄岩县制冷元件厂,1997年进入汽车制造领域，1998年第一辆吉利轿车下线。吉利集团凭借灵活的经营机制和持续的自主创新，快速成长为中国轿车的主力品牌。

2010年，吉利集团正式完成对美国福特汽车公司旗下沃尔沃轿车公司的全部股权收购，从此沃尔沃轿车成为吉利集团的汽车品牌。图10-101所示为吉利集团收购沃尔沃轿车公司的签字仪式。

2017年，吉利集团与马来西亚DRB-HICOM集团签署最终协议，收购DRB-HICOM集团旗下宝腾汽车（Proton）49.9%的股份，以及豪华跑车品牌莲花（Lotus）51%的股份。

图10-101　吉利集团收购沃尔沃轿车公司的签字仪式

吉利集团旗下拥有吉利、全球鹰、英伦、帝豪、沃尔沃等自主汽车品牌。拥有宝腾、莲花等合资汽车品牌。

图10-102所示为吉利集团的汽车车标。吉利旧车标（见图10-102a）中的椭圆象征地球，椭圆上的"六"有六六大顺、吉祥如意之意。2012年以后，吉利旧车标不再作为车标悬挂于车辆之上。全球鹰车标（见图10-102b）图案为鹰的造型，寓意鹰起东方，雄视寰宇。全球鹰品牌定位为低端市场。英伦车标（见图10-102c）图案含有中、英两国国旗的元素，寓意中英合作，完美融合。英伦品牌定位为中端市场。帝豪车标（见图10-102d）图案既像盾牌，又像宝石，寓意坚固如盾牌，尊贵如宝石。帝豪品牌定位为高端市场。沃尔沃车标（见图10-102e）是瑞典高档轿车车标，为外购自主品牌。

　　a)　　　　　　　　b)　　　　　　　　c)　　　　　　　　d)　　　　　　　　e)

图10-102　吉利集团的汽车车标

a) 吉利旧车标　b) 全球鹰车标　c) 英伦车标　d) 帝豪车标　e) 沃尔沃车标

九、长城汽车股份有限公司

长城汽车股份有限公司是一家大型股份制民营企业，成立于1994年，公司总部位于河北省保定市。长城汽车股份有限公司的前身为长城工业公司，创建于1984年，是保定市的一家集体所有制企业，主要从事汽车改装业务。1990年，魏建军承包了这个集体小厂，开始了自己的创业史。1994年更名为长城汽车股份有限公司。目前公司拥有皮卡车、乘用车、大客车、越野车、牵引车等汽车品种。图10-103所示为长城皮卡车。

图10-103　长城皮卡车

长城汽车股份有限公司旗下拥有长城、哈弗、魏牌等自主汽车品牌。

图10-104所示为长城汽车股份有限公司的汽车车标。长城旧车标（见图10-104a）的椭圆内是一个长城烽火台的图案，寓意长城汽车将横跨中国，走向世界。长城新车标（见图10-104b）的椭圆内是长城烽火台的立体造型。哈弗车标（见图10-104c）为哈弗的英文字母"HAVAL"。魏牌（WEY）是长城汽车公司推出的全新品牌，魏牌车标（见图10-104d）以公司创始人魏建军的姓氏命名。

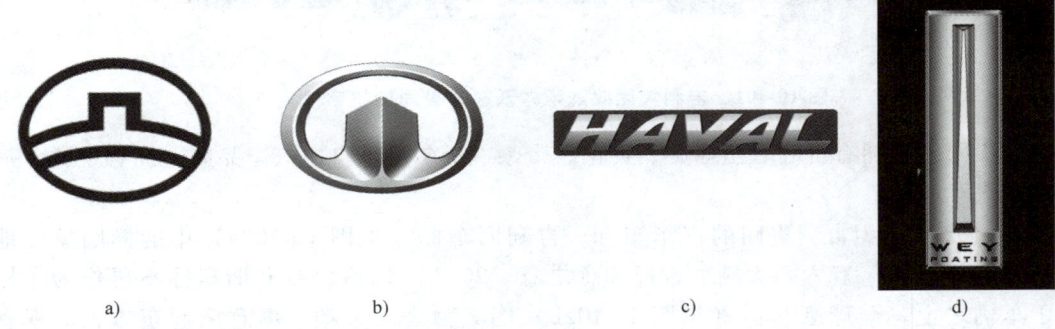

图10-104　长城汽车股份有限公司的汽车车标
a）长城旧车标　b）长城新车标　c）哈弗车标　d）魏牌车标

十、比亚迪股份有限公司

比亚迪股份有限公司创立于1995年，是一家在香港上市的内地民营企业，公司总部设在广东深圳。

2003年，比亚迪公司收购生产福莱尔微型轿车的西安秦川汽车有限公司，成立比亚迪汽车有限公司，进入汽车制造业。比亚迪致力于燃油汽车、电动汽车和混合动力汽车的研发和生产，并快速成长为最具创新理念的自主汽车品牌，更以独特技术领先全球电动车市场。目前已建成广东、北京、陕西、上海、长沙等十一大工业园区。从2008年开始，比亚迪先后推出多种新能源汽车产品。

2010年，比亚迪股份有限公司与德国戴姆勒集团合资成立比亚迪戴姆勒新技术有限公司，推出了合资汽车品牌腾势（DENZA）。

比亚迪股份有限公司旗下拥有比亚迪自主汽车品牌，还拥有腾势合资汽车品牌。图10-105所示为比亚迪股份有限公司的电动汽车。

第十章 著名汽车公司及其车标

图 10-105　比亚迪股份有限公司的电动汽车

图 10-106 所示为比亚迪股份有限公司的汽车车标。比亚迪旧车标（见图 10-106a）的内椭圆等分为蓝天白云两部分，突出比亚迪打造节能环保汽车的意愿，黑色椭圆带中为"BYD"，即公司缩写。比亚迪新车标（见图 10-106b）的椭圆内是"BYD"，图案简洁美观。腾势车标（见图 10-106c）为圆造型，中间镂空成水滴图案，蓝色的水滴体现了对纯净自然的追求，为比亚迪戴姆勒新技术有限公司的电动汽车车标。

 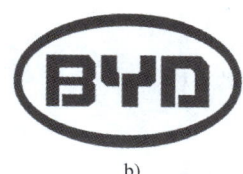 
a)　　　　　　　　　　b)　　　　　　　　c)

图 10-106　比亚迪股份有限公司的汽车车标
a) 比亚迪旧车标　b) 比亚迪新车标　c) 腾势车标

十一、安徽江淮汽车集团有限公司

安徽江淮汽车集团有限公司（简称江汽集团）成立于 1997 年，前身为合肥江淮汽车制造厂，始建于 1964 年，1968 年试制出第一辆"江淮"牌载货汽车。

江汽集团拥有安徽江淮汽车股份有限公司、安徽安凯汽车股份有限公司、安徽江淮客车有限公司、安徽江淮专用车有限公司、合肥江淮汽车有限公司等整车企业，已形成商用车、乘用车、客车、零部件和汽车服务五大业务板块，轻型载货汽车出口量连续十多年位居全国第一。

江汽集团旗下拥有江淮、安凯等自主汽车品牌。图 10-107 所示为江汽集团的和悦轿车。

图 10-108 所示为江汽集团的汽车车标。江淮乘用车车标（见图 10-108a）的椭圆内是五角星造型，为江淮汽车股份有限公司乘用车车标。江淮商用车车标（见图 10-108b）的

图 10-107　江汽集团的和悦轿车

椭圆内是英文字母"JAC",即江淮汽车公司英文名称"Jianghuai Automobile Company"的缩写,为江淮汽车股份有限公司商用车车标。安凯车标(见图10-108c)的椭圆内有"A"和"K"两个字母,"A"代表安凯客车公司,"K"代表原合作方德国凯斯鲍尔公司,为安凯汽车股份有限公司商用车车标。

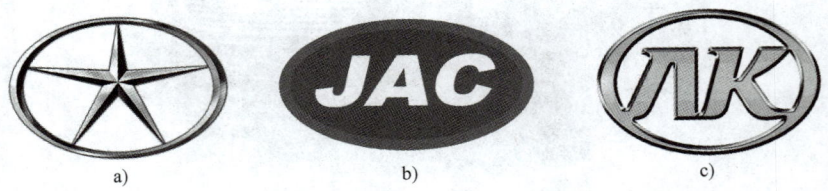

图 10-108　江汽集团的汽车车标
a) 江淮乘用车车标　b) 江淮商用车车标　c) 安凯车标

习　题

10-1　试写出美国三大汽车公司的名称。

10-2　试写出日本三大汽车公司的名称。

10-3　试写出欧洲六大汽车公司的名称。

10-4　试写出中国六大汽车集团公司的名称。

第十一章

汽车运动与汽车名人

第一节 汽车运动概述

汽车运动,又称为汽车竞赛,是指汽车在封闭场地、道路或野外进行速度、驾驶技术和性能比赛的一种体育运动项目。汽车运动与汽车具有同样长的历史。汽车运动既为汽车厂家提供了一个苛刻的产品质量试验场,也为汽车爱好者和车迷带来一种刺激和美的享受。汽车运动推动了世界汽车工业的科技进步和快速发展。

一、汽车运动的起源

1894 年,在法国举行了世界上第一次汽车比赛,线路由巴黎到鲁昂(Rouen),赛程为 128km(80mile)。参加比赛的汽车共有 102 辆,其中:汽油机汽车 30 辆,乙醇汽车 7 辆,蒸汽机汽车 28 辆,电动汽车 4 辆,其余各式汽车 33 辆。最后只有 9 辆车跑到了终点,蒸汽机汽车获得了第一名,用时 6h 48min,平均车速约为 19km/h(见图 11-1)。随后,英国、美国、德国等国家也每隔几年就要举行一次汽车比赛,并逐渐出现了早期的赛车。

1906 年,法国汽车俱乐部在勒芒举办了第一次汽车大奖赛(见图 11-2),主办者在赛道旁筑起木栏,在赛道两侧最佳位置搭起看台,将观众集中起来欣赏汽车比赛,既满足了娱乐性,又确保了赛场安全。

1909 年,在美国的印第安纳波利斯修建了椭圆形赛道,举行了汽车比赛,这是美国印第安纳波利斯 500 英里大奖赛(简称印第 500)的开端。

1911 年,首次举行途经欧洲 10 个国家的首都,最终到达摩纳哥首都

图 11-1 巴黎到鲁昂的汽车比赛途中(1894 年)

图 11-2 法国第一次汽车大奖赛(1906 年)

摩纳哥城附近的蒙特卡罗的长途汽车比赛，由于这次比赛以"Rally"（音译为"拉力"）命名，所以称为汽车拉力赛。

1923年，在法国勒芒举办了首届24h汽车耐力赛，比赛采用换人不换车的方式，由车手轮流驾驶同一辆汽车在环形道路上连续疾驰24h，最终由行驶距离最长的汽车夺得冠军。

1950年，在英国的银石赛车场举行了首届一级方程式锦标赛，这是现代方程式汽车运动的里程碑。

1904年，由法国、英国、德国等欧洲国家成立了国际汽车联合会（Fédération Internationale de l'Automobile，FIA），总部位于法国巴黎，2009年迁至苏黎世。

二、汽车运动的分类

汽车运动种类繁多，划分汽车比赛的类别取决于诸多因素。

1）按照车型的不同，汽车比赛可分为轿车、越野车、皮卡、货车、老爷车等原厂车型的赛事；还有特制车辆的赛事，比如各种级别的方程式赛车、美国的印第500赛车、卡丁车以及耐力赛车等。

2）按照比赛的场地和路面不同，汽车比赛可分为赛车场内的场地赛，封闭某段街区公路的街道赛，山区柏油路面和沙石路、雪地、沙漠等地段的拉力赛，泥地、山地、丛林等地段的越野赛等。

3）按照比赛的方式不同，汽车比赛可分为同一赛车场内行驶相同圈数，比较用时多少的计时赛和同一赛车场内行驶相同时间，比较行驶里程长短的耐力赛。

4）在较短的直道上比试加速性能的直线冲刺赛，以及路线长达数千甚至一万多公里、贯穿多个国家和地区的单项马拉松拉力赛。

第二节 汽车大赛

随着汽车运动的发展，汽车大赛的种类越来越多，下面主要介绍方程式汽车赛、汽车拉力赛、勒芒24小时汽车耐力赛、美国印第安纳波利斯500英里汽车大奖赛、卡丁车赛以及车速记录赛。

一、方程式汽车赛

方程式汽车赛是汽车场地赛的一种类型。首场方程式场地赛是1906年在法国举行的，当时及以后相当长的时间内，人们对汽车赛没有做任何限制。比赛的输赢在很大程度上取决于汽车自身的性能，谁的发动机功率大，谁就有可能获胜。1950年，国际汽车运动联合会出于安全和汽车技术发展的需要，颁布了赛车规则，对汽车自身质量、车宽、车长、发动机功率、发动机排量等技术特性参数做出了一系列规定，使比赛更趋于公平，于是便有了"方程式"（Formula）的概念，该词既有方程式的意思，也有准则、方案的含义，联系到比赛，将其理解为规则、级别更为合理。1951年一级方程式（F1）大赛发车时的情景如图11-3所示。

方程式赛车的级别有很多种，主要有：一级方程式（简称F1）、二级方程式（现在为GP2）、三级方程式（简称F3）、亚洲方程式、自由方程式、福特方程式、雷诺方程式、卡丁车方程式等。下面仅介绍F1汽车赛。图11-4和图11-5所示为F1赛车。

第十一章 汽车运动与汽车名人

图 11-3　1951 年 F1 大赛发车时的情景

图 11-4　F1 赛车正面

图 11-5　F1 赛车侧面

F1 汽车赛是世界汽车场地赛项目中级别最高的，也是最引人注目的体育比赛项目之一。由于它每年要在世界各地的 16～20 个站比赛，通常可以吸引 200 万以上的观众到场观战，通过电视观看的观众多达 500 多亿人次。

F1 汽车竞赛初期，每年只举行 7～9 场比赛，现在每年增加至 16～20 场比赛。每场比赛按到达的先后顺序评分，前十名车手将获得积分，第一名到第十名的得分分别为：25 分、18 分、15 分、12 分、10 分、8 分、6 分、4 分、2 分、1 分。车手各场比赛累计总分数为车手积分，由此确定本年度车手的名次；车队下属所有的车手积分累计所得即为车队积分，由此确定本年度车队的名次。

以下是关于 F1 赛车、F1 赛道、F1 车队和 F1 车手的简要介绍。

1. F1 赛车

1) 赛车车身。F1 赛车的整车质量（不含燃油，包含车手）有严格规定，21 世纪初期约为 600kg，之后赛车规定的质量逐年有所增加，2022 年为不能低于 798kg。为了减小空气阻力，F1 赛车车身做成细长低矮的流线形状。赛车质量较小，这对提高车速有利，但同时又影响轮胎对地面的附着力，赛车容易发飘。为解决这一矛盾，通常都在车身前端和后端装一块和飞机机翼截面一样的翼板，鼓起的一面向下，在赛车行驶时使空气对翼板产生一个向下的压力，以加大轮胎对地面的作用力并防止车身发飘。赛车前后翼的角度是根据赛道的不同而专门设定的，以便最大限度地提高赛车的性能。

由于赛车的外壳和前后翼板以及车身采用了负升力结构，虽然 F1 赛车规定的最低质量（赛车及车手的总质量）约 800kg，但是在比赛时车轮与地面的接触压力、转弯时横向附着力和制动时的纵向反作用力可分别达到 16kN、22kN 和 25kN。

2) 赛车发动机和变速器。F1 赛车的发动机规定采用四冲程往复活塞式发动机，排量不得超过 2.4L。使用自然进气发动机，不得使用涡轮增压或机械增压，规定采用 V 形布置的 8 缸发动机。为了适应全球能源危机的大环境，2014 年，F1 赛车的发动机改为 1.6L 的 V6 涡轮增压发动机。

F1 赛车规定采用手动变速器或半自动变速器。半自动变速器操作简单，只需按一下转向盘上的按钮就可以改变变速器档位。F1 赛车的变速器应有不超过 8 个的前进档和 1 个倒档。通常一场比赛车手需要换档 2500 次左右，平均 2s 就要换档一次，换档操作相当频繁。

F1 汽车赛是最顶尖的汽车竞赛，各制造厂商都运用了最高的科技手段，F1 赛车的发动机最高转速已超过 20000r/min。F1 赛车的发动机强化程度非常高，是以牺牲耐用性和寿命为代价的。2014 年以后，规定 1.6L 的 V6 涡轮增压发动机的转速不得超过 15000r/min。

3) 赛车油箱和轮胎。为了避免赛车翻车时燃料泄漏引起火灾，F1 赛车的油箱是由特种橡胶制成的，能够承受挤压变形，不易破裂。油箱和所有燃油管在破裂后都会自动封口，防止燃油泄漏。

F1 赛车的轮胎分为干地轮胎和雨地轮胎两种类型，如图 11-6 所示。干地轮胎用于干燥气候状态下，轮胎的胎面非常光滑，没有胎面花纹和沟槽，如图 11-6a 所示。根据轮胎硬度的不同，干地轮胎分为 5 种类型，分别适用于各种赛道和各种赛车手的不同要求。

雨地轮胎根据胎面花纹和沟槽深浅的不同，分为 2 种类型。轮胎的胎面花纹和沟槽深的雨地轮胎（图 11-6b）排水效果好，当赛车在湿滑沥青赛道上全速前进时，可以达到 65L/s 的排水量。轮胎的胎面花纹和沟槽浅的雨地轮胎（图 11-6c），赛车全速前进时，排水量约为 25L/s，这种雨地轮胎是为潮湿和略微湿润的赛道表面设计的。

F1 赛车是高科技的结晶，车手的头盔也让人们叹为观止。F1 车手的头盔是特别定制的，价格在 1 万欧元左右（不包括护目镜），它在 800℃ 的高温中可坚持 30s 而不损坏。头盔外壳是由新型碳纤维材料制成的，虽然质量只有 1.2kg，但一辆重达 55t 的德国豹式坦克从头盔上碾过，头盔仍安然无恙（见图 11-7）。

a)

b)

c)

图 11-6　F1 比赛用的干地轮胎和雨地轮胎

图 11-7　头盔被坦克碾过仍安然无恙

2. F1 赛道

F1 汽车赛必须在专用赛车场进行，对专用赛车场的长度和宽度、路面情况、安全措施等均有极为严格的要求。一般来说，专用赛车场为环形，每圈长 3~7km；比赛总长度为 305~320km。为安全起见，赛道两旁一般铺设宽阔的草地或沙地，以便将观众与赛道隔开。下面通过上海国际赛道来介绍有关赛道的知识。

上海国际赛车场位于上海市嘉定区，2004 年第一次举办 F1 汽车赛。除了用于 F1 赛事外，还可以举办各类不同的汽车赛。赛车场设计看台规模约为 20 万人，其中带顶篷的固定看台约有 5 万个座位，其余为坡形露天看台。图 11-8 所示为气势壮观的上海国际赛车场。

第十一章　汽车运动与汽车名人

图 11-8　气势壮观的上海国际赛车场

上海国际赛车场赛道整体造型犹如一个翩翩起舞的"上"字（见图 11-9），它既具有供大功率赛车发挥性能的高速直道，又具有充分体现车手技术的弯道。赛道单圈长度为 5.451km，比赛总圈数为 56 圈，比赛总长度为 307.573km。赛道具有 7 处左转弯道及 7 处右转弯道，最长的直道长度为 1175m，赛道的宽度为 13～15m，在弯道处最大加宽到 20m。弯道最大曲线半径为 120.55m，最小曲线半径为 8.80m。赛道最大上坡坡度为 3%，最大下坡坡度为 8%。平均车速为 205km/h，最高允许车速为 326km/h。

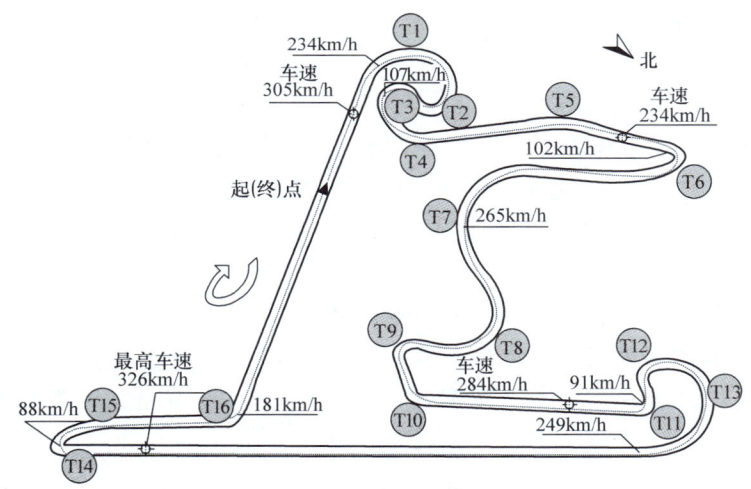

图 11-9　上海国际赛车场赛道

3. F1 车队

参加 F1 汽车赛必须先注册成立一支专业赛车队。成立和运作一支 F1 赛车队所需的费用非常高。一些实力雄厚的赛车队，如法拉利车队、威廉姆斯车队、雷诺车队和英美车队等，都拥有自己的 F1 赛车设计制造中心。

在 F1 汽车赛的历史上，著名的 F1 车队有很多，其中获得 F1 年度车队冠军次数最多的三支车队分别是法拉利车队、迈凯轮车队和威廉姆斯车队。

法拉利车队成立于 1929 年，创始人是恩佐·法拉利，车队总部在意大利摩德纳省的马拉内罗。法拉利车队是 F1 历史上最具传奇色彩的车队，共获得过 16 次 F1 年度车队总冠军，

15次F1年度车手总冠军。图11-10为法拉利车队。

图11-10 法拉利车队

迈凯轮车队成立于1963年，创始人是布鲁斯·迈凯轮。车队分别与福特、保时捷、本田、奔驰公司合作，称为迈凯轮-福特车队、迈凯轮-保时捷车队、迈凯轮-本田车队、迈凯轮-奔驰车队，共获得过8次F1年度车队总冠军，12次F1年度车手总冠军。

威廉姆斯车队成立于1973年，创始人是弗兰克·威廉姆斯。车队分别与福特、本田、雷诺公司合作，称为威廉姆斯-福特车队、威廉姆斯-本田车队、威廉姆斯-雷诺车队，共获得过9次F1年度车队总冠军，7次F1年度车手总冠军。

4. F1车手

在F1汽车赛中，车手起着举足轻重的作用，在赛车性能基本相同的条件下，车手往往起着决定成败的关键作用。在比赛过程中，车手要消耗大量的体力，承受因加速、减速和离心力所引起的巨大作用力。F1汽车赛是一项很危险的汽车运动，比赛时不可避免地会发生碰撞、翻车、起火等事故。

F1车手都是赛车界的精英，要经过多年的磨炼，通过无数次的筛选，最后还要接受FIA的考核，在取得世界超级驾驶员执照后才有资格参加F1汽车大赛。全世界拥有这种执照的赛车手每年不足100人。下面介绍著名的赛车手：胡安·曼努尔·范基奥、阿兰·普罗斯特、迈克尔·舒马赫、刘易斯·汉密尔顿。

胡安·曼努尔·范基奥（Juan Manuel Fangio）（见图11-11a），生于1911年6月24日，阿根廷人，1951年，他以38岁高龄参赛并获得首个冠军，可谓是前无古人后无来者。在他短暂的F1车手生涯中，共获得5次年度车手总冠军，这一神奇的纪录一直保持了50多年，直到德国车手迈克尔·舒马赫在2003赛季夺得了个人第6个年度车手总冠军后才被打破。

阿兰·普罗斯特（Alain Prost）（见图11-11b），生于1955年2月24日，法国人，是非常著名的F1赛车手。普罗斯特共获得4次F1年度车手总冠军，51次分站赛冠军。

迈克尔·舒马赫（Michael Schumacher）（见图11-11c），生于1969年1月3日，德国人，是当今F1汽车赛成绩最辉煌的赛车手，到目前为止，他一共获得7次F1年度车手总冠军，是迄今为止获胜次数最多的F1赛车手。

刘易斯·汉密尔顿（Lewis Hamilton）（见图 11-11d），生于 1985 年 1 月 7 日，英国人，英国世界一级方程式锦标赛（F1）赛车手，共获得 7 次 F1 年度车手总冠军，追平了舒马赫保持的车手总冠军次数纪录。

a)　　　　　　　　b)　　　　　　　　c)　　　　　　　　d)

图 11-11　著名 F1 赛车手

a）胡安·曼努尔·范基奥　b）阿兰·普罗斯特　c）迈克尔·舒马赫　d）刘易斯·汉密尔顿

二、汽车拉力赛

拉力赛一词取自英文"Rally"，有集结的意思，正式的汽车拉力赛是从 1911 年开始举行的。拉力赛要求参赛车辆必须严格按照比赛规定的行驶路线，在规定的时间内，进行规定的比赛等。由于比赛不仅考验车手的水平，还要考验领航员的配合、车辆的性能以及维修的力量，因此，无论对于车手还是车队都是一项复杂的综合性考验。拉力赛的赛段为各种临时封闭后的普通道路，包括山区和丘陵的盘山公路、沙石路、泥泞路、冰雪路等，也有无法封闭的沙漠、戈壁、草原等地段。图 11-12 所示为拉力赛汽车。

图 11-12　拉力赛汽车

拉力赛用车分为 A 组和 N 组。A 组使用的车辆年产量必须达到 2500 辆，车内设标准 4 乘员座位，发动机功率小于 300 马力。A 组车辆除了保留外形和原厂标志以外，几乎所有的部件都可以改装，改装费用昂贵，一般都是由汽车公司直接赞助的职业赛车队才能达到。N 组使用的车辆年产量也要达到 2500 辆，并规定只允许进行安全改装和有限的性能改装，发动机内部必须维持原车的标准，不允许改动，改装费用较少，因此多为业余车队和个人选手使用。

拉力赛分为两种主要形式：一种为由甲地出发，到达乙地结束的直线型、长距离马拉松拉力赛，这类比赛每年只举办一次，每次持续五天至二十几天，例如达喀尔拉力赛；另一种为每年在不同国家和地区举办几站或十几站的比赛，每个站的赛程历时三天，例如世界拉锦标赛。

拉力赛采用每隔 2～5min 逐一发车的比赛方式，比赛是以各车完成各段比赛的总和时间论胜负。

每场比赛按到达的先后顺序评分，前十名车手将获得积分，第一名到第十名的得分分别为：25 分、18 分、15 分、12 分、10 分、8 分、6 分、4 分、2 分、1 分。车手各站（或各赛段）比赛累计总分数为车手积分，由此确定本年度车手的名次；车队下属所有的车手积分累计所得为车队积分，由此确定本年度车队的名次。

国际上著名的拉力赛有世界拉力锦标赛、欧洲拉力锦标赛、亚洲拉力锦标赛、非洲拉力锦标赛、中东拉力锦标赛、达喀尔拉力赛等。下面介绍世界拉力锦标赛和达喀尔拉力赛。

1. 世界拉力锦标赛

世界拉力锦标赛（World Rally Championship，WRC）创始于 1973 年，全年赛程规划有 14～16 站，分别在 14～16 个不同的国家举行。世界拉力锦标赛可以说是所有赛车项目中最严苛、最接近真实的一种比赛，因为所有参赛车辆都以量产车种为基础改制而成，并在雨林、泥泞、雪地、沙漠及蜿蜒山路等全球各地最具代表性的险恶路段的道路中进行，图 11-13 所示为赛车在雪地赛段比赛。

世界拉力锦标赛每一站比赛分为三个阶段，通常每天为一个阶段，每一站的赛程大多为 1500km，分为计时赛段（Special Stage，SS）与行驶路段（Road Section，RS）。SS 路段是在封闭管制的路段上进行竞速比赛，每个阶段通常规划有 5～10 个 SS 路段，长度通常在 10～50km。不同的 SS 路段间以 RS 路段相连接，通常 RS 路段就是一般的道路，赛车必须遵守当地的交通法规。比赛以每位车手完成所有 SS 路段时间的总和来分胜负。

图 11-13　世界拉力锦标赛的雪地赛段

因为一般道路不像赛车场的跑道那样宽敞，再加上会有前车扬起的尘土影响，因此拉力赛是采用每隔 2～5min 逐一发车的比赛方式，所以不会有一般赛车场的两车追逐场面。比赛起跑出发顺序是依照车手的排名，积分领先者首先出发。

为了便于观众欣赏比赛和电视转播，每一站还设有一个超级赛段（Super Special Stage，SSS），这个赛段采用双车竞发方式，比赛过程非常精彩。SSS 路段长度通常只有 2km，而且大多是在人工搭建的赛道上进行，是整个比赛中最短的计时赛段，但对观众的吸引力却是最高的，因为观众可轻松地在观众席上，欣赏拉力赛中看不到的两车同场竞技的场面，而且免受风沙之苦。

在世界拉力锦标赛中，车手和领航员称为一个车组（见图 11-14）。在比赛过程中，领航员和车手相互配合，领航员随时向车手报告路况，比如弯道角度、弯道长度、组合弯情况、路面是否可以飞跳、前面是否有坑等，特别是在夜间，领航员的作用就显得更为重要了。如果赛车在比赛中发生故障，领航员需要协助车手进行赛车修理，如换轮胎等。

领航员是赛场上的幕后英雄，通常情况下车手迎接欢呼声，领航员则在维修区准备第二天比赛的路书。他们是一群机灵聪明、负责、勇于奉献而又低调的人，没有一个好的领航员，车手很难拿到冠军，好成绩是由车手和领航员默契配合得来的。

2. 达喀尔拉力赛

达喀尔拉力赛创办于1979年，每年一次，早期称为"巴黎—达喀尔拉力赛"。赛车从法国巴黎出发，开始欧洲赛段，然后乘船横渡地中海，

图 11-14　车手和领航员

在非洲阿尔及利亚登陆。车队在非洲干旱的沙漠、潮湿的热带雨林和各种崎岖路段比赛，最后到达塞纳加尔首都达喀尔，途经近10个国家，行程13000km左右，历时近20天。这一比赛行驶路线长，比赛条件苛刻。

巴黎—达喀尔拉力赛在开赛后的近10年间，起点都定在巴黎，终点为达喀尔，但赛程路线每年都会有所更改。1995年以后，比赛的起点多有变化，例如，几次比赛的起点是从西班牙的格拉纳达出发，但终点总是设在达喀尔，故此项赛事被简称为"达喀尔拉力赛"。后来，比赛终点一度移到南非开普敦、埃及首都开罗，而2009年的赛事更是移到了南美洲。但"达喀尔拉力赛"早已成为这一赛事的代名词，因此一直沿用至今。图11-15所示为赛车在沙漠赛段比赛。

图 11-15　赛车在沙漠赛段比赛

达喀尔拉力赛是一种多车种、分级别的超大型比赛，分为摩托车组、小型汽车组（包括轿车和越野车）及卡车组。

比赛路段分布在宽阔甚至漫无边际的沙漠以及热带草原，基本上没有现成的道路。车手和领航员依靠路线图、指南针和全球定位系统（GPS），才能到达每一个集结点。

由于达喀尔拉力赛各集结点之间基本上没有现成的道路，因此，每个车队都会包租专机携带所有的配件、给养和维修技师，在赛车之前飞抵指定区域的简易机场。几十架分别画满了各自车队标志的飞机停在一起，其场景蔚为壮观。当贴满同样标志的赛车来到维修区，便会集中到机翼下进行维修和补给。这时候，又如同小鸟在大鸟的羽翼下休息一样，场景特别有趣。

达喀尔拉力赛的过程异常艰苦,赛车手白天要经受 40℃ 的高温,晚上又要在零摄氏度以下的低温中度过。而且,除了通常的赛车故障以外,一旦迷失方向,就要面临断油、断粮甚至放弃比赛的局面。因此,这是一场人与自然真正较量的比赛。

三、勒芒 24 小时汽车耐力赛

勒芒(Le Mans)位于法国巴黎西南约 200km 处,是一个人口约 20 万的小城。这个小城能够闻名于世,主要是因为自 1923 年开始,每年 6 月份都要在这里举行 24 小时世界汽车耐力赛。

勒芒汽车耐力赛是世界上最负盛名的汽车耐力赛,胜过美国印第 500 大赛,因为一般耐力赛的行程只有 500~1000km,而勒芒汽车耐力赛的行程约为 5000km。最初的勒芒赛道两旁不设护栏,人们可以在路边的露天咖啡馆一边喝咖啡一边欣赏从身边飞驰而过的赛车。图 11-16 所示为勒芒赛车场。图 11-17 所示为勒芒耐力赛汽车和车手。

图 11-16 勒芒赛车场

图 11-17 勒芒耐力赛汽车和车手

勒芒汽车耐力赛的车道是全长 13.5km 的环形道,在这样的跑道上需行驶 24h。一昼夜之中汽车的行程超过 5000km,平均车速超过 200km/h,最高车速超过 300km/h。

在早期的勒芒汽车耐力赛中没有限制车手人数和驾驶时间,大多数参赛者都是两人轮流驾驶一辆赛车。到了 20 世纪 80 年代则规定由三位车手并肩出战,轮流驾驶同一辆赛车。每位车手连续驾驶时间不得超过 4 小时,主车手总驾驶时间不得超过 14 小时。行驶距离最长的赛车获胜。

勒芒 24 小时汽车耐力赛的参赛车辆分为 LMP1、LMP2、LMGT1、LMGT2 四个组别。其中,LMP1 和 LMP2 组为勒芒原型车,指专门为耐力赛制造的专业赛车,LMP2 组的发动机规格比 LMP1 组低;LMGT1 和 LMGT2 组是由量产车型改装而成的赛车,LMGT2 组赛车的改装程度比 LMGT1 组低。LMP1 组是勒芒赛道上最高级别的赛车。在勒芒大赛中,四个组别的赛车是同场进行比赛的,这是勒芒 24 小时汽车耐力赛的一大特点。

勒芒汽车耐力赛规定加油和换胎不能同时进行。在整个 24 小时的赛程中,即使燃油效率较高的赛车,也需要进站加油 30 次左右,进站加油所费时间是相当可观的,因此勒芒汽车耐力赛很重视提高发动机的燃油经济性,尽量减少进站加油次数。由于柴油发动机燃烧效率高,燃油经济性好,相同体积的柴油比汽油行驶的路程更长,可以减少进站加油次数。因此,近些年来搭载柴油发动机的赛车在勒芒赛道上找到了施展的舞台。

勒芒汽车耐力赛没有限制发动机的种类和所使用的燃料,以鼓励最先进科技的运用。1991 年,在勒芒汽车耐力赛上,搭载了转子发动机的马自达车队的全部三辆赛车都进入了前十名,获得冠军的马自达赛车取得拉开第二名赛车两圈的惊人成绩,而且马自达赛车使用的转子发动机是全场排量最小的,这让全世界赛车迷为之惊叹。这是日本汽车第一次取得勒芒赛事的冠军头衔,打破了勒芒汽车耐力赛冠军全部被欧美赛车垄断的格局。

勒芒汽车耐力赛组委会不得不承认,马自达设计的转子发动机的确具有绝对的技术优势。但是,如果不对其进行限制,则对使用传统活塞式发动机的所有厂商的车队都是不公平的。第二年,勒芒汽车耐力赛组委会正式取消了除传统活塞式发动机以外的所有发动机的参赛资格。

勒芒汽车耐力赛可以说是距离最长(不停赛检修)的汽车耐力赛,人们称其为"车坛马拉松"。发动机在长时间吼叫,汽车在不停狂奔,赛车手丝毫不能松懈,精神高度紧张,无论对汽车或是车手都是极其严峻的考验。

尽管勒芒汽车耐力赛危险重重,但由于它是世界上最重要的汽车比赛之一,同时由于这项比赛给车手们的分数相当于世界耐力锦标赛(WEC)的双倍得分,因此不断地吸引着越来越多的赛车好手前来参加。一些汽车公司不惜耗费巨资,想在这项大赛中取胜,谁也不肯轻易放过利用这项大赛来提高公司声誉的机会。图 11-18 所示为勒芒汽车耐力赛颁奖盛况。

除了赛事本身所具有的独特魅力外,长期以来形成的露营文化也是勒芒汽车耐力赛一道独一无二的风景线。早期的勒芒汽车耐力赛只有一些忠实车迷在赛道两侧安营扎寨,如今,

图 11-18　勒芒汽车耐力赛颁奖盛况

每年在赛场上宿营的车迷有数万人,各种房车和帐篷密密麻麻地布满赛道边的宿营区。赛场周围还有设施齐备的餐饮、娱乐和休闲场所,车迷们在这里如同过节一样。

下面简单介绍国际汽车联合会(FIA)新创立的世界耐力锦标赛。

世界耐力锦标赛(World Endurance Championship,WEC)始创于2012年,每年在世界各地举办8场分站赛,每场分站赛至少持续6h。勒芒24小时耐力赛既是WEC中的一站,又是独立的一项赛事。

世界耐力锦标赛的计分方式为前十名得分,第一名到第十名的得分分别为:25分、18分、15分、12分、10分、8分、6分、4分、2分、1分,第十一名及以后完赛者获得0.5分。其中勒芒24小时耐力赛这一站的得分将加倍。根据累计总分确定年度车手冠军和年度车队冠军。

四、美国印第安纳波利斯500英里汽车大奖赛

在美国印第安纳州波利斯市有一条著名的环形赛道,周长2.5mile(4km),汽车竞赛要跑200圈,总赛程为500mile(800km),这就是竞赛名称的由来。

印第安纳波利斯500英里汽车大奖赛(简称印第500)始于1909年,当年的印第安纳州波利斯赛道是用300多万块砖头砌成的,被戏称为"砖厂",1961年改成柏油路面。2000年,为了加入一级方程式大赛的赛程,对赛道进行了再次改造,将原来的鹅蛋形椭圆赛道改成了曲折多弯、适合F1赛事的赛道。印第500既是美国方程式锦标赛中的一场,又是一场独立的、更重要的赛事。

印第500的赛车与F1赛车很相似,但内部却有很大区别。该种赛车采用排量为2.65L、8缸以下的涡轮增压发动机,使用不易挥发的甲醇为燃料。赛车的质量略超过700kg。印第500的赛车上不允许使用各种先进的电子装置,它使用普通离合器、普通变速换档装置。图11-19所示为印第500的赛车。

图11-19 印第500的赛车

印第500的赛道呈圆角长方形(见图11-20),赛车在跑道上的平均速度可达240~260km/h,在直线段时可超过320km/h,因而跑完1圈大约需要1min,跑完全程大约需要3h。

由于跑道较短,赛车需要频繁左转弯,赛车就会在离心力作用下经常向右倾侧,故需要把赛车设计得左右不对称,右边的悬架和轮胎硬些而左边的软些。

印第500是美国车坛最重要的赛事,奖金最高,现场观众最多。印第500就像欧洲的勒芒24小时汽车耐力赛一样,属于汽车耐力赛。

由于多方面的原因,印第安纳波利斯赛道于2007年在F1美国大奖赛中谢幕。

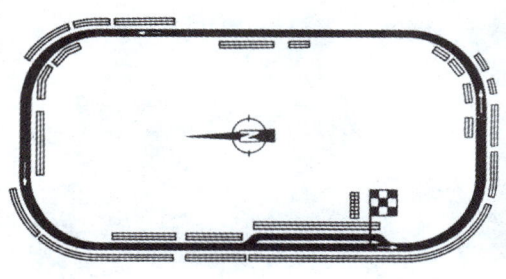

图 11-20　印第安纳波利斯赛车场

五、卡丁车赛

卡丁车（Karting）是无车厢的四轮单座位微型汽车。卡丁车赛是一种场地比赛，赛车在曲折的环形路上比赛车速。卡丁车是诸多赛车种类中的微型赛车，无减振装置，不能倒车，使用轻钢管结构，外形小巧，结构简单。卡丁车赛是赛车运动中最低的起步运动，是进入 F1 汽车赛的"摇篮"，在欧洲又称为"迷你方程式"，如图 11-21 所示。

图 11-21　卡丁车赛

卡丁车运动起源于 20 世纪 50 年代，最初是用剪草机改装而成的，设备及发动机均非常简单。后来卡丁车逐渐发展成为一项运动项目。由于卡丁车的重心非常低，易于操控，是赛车运动中最安全的一种车型。

卡丁车依据其发动机的工作容积和结构的差异分为三个类别、13 个级别。第一类为方程式类卡丁车，分为 5 个级别；第二类为洲际赛类卡丁车，分为 6 个级别；第三类为普及类卡丁车，分为 2 个级别。

在卡丁车 13 个级别中，发动机有 100mL、125mL、150mL、200mL 和 250mL 五种排量，有二冲程和四冲程两种循环方式，有风冷和水冷两种冷却方式。卡丁车有 60kg、70kg、80kg、85kg、100kg 和 110kg 六种最小整备质量。

卡丁车是年轻人取得赛车经验的第一步，目前征战 F1 汽车赛的车手均是从小开始练习卡丁车，并都是各自国家的卡丁车赛冠军。例如巴西著名的 F1 车手埃尔顿·塞纳 17 岁时夺得南美卡丁车赛冠军，德国著名的 F1 车手迈克尔·舒马赫 18 岁时获得德国及欧洲卡丁车赛冠军。赛车手们所有关于赛车的基础知识和必要经验都来源于这项看似简单，其实涵盖了一切赛车原理的运动项目。图 11-22 所示为早年舒马赫驾驶着卡丁车。

六、创车速纪录赛

创车速纪录赛是为了创造新的汽车车速纪录而进行的比赛。汽车车速纪录和田径比赛的纪录一样有许多种，这是因为车速与行车距离和时间有密切的关系。在短距离、短时间内的速度，通常大于长距离、长时间内的速度。因此，国际汽车联合会对于汽车的车速纪录，分成按规定时间和按规定距离两种。

图 11-22　早年舒马赫驾驶着卡丁车

1）按规定时间分为 1s、6s、12s、24s 四个档次。
2）按规定距离分为 1/4mile 到 100kin（1mile＝1609.344m，1in＝0.0254m）不等。陆上行驶速度的部分世界纪录见表 11-1。

表 11-1　陆上行驶速度的部分世界纪录

年　份	驾　驶　人	汽　车	速度/（km/h）	地　点
1898	查斯罗普·劳贝特	金陶德电动车	63.15	（法）阿彻雷斯
1899	卡米勒·詹纳兹	炮弹形电动车	105.88	（法）阿彻雷斯
1902	列昂·沙波列	沙波列蒸汽车	120.79	（法）尼斯
1905	维克托·哈默利	达拉斯克	176.46	（法）阿里斯-萨隆
1909	维克托·哈默利	奔驰	202.69	（英）布鲁克兰斯
1922	克洛·吉尼斯	阳光	215.24	（英）布鲁克兰斯
1924	艾尼斯特·艾德里兹	菲亚特	234.97	（法）阿帕琼
1924	马尔科姆·坎贝尔	青鸟	235.22	（英）潘定
1925	马尔科姆·坎贝尔	青鸟	242.62	（英）潘定
1926	亨利·沙格雷夫	阳光虎型	245.14	（英）南波特
1927	亨利·沙格雷夫	巨型阳光	327.96	（美）戴顿纳
1928	马尔科姆·坎贝尔	青鸟	333.04	（美）戴顿纳
1928	雷·凯茨	白三联	334.01	（美）戴顿纳
1929	亨利·沙格雷夫	金箭	372.46	（美）戴顿纳
1931	马尔科姆·坎贝尔	青鸟	396.03	（美）戴顿纳
1933	马尔科姆·坎贝尔	青鸟	438.47	（美）戴顿纳
1935	马尔科姆·坎贝尔	青鸟	484.61	（美）波纳维利
1938	乔治·爱斯顿	雷电	575.35	（美）波纳维利
1939	约翰·科布	黎利顿	594.96	（美）波纳维利
1947	约翰·科布	黎利顿	634.39	（美）波纳维利
1964	唐纳·坎贝尔	青鸟	648.71	（澳）艾尔湖
1965	克雷格·布里德洛夫	美国精神——音速1号	966.55	（美）波纳维利
1970	加里·加伯里奇	蓝焰	1001.64	（美）波纳维利
1983	理查德·诺贝尔	推力 2 号	1019.43	（美）黑岩
1997	安迪·格林	推力 SSC	1227.73	（美）黑岩

第十一章 汽车运动与汽车名人

以下介绍几项世界车速纪录创造者及其所驾驶的赛车。

1899年，比利时人卡米勒·詹纳兹（Canille Jenatzy）驾驶炮弹形电动汽车参加在法国巴黎附近举办的世界汽车竞赛，并在阿彻雷斯创造了第一个突破100km/h大关的陆地速度世界纪录——105.88km/h。该车形似炮弹，由两个电动机驱动，该车的质量为1452.80kg，如图11-23所示。

1927年英国人亨利·沙格雷夫（Henry Segrave）驾驶阳光公司为他研制的一辆"阳光·1000HP"赛车（见图11-24）参加创车速纪录赛。该赛车前后有两台V形12缸22.40L排量的发动机，合计753.30kW（1000hp），汽车长度为7.14m，质量超过3t。这辆赛车在美国佛罗里达州戴顿纳海滩以327.96km/h的速度创造了新的世界纪

图11-23　1899年创陆地速度世界纪录的炮弹形电动汽车

录。行驶结束时，由于制动器烧坏，汽车无法停下来，急中生智的沙格雷夫只好把车驶进海中从而避免了事故的发生。1929年他又驾驶"金箭"赛车在戴顿纳海滩以372.46km/h的速度再创世界纪录。同年，英国国王乔治五世授予他英国爵士。

图11-24　1927年创世界纪录的"阳光·1000HP"

1935年，马尔科姆·坎贝尔（Malcom Campbell）驾驶他的"青鸟"赛车（见图11-25），在美国犹他州的波纳维利盐湖以484.61km/h的速度创造了他的第七个世界纪录。该车选用V形12缸增压式飞机发动机，排量为36.50L，功率为1690.50kW。随后，坎贝尔又驾驶飞艇在1937年和1938年两次创造了新的水上速度世界纪录。

1939年，约翰·科布（Jhon Cobb）驾驶的"黎利顿"赛车装有两台V形12缸24L排量的发动机，每台发动机经涡轮增压后的功率达到919.12kW，合计1838.24kW，汽车质量达3t，他驾驶这辆车将世界纪录推至594.96km/h。在1947年，他又在波纳维利盐湖将世界纪录提高到634.39km/h。

1964年，马尔科姆·坎贝尔的儿子唐纳·坎贝尔（Donald Campbell）在澳大利亚干涸的艾尔湖，驾驶一辆用航空燃气轮机驱动的取名"青鸟"的赛车又将世界纪录推至648.71km/h。图11-26所示为马尔科姆·坎贝尔和儿子唐纳·坎贝尔。图11-27所示为1964

年唐纳·坎贝尔创纪录的"青鸟"赛车。

图 11-25　1935 年马尔科姆·坎贝尔创造纪录的"青鸟"赛车

图 11-26　马尔科姆·坎贝尔和儿子唐纳·坎贝尔

图 11-27　1964 年唐纳·坎贝尔创造纪录的"青鸟"赛车

　　1965 年,克雷格·布里德洛夫(Craig Breedlove)驾驶"美国精神——音速 1 号"汽车,在美国波纳维利盐湖以 966.55km/h 的速度创造了新的陆上速度世界纪录。这是一辆采用铝和玻璃纤维制成的喷气式汽车,形如没有翅膀的飞机(见图 11-28)。它比唐纳·坎贝尔依靠车轮传递驱动力的"青鸟"快了许多,充分显示了喷气式汽车在创纪录方面的优越性。

　　1970 年,美国人加里·加伯里奇(Gary Gabelich)驾驶一辆名为"蓝焰"的喷气式汽车,在美国波纳维利盐湖以 1001.64km/h 的速度首次打破 1000km/h 的陆地速度纪录大关。这辆长达 11.65m 的汽车的垂直尾翼离地高度为 2.48m,形状酷似火箭,采用火箭发动机,以液化天然气和过氧化氢为燃料。汽车具有 4 个车轮,但前面两个车轮靠得很近,看起来像三轮汽车(见图 11-29)。

　　1983 年,英国人理查德·诺贝尔(Richard Noble)在美国内华达州黑岩沙漠驾驶"推

第十一章　汽车运动与汽车名人

图 11-28　1965 年创造世界纪录的"美国精神——音速 1 号"汽车

图 11-29　1970 年创造世界纪录的"蓝焰"汽车

图 11-30　1983 年创造世界纪录的"推力 2 号"汽车

力 2 号"汽车（见图 11-30）以 1019.43km/h 的速度再创世界纪录。

1997 年，英国飞行员安迪·格林（Ande Green）驾驶"推力 SSC"喷气式赛车，这是一辆长 16.50m、质量达 7.50t、形状像喷气式飞机的汽车，两侧各安装 1 台"鬼怪式"战斗机的喷气发动机。在美国内华达州的黑岩沙漠创造了 1227.73km/h 的新世界纪录，当时环境下的声速约为 1206km/h，这是人类首次采用陆地车辆突破声速。国际汽车联合会 1997 年 11 月 11 日正式批准了这一新的汽车陆地速度纪录。图 11-31 所示为安迪·格林和他驾驶的"推力 SSC"号汽车，SSC 是超音速汽车英文"Super Sonic Car"的首字母组合。

图 11-31 安迪·格林和他驾驶的"推力 SSC"号汽车

第三节 汽车名人

对于汽车工业来说，无论是早期的发明创造，还是后来的发展壮大；无论是一项技术的不断完善，还是生产组织方式的重大变化，都是众多参与者具体实施的结果。在汽车发展 100 多年的漫长岁月里，多少有识之士为之奔走呼号，多少能工巧匠为之呕心沥血，多少管理精英为之终生操劳。正是他们在汽车工业园地里的辛勤耕耘，才有了汽车工业今天的辉煌。本节对 14 位有代表性的、对世界或本国汽车工业发展有重大贡献和影响的汽车名人进行介绍。

1. 卡尔·本茨

卡尔·本茨（Karl Benz）（见图 11-32），世界第一辆内燃机驱动三轮汽车的发明人，德国奔驰汽车公司的创始人，世界汽车工业的先驱者之一，被誉为"汽车之父"。

图 11-32 卡尔·本茨
（1844—1929）

1844 年 11 月 25 日，本茨出生于德国的卡尔斯鲁厄，父亲是火车司机。从中学时代开始，本茨就对自然科学产生了浓厚的兴趣。1860 年，本茨进入卡尔斯鲁厄综合理工学校，学习机械制造。1864—1870 年，他曾在多家企业任职，当过制图员、设计师和工厂主管。1871 年与他人合作建立一家铁器铸造公司，1879 年开发成功二冲程煤气发动机。随后，他又获得若干项相关专利，如发动机调速系统、电池点火系统等。由于研究工作受阻，1883 年本茨离开了该公司，建立了奔驰公司莱茵燃气发动机工厂，开始生产工业用二冲程发动机，同时向其他企业出售燃气发动机生产许可证。公司的稳定运转和稳定的资金支持，使本茨有足够的精力投入汽车发动机的研发。1886 年 1 月 29 日，本茨开发的三轮四冲程汽油机汽车获得发明专利书，这一天被公认为"汽车的生日"，由此进入现代汽车的时代。随后，他开始制造和出售发动机和汽车。

1890 年，奔驰公司成为德国第二大发动机制造商，1896 年本茨发明了对置式发动机，这是现今水平对置活塞式发动机的前身。1926 年奔驰公司与戴姆勒公司合并，更名为戴姆勒-奔驰汽车公司。

在发明汽车的过程中,卡尔·本茨的勇气和勤奋令人钦佩,他既有工程师的基本素质,又有企业家的经营技巧。1929年4月4日,卡尔·本茨因病去世,终年85岁。

2. 戈特利布·戴姆勒

戈特利布·戴姆勒（Gottlieb Daimler）（见图11-33），世界第一辆内燃机驱动四轮汽车的发明人,德国戴姆勒汽车公司的创始人,世界汽车工业的先驱者之一,也被称为"汽车之父"。

1834年3月17日,戴姆勒出生于德国一个面包师家庭。1848年,他开始在军械厂做学徒,而后又到法国和英格兰进行学习和工作。1857—1859年,戴姆勒就读于德国斯图加特技术学校。1863—1869年,戴姆勒分别受雇于两家机械厂做技术主管。1872年,戴姆勒就职于奥托（Otto）开办的道依茨煤气机工厂,担任技术总监。戴姆勒认为奥托发明的四冲程发动机过于笨重,与好友迈巴赫一起钻研,并提出轻便发动机方案,但奥托并不采用。1882年,戴姆勒离开了道依茨厂,建起了一个试验车间用来研制新汽油机。戴姆勒和迈巴

图11-33　戈特利布·戴姆勒
（1834—1900）

赫改进了奥托的四冲程发动机,并在1883年开发了第一台用汽油代替煤气的卧式发动机,随后又研制出世界上第一台轻便的化油器式小型立式汽油机。在1885年4月3日取得发明专利后,戴姆勒立即把这台发动机装在一辆自行车上,1885年8月29日,戴姆勒取得了这辆"骑式机动双轮车"的发明专利,这实际上是世界上第一辆摩托车。

1886年,戴姆勒和迈巴赫又制成了一台高速四冲程汽油机,排量0.462L,功率0.8kW,转速700r/min。戴姆勒把发动机装在一辆买来的美国四轮马车上作为给妻子的生日礼物,这就是世界上第一辆四轮汽油机汽车。

1890年11月,戴姆勒与他人合股建立了戴姆勒发动机公司,迈巴赫担任总工程师,主要生产发动机。早期法国、英国等欧洲国家的汽车发动机,不少都是戴姆勒公司提供的。

1900年3月6日,戴姆勒因病去世,终年66岁。

3. 费迪南德·波尔舍

费迪南德·波尔舍（Ferdinand Porsche）（波舍尔又译为保时捷）（见图11-34），德国大众汽车公司和保时捷汽车公司的创始人,世界上最杰出的"汽车设计大师"。

1875年9月3日,波尔舍出生于奥地利的一个铁匠之家。波尔舍15岁进入夜校学习,后来他一边工作一边在维也纳工学院进修。22岁那年,波尔舍设计了一台能安装在汽车轮内的电动机,以替代当时在汽车上普遍使用的链条传动,并获得混合传动系统发明专利。1906年,波尔舍受聘担任戴姆勒公司奥地利分公司技术总监。其间,他设计的轻型赛车赢得西西里汽车大赛的冠军。1923—1928年,波尔舍开发了著名的梅赛德斯SS和SSK增压跑车。

图11-34　费迪南德·波尔舍
（1875—1951）

直到1931年，波尔舍终于在斯图加特创办了自己的企业——保时捷工程事务所，对外承接从零部件到总成甚至到整车的技术开发项目和新技术研制。这期间，波尔舍为多家汽车公司设计过轿车和高性能赛车。

第二次世界大战期间，波尔舍曾是纳粹德国坦克研制工作的重要技术专家，战后被盟军指控为战犯，关进法国监狱。1948年，获释后的波尔舍重操旧业，他所组建的保时捷工程事务所在1948年精心设计制作了保时捷356型跑车，由于该车在赛场上的出色表现，使波尔舍成为妇孺皆知的英雄。

波尔舍最著名的设计是为大众汽车公司设计的甲壳虫汽车。从1935年起，他带领设计小组按照坚固可靠、经济实用和技术成熟三条原则开发设计大众型汽车。1937年大众汽车公司成立，1939年生产出第一批大众轿车，也称为甲壳虫汽车，并成为世界上累计产量最多的车型。1951年1月30日，波尔舍在斯图加特病逝，终年76岁。

波尔舍是一个传奇人物，通过自己天才的思维和创新的设计，使一系列汽车品牌、车型和汽车技术打上了波尔舍的烙印。

4. 亨利·福特

亨利·福特（Henry Ford）（见图11-35），美国福特汽车公司的创始人，汽车流水线生产方式的先驱，被誉为"汽车大王"和"给世界装上轮子的人"。

1863年7月30日，福特出生于美国密歇根州一位农场主家庭。他从小就对机械充满了浓厚的兴趣。17岁那年，福特离开家乡到位于底特律的密歇根汽车制造公司工作。后来，又先后从事过机械修理、船用发动机修理等工作，福特一边工作一边参加夜校学习，并在家中的棚子里试制汽油机。1893年，福特研制的汽油机试验成功，1896年，他的第一辆汽车试制成功。1899—1902年，福特曾有过两次办汽车厂的经历，但均以失败而告终。

图11-35　亨利·福特
（1863—1947）

1903年6月，福特成立了福特汽车公司，制造出了性能稳定的A型汽车，在不到一年的时间内就销出650辆，为福特汽车公司日后的发展奠定了物质基础。到1907年，福特公司又相继推出N型、R型和S型等车。

1908年秋，令人注目的T型车问世了。T型车用途广、强度高、价格低，是工人和农民都买得起的汽车。T型车一经上市就供不应求，迫使福特汽车公司改进生产技术，采用流水线生产，从而进一步提高了产量，降低了成本。T型车于1927年停产，累计产量超过1500万辆，对世界汽车工业产生巨大影响。

20世纪20年代后期，由斯隆领导的通用汽车公司生产出了许多时髦多样和先进豪华的汽车，满足了不同阶层的购买需求，也对T型车形成了较大的竞争压力。1927年，顽固的福特不得不让自己心爱的T型车停产，再转产其他新型车。由于转产组织匆忙、耗资巨大，加之接踵而来的经济大萧条的影响，福特公司元气大伤。20世纪30年代，分别被通用公司和克莱斯勒公司超过。后来经过福特公司员工的拼力追赶，才算在全美第二的位置上站稳脚跟。

福特晚年特别保守专横，没能适应消费者需求的变化，不能及时推出新车，而且用人不利。1945年，福特在感到自己无法控制局势之后，辞去了总经理的职务，把福特汽车公司交给长孙亨利·福特二世。福特1947年4月7日去世，终年84岁。

5. 威廉·杜兰特

威廉·杜兰特（William Durant）（见图11-36），美国通用汽车公司的缔造者。

杜兰特于1861年12月8日出生于美国马萨诸塞州波士顿市。早期，他对马车制造产生了极大的兴趣，在弗林特市成立了一家马车制造公司。经过苦心经营，1886年，25岁的杜兰特成为全美第一的马车制造商，拥有资本达200万美元。1904年，杜兰特用50万美元收购了陷于困境中的别克汽车公司，4年内就生产和销售了8000多辆汽车，比当时的福特和凯迪拉克两家公司的销售总量还多。

为了夺取汽车市场霸主的地位，1908年8月，杜兰特在新泽西州成立了通用汽车公司，被合并的公司包括别克、奥克兰、奥兹莫比尔和凯迪拉克4个大汽车公司以及5个较小的汽车公司、3个货车制造公司、10个汽车零部件公司，还有一个推销汽车的公司。此时的通用汽车公司是一个控股公司，它所管辖的各个公司基本上是独立的经营单位。

图11-36 威廉·杜兰特
（1861—1947）

1910年，通用公司出现了严重的资金危机，杜兰特被解除了总经理职务。退出通用公司的杜兰特同路易斯·雪佛兰组建了雪佛兰（Chevrolet）汽车公司，通过励精图治，取得了辉煌的经营成就。杜兰特通过收购通用公司股票的方式，于1917年将通用公司从银行家的控制下重新夺了回来。杜兰特在担任新通用公司总经理的4年中，公司的规模扩大了8倍。但由于杜兰特的一系列失误，公司濒临倒闭，杜兰特被迫于1920年辞职，永久地离开了通用公司。后来，杜兰特在默默无闻中度过了他的余生。1947年杜兰特因病去世，终年86岁。

杜兰特的贡献不仅仅是创建了通用公司，他创建的通用汽车承兑公司，是第一个为汽车买主和经销商提供贷款的公司。这是汽车分期付款销售方式的前身，它的建立开创了汽车销售的新天地，挖掘出多于原有数字数倍的顾客，反过来以强大动力推进了汽车制造业的迅猛发展。

6. 阿尔弗雷德·斯隆

阿尔弗雷德·斯隆（Alfred Sloan）（见图11-37），汽车业界的管理奇才和著名企业家。

斯隆1875年5月23日出生于美国康涅狄格州一个富裕家庭，1895年毕业于麻省理工学院。其父于1898年以5000美元买下了一家小滚珠轴承厂，送给他去经营。20年后，斯隆以1350万美元把工厂卖给了杜兰特而加盟通用汽车公司。

1919年，斯隆担任通用公司副总经理，他对通用公司的不善管理深感不安，曾给总经理写过三份有关内部管理弱点的专题报告，可惜刚复自用的杜兰特对此并不理睬，最终导致通用公司几乎倒闭的严重危机，杜兰特本人也被迫辞职。

1923年5月，面对内忧外患的通用公司，董事长杜邦将公司总经理大权交给了斯隆。斯隆以其聪明才智为通用公司构筑了一套完善的组织机构，建立了一整套的管理、财务制度。这次变革称为现代企业管理的一场革命，为公司日后的壮大发展奠定了坚实的基础。

图11-37 阿尔弗雷德·斯隆
（1875—1966）

在斯隆所建立的管理体制下，下属各分公司的经营积极性被充分调动起来，汽车产量逐年上升，其国内市场占有率由 1921 年的 12% 增加到 1941 年的 44%。自 1928 年超过福特公司之后，一直稳居世界首位。通用公司对这位管理奇才也给予了充分的尊重，自 1923 年接任总经理以来，一直到 1966 年以 91 岁高龄离开人世，斯隆始终担任着通用公司的总经理、董事长、名誉董事长等职。

7. 沃尔特·克莱斯勒

沃尔特·克莱斯勒（Walter Chrysler）（见图 11-38），克莱斯勒汽车公司的创始人，汽车界著名的企业家。

沃尔特·克莱斯勒 1875 年 4 月 2 日出生于美国堪萨斯州一个铁路技师家庭。克莱斯勒 17 岁就立志当一名机械师，18 岁制造了一辆微型蒸汽机汽车，20 岁时被一家工厂聘为机械师，33 岁那年，他受聘担任了芝加哥西部铁路的动力总负责人。

1910 年，克莱斯勒受聘担任通用汽车公司别克分部中一家工厂的技术经理。由于他精通机械、技术超群，在通用公司的作用越来越重要。通用公司希望他留下为公司效力，但克莱斯勒却产生了离开通用公司独自去干一番事业的想法。正在此时，杜兰特重返通用公司，对克莱斯勒竭力挽留，不仅委任他担任别克分部

图 11-38　沃尔特·克莱斯勒
（1875—1940）

的主要负责人和公司第一副总经理，而且还将其年薪一下子提高到 50 万美元。然而，由于克莱斯勒与杜兰特难以合作，他还是于 1920 年 3 月离开了通用公司。

此后，克莱斯勒受聘担任了经营困难的威利斯-奥弗兰德（Willys Overland）汽车公司和麦克斯韦尔（Maxwell）公司的顾问，同时参与经营这两家公司。1921 年，当麦克斯韦尔公司行将倒闭时，他正式接管了公司的经营大权。克莱斯勒将新研制的汽车命名为克莱斯勒牌汽车，受到市场的欢迎，销量很好，为公司赢得了声誉。1924 年，克莱斯勒接收、改组了麦克斯韦尔公司，并于 1925 年 6 月成立克莱斯勒汽车公司，自己任总经理。

克莱斯勒汽车公司成立以后，发展极其迅速，1928 年克莱斯勒公司通过股票交易的方式买下了道奇汽车公司和普利茅斯汽车公司。克莱斯勒公司在 1929 年跃升为美国三大汽车公司之一，后来还曾有超越福特汽车公司成为美国第二大汽车公司的辉煌历史。

1935 年，克莱斯勒在过完 60 周岁生日后，辞去了公司总经理职务改任董事长，直至 1940 年 8 月 18 日去世，终年 65 岁。

8. 阿尔芒·标致

阿尔芒·标致（Armand Peugeot）（见图 11-39），法国标致汽车公司的创始人，世界汽车工业的先驱之一。

阿尔芒·标致于 1849 年 3 月 26 日出生在法国蒙贝利亚尔，在巴黎中央高等工艺制造学校学习工程技术，后来又到英国继续深造。1871 年，22 岁的标致回国，与他人合作生产蒸汽机汽车。1889 年，标致 1 型蒸汽机汽车还曾在巴黎国际博览会上展出。

后来，标致见到了戴姆勒发明的内燃机，并专程前往德国拜会戴姆勒。标致对戴姆勒发动机和汽车产生了极大的兴趣。回到法国后，他购买戴姆勒公司生产的发动机，开始组装汽车。1890 年

图 11-39　阿尔芒·标致
（1849—1915）

第一辆汽油机驱动的标致汽车问世,这是德国以外出现的第一辆内燃机汽车。1891 年,标致 3 型四轮汽车正式向公众露面,还参加了全程 2045km 的越野行驶,这辆装了内燃机的四轮车用 139h 跑完了 2045km 全程,轰动了世界,这时人们才确信汽车已经可以实用了。

1896 年,标致正式创建标致汽车公司,成为法国主要的汽车厂家之一。由于法国人敏锐的判断力,特别是法国开明的法律制度(当时,德国、英国均有歧视机动车的法律),法国成了最早普及汽车的国家,标致公司也成为世界上第一家真正的汽车制造商。而此时的奔驰公司和戴姆勒公司都只满足于销售内燃机生产许可证,其汽车产品仍停留在样车阶段。标致使汽车从样品变成商品,从一项研究变成一门工业。

阿尔芒·标致于 1915 年 2 月 4 日去世,终年 66 岁。

9. 安德烈·雪铁龙

安德烈·雪铁龙(Andre Citroen)(见图 11-40),法国雪铁龙汽车公司的创始人,发动机前置前轮驱动汽车技术的发明者。

雪铁龙 1878 年 2 月 5 日出生在法国巴黎,后来就读于巴黎综合工科学院。1900 年大学毕业后,雪铁龙乘火车去华沙姐姐家,途中参观了一家用铸造生产人字齿轮的工厂,他看到人字齿轮有许多优点,便想创立一家人字齿轮加工厂。后来在银行家姐夫的资助下,雪铁龙于 1902 年创立了自己的雪铁龙齿轮公司,专门生产人字形齿轮产品。

图 11-40　安德烈·雪铁龙
(1878—1935)

1912 年,雪铁龙去美国旅游,参观了福特汽车公司。雪铁龙十分欣赏福特汽车公司的大批量流水线生产方式,并将其引入了法国。1919 年,雪铁龙在欧洲率先批量生产雪铁龙 A 型车,产量迅速提高。1922 年,他大力推广分期付款售车方式,成立了法国第一个汽车分期付款机构。1924 年 7 月,雪铁龙汽车公司成立。

雪铁龙加强了汽车的售后服务业务,创立了一年保证期制度,建立分销网,罗列出零件目录及维修费用一览表,使所有销售点、维修点的费用得以统一。

雪铁龙非常重视广告宣传,他在法国各地十字路口竖立起雪铁龙标牌。他在巴黎埃菲尔铁塔以霓虹灯方式做雪铁龙广告,使巴黎四周 30km 以内都可以看到。雪铁龙发起了穿越撒哈拉沙漠的大型车赛,又组织了贯穿全非洲的赛车活动。1931 年,雪铁龙在法国巴黎开办了当时全球最大的汽车商场。

雪铁龙不断地投资于工厂和开发新车型,追求技术上的不断进步。雪铁龙在新研制的前轮驱动汽车上采用一系列全新的技术,但由于新车研制周期过长,又存在一些设计、制造方面的缺陷,销路受阻,雪铁龙顿时负债累累,不得不将公司卖给米其林公司。

雪铁龙于 1935 年 7 月 3 日因病去世,终年 57 岁,法国政府给他颁发了一枚二级荣誉勋章。

10. 恩佐·法拉利

恩佐·法拉利(Enzo Ferrari)(见图 11-41),意大利著名的赛车手,法拉利汽车公司的创始人。

法拉利 1898 年 2 月 18 日出生于意大利摩德纳城,父亲是一个小钣金工厂主。法拉利从小对赛车产生了强烈的兴趣,1920 年开始在意大利的阿尔法·罗密欧汽车公司工作,先后干过技工、试车员、赛车手,设计和改装过赛车,并初露锋芒。1929 年,法拉利建立起法拉利赛车俱乐部，使用阿尔法·罗密欧赛车参赛。1943年，第二次世界大战期间，法拉利创建了自己的汽车制造厂。1944年，法拉利汽车制造厂被炸毁。1947年，法拉利重建自己的汽车制造厂，并且开始以自己的名字命名生产的汽车，很快就设计生产出第一辆自己的跑车。从此，法拉利的事业就更无法同那惊心动魄的汽车大赛分离了。

法拉利不仅是一名跑车设计师，也是意大利有名的赛车队长，在赛车场上他接连夺魁，震动了整个意大利。法拉利跑车是经过失败和考验才冲出来的。在初期的世界汽车大赛中，法拉利设计的F1赛车曾发生过惨不忍睹的事故，并且殃及了很多观众。然而，当法拉利赛车取得胜利的时候，车迷们似乎忘掉了过去的一切。他设计的赛车赢得过14次勒芒24小时汽车耐力赛冠军，他设计的F1赛车，在世界性大赛上共获得100多次胜利，至今尚没有哪一种赛车能够打破这项纪录。

图11-41　恩佐·法拉利（1898—1988）

法拉利89岁那年，仍然每天去上班，维护着他的法拉利跑车王国。1988年8月14日，恩佐·法拉利走完了他辉煌的一生，终年90岁。

11. 丰田喜一郎

丰田喜一郎（Kiichiro Toyoda）（见图11-42），丰田汽车公司的创始人，日本汽车工业发展的功臣。

丰田喜一郎出生于1894年6月11日，1920年东京帝国大学毕业后，来到父亲丰田佐吉的丰田纺织株式会社当了一名机械师。1929年，丰田喜一郎在国外花费了4个月的时间体验了英国的汽车交通，走访了英国、美国的汽车生产企业，弄清了欧美国家的汽车生产状况。这次国外之旅给他留下了极为深刻的印象，坚定了他发展自己汽车事业的决心。

图11-42　丰田喜一郎（1894—1952）

丰田佐吉去世后，公司总裁的职位由丰田喜一郎的妹夫丰田利三郎担任。1932年，丰田喜一郎在公司内设立汽车部，于当年购回一台美国雪佛兰汽车发动机进行反复拆装、研究、分析和测绘，着手试制汽车发动机。1933年，他购回一辆德国产的DKW前轮驱动汽车，经过连续两年的研究，于1935年8月造出了一辆试验车，于1936年6月自行设计生产了第一辆丰田AA型汽车。丰田喜一郎于1937年8月另立门户成立丰田汽车工业株式会社，地址在日本爱知县举田町。

丰田喜一郎对汽车工业的另一项重大贡献体现在对生产过程的科学管理方面。他将工厂结构以及生产方式进行了调整，使其适合于专业化生产。在此基础上，他创出了后来风靡全球的"丰田生产方式"。

按照传统做法，汽车生产从铸件到半成品都要先入库，需要时再取货、加工，加工好的零部件每天也要依工厂生产需要办理入库、出库。按照这一程序运作，无形之中加大了库存。丰田喜一郎的创新之处在于将传统的整批生产方式改为弹性生产方式。按照他的模式组织生产，工人和工厂都可以得到好处：工人每天只做必要的工作量即可；工厂无需设置存货仓库，无需占用大量周转资金，许多外购零部件在付款之前就已被装车卖出了。他的这一生产方式经后来的公司继承人进一步发展之后，成为完善的丰田生产方式。

1952年3月27日，丰田喜一郎因病去世，终年58岁。

12. 本田宗一郎

本田宗一郎（Soichiro Honda）（见图11-43），本田汽车公司创始人，汽车界著名的企业家。

本田宗一郎于1906年11月7日出生在日本静冈县滨松市，他自幼便对机械表现出一种特殊的偏好。1922年，16岁的本田宗一郎从乡下来到东京，进入汽车修理厂当学徒，很快成为优秀的修理工。1928年他独立开办汽车修理厂，经营非常成功。

1946年10月，本田宗一郎在滨松市成立了"本田技术研究所"，主要生产纺织机械。本田宗一郎将小汽油机经过改制后安装到自行车上，制成了一种新型的"机器脚踏车"。由于产品适销对路，马上成为抢手货。

图11-43　本田宗一郎
（1906—1991）

1947年，本田宗一郎又研制了50mL双缸"A型自行车发动机"，这就是最早的"本田摩托发动机"，也是本田A型摩托车批量生产的开始。1948年，本田技研工业株式会社成立，从此揭开了本田大发展的序幕。

自1947年试制成功第一辆摩托车，至1959年本田的摩托车产量一直位居世界第一。

1962年本田宗一郎开始涉足汽车生产，利用在摩托车开发、经营中获得的丰富经验及大量资金，投入汽车开发，结果获得极大成功，为公司赢得了利润及崇高的商业声誉。

本田宗一郎以其过人的胆识和专心科研的精神，将本田公司从一个名不见经传的修理汽车、摩托车的作坊发展成为世界头号摩托车跨国公司和大型汽车生产企业。本田汽车公司为日本第三大汽车公司。

1973年，67岁的本田宗一郎决定退休。他谦虚地说："我太老了，已经没有能力领会新的技术。"此后，他出任本田公司最高顾问，但并不干涉新任领导的决策。本田宗一郎于1991年8月5日去世，终年85岁。

美国机械工程师学会设有荷利奖，专门用于奖励那些在机械工程领域做出杰出贡献的人。迄今为止，该奖项一共颁发过两次——1936年颁发给享有"汽车大王"美誉的美国人亨利·福特；1980年颁发给日本人本田宗一郎。

13. 饶斌

饶斌（见图11-44），中国汽车工业杰出的奠基人和开拓者，被誉为"中国汽车之父"。

饶斌于1913年3月3日出生在吉林省吉林市，祖籍江苏南京。饶斌早年就读于同济大学医学院，1937年加入中国共产党，曾担任抚顺市、吉林市委书记，哈尔滨市市长，松江省副省长等领导工作。

1950年12月，苏联汽车厂设计专家组到北京考察并和筹备组一起在长春市选定了厂址，该工厂定名为"第一汽车制造厂"。1952年12月，饶斌被任命为第一汽车制造厂厂长。

图11-44　饶斌
（1913—1987）

在饶斌的带领下，第一汽车制造厂职工通过艰苦创业，只用了3年时间就顺利完成了建厂任务。1956年7月14日，从第一汽车制造厂总装线上驶出的由中国人自己制造的第一批解放牌载货汽车，结束了中国不能自己制造汽车的历史。之后，饶斌又组织技术力量自行开发出了东风牌轿车、红旗牌轿车，并着手改进解放牌汽车。

1964年,中共中央决定建立第二汽车制造厂,饶斌又受命组建第二汽车制造厂。他在第一汽车制造厂工作了7年,在第二汽车制造厂工作了16年,中国两个重要的汽车制造厂的建设都凝聚着饶斌的心血。

1977年后,饶斌调到北京,先后担任机械工业部部长、中国汽车工业公司董事长等要职。

1987年8月,饶斌在上海考察汽车工作期间,因病去世,终年74岁。

14. 孟少农

孟少农(见图11-45),中国汽车工业的创始人,汽车技术领域的奠基人。

孟少农1915年12月12日出生于北京市,祖籍湖南省常德市桃源县。孟少农的童年在北京度过,1935年他考入清华大学,并于1941年赴美留学,进入麻省理工学院机械系,1943年获麻省理工学院汽车专业硕士学位。之后,他走出课堂到美国几家汽车公司考察学习。1946年5月,孟少农离开美国,回到中国。

孟少农回国后,任清华大学机械系教授,并创办了我国第一个汽车专业。

1953年,孟少农任第一汽车制造厂副厂长兼副总工程师。在此期间他根据工厂发展和管理需要,创办了长春汽车工业学校,培养了一大批中级汽车技术人才。他还倡导建立了长春汽车拖拉机学院(后改为吉林工业大学)。

图 11-45　孟少农
(1915—1988)

1971年,孟少农被调到陕西汽车制造厂主管技术工作。他针对陕西汽车制造厂的产品发展问题,大胆改进设计,使延安250军用越野车通过国家定型,成为全国最好的车型之一。

1978年,孟少农被调到第二汽车制造厂,任第二汽车制造厂副厂长兼总工程师。他主持对东风牌5t载货汽车质量问题的攻关项目,解决了64项产品重大质量问题。在他的倡议下,第二汽车制造厂建设了教育中心(后改为湖北汽车工业学院),为中国汽车工业培养了大批技术和管理人员。

在新中国建立后的几十年间,他成功地领导了我国第一汽车制造厂、陕西汽车制造厂和第二汽车制造厂几代产品的研制和开发,为我国汽车工业的发展做出了重要贡献。1980年11月,他当选为中国科学院院士(当时称学部委员)。

1988年1月15日,孟少农因病在北京去世,终年73岁。

习　题

11-1　什么是汽车运动?汽车运动起源于哪国?

11-2　方程式汽车赛与汽车拉力赛的主要区别有哪些?

11-3　F1赛车与印地500英里大奖赛赛车的主要区别有哪些?

11-4　勒芒24小时汽车耐力赛有何特点?

11-5　为什么卡丁车运动深受大众的喜爱?

11-6　迄今为止,陆上汽车最高速度的世界纪录是多少?

11-7　14位汽车名人分别来自哪个国家?哪个汽车公司?有何重要贡献?

附录

附录 A　交通标志与交通标线、色彩混合原理

警告标志

| 交叉路口 | 交叉路口 | 交叉路口 | 向左急变路 | 交叉路口 |

| 下陡坡 | 两侧变窄 | 右侧变窄 | 反向弯曲 | 连续弯路 |

| 注意行人 | 注意儿童 | 注意电动自行车 | 注意非机动车 | 事故易发路段 |

| 注意信号灯 | 注意落石 | 傍山险路 | 注意横风 | 易滑 |

| 村庄 | 堤坝路 | 隧道 | 路面不平 | 驼峰桥 |

| 有人看守铁路道口 | 无人看守铁路道口 | 施工 | 注意危险 | 左侧绕行 |

禁令标志

 禁止通行
 禁止驶入
 禁止机动车驶入
 禁止载货汽车驶入
 禁止大型载客汽车驶入

 禁止摩托车驶入
 禁止某两种车辆驶入
 禁止非机动车进入
 禁止电动自行车进入
 禁止三轮车驶入

 禁止行人进入
 禁止向右转弯
 禁止直行
 禁止向左和向右转弯
 禁止直行和向左转弯

 禁止掉头
 禁止超车
 解除禁止超车
 禁止车辆停放
 禁止车辆长时停放

 禁止鸣喇叭
 限制宽度
 限制高度
 限制质量
 会车让行

 限制速度
 解除限制速度
 停车检查
 停车让行
 减速让行

指示标志

 直行
 向左转弯
 向右转弯
 直行和向左转弯
 直行和向右转弯

 向左和向右转弯
 分隔带右侧行驶
 分隔带左侧行驶
 单行路（向右）
 单行路（直行）

 环岛行驶
 最低限速
 开车灯
 行人
 鸣喇叭

 会车先行
 右转车道
 组合设置的分向行驶车道

 直行车道
 直行和右转合用车道
 掉头和左转合用车道
 掉头车道
 人行横道

 机动车车道
 机动车行驶
 非机动车车道
 非机动车行驶
 公交专用车道

指路标志

G105	S203	X008	Y002	
国道编号	省道编号	县道编号	乡道编号	

南京路	斋堂镇	福宁路▶	↑林萃路	
路名	地名	道路名称方向	道路名称方向	

急救站　　　飞机场

加油站　　电动汽车充电站　　地铁　　错车道　　停车场

港湾式紧急停车带　　人行天桥　　人行地下通道　　无障碍设施　　此路不通

地点距离　　地点距离　　出口方向　　出口方向　　收费站

辅助标志

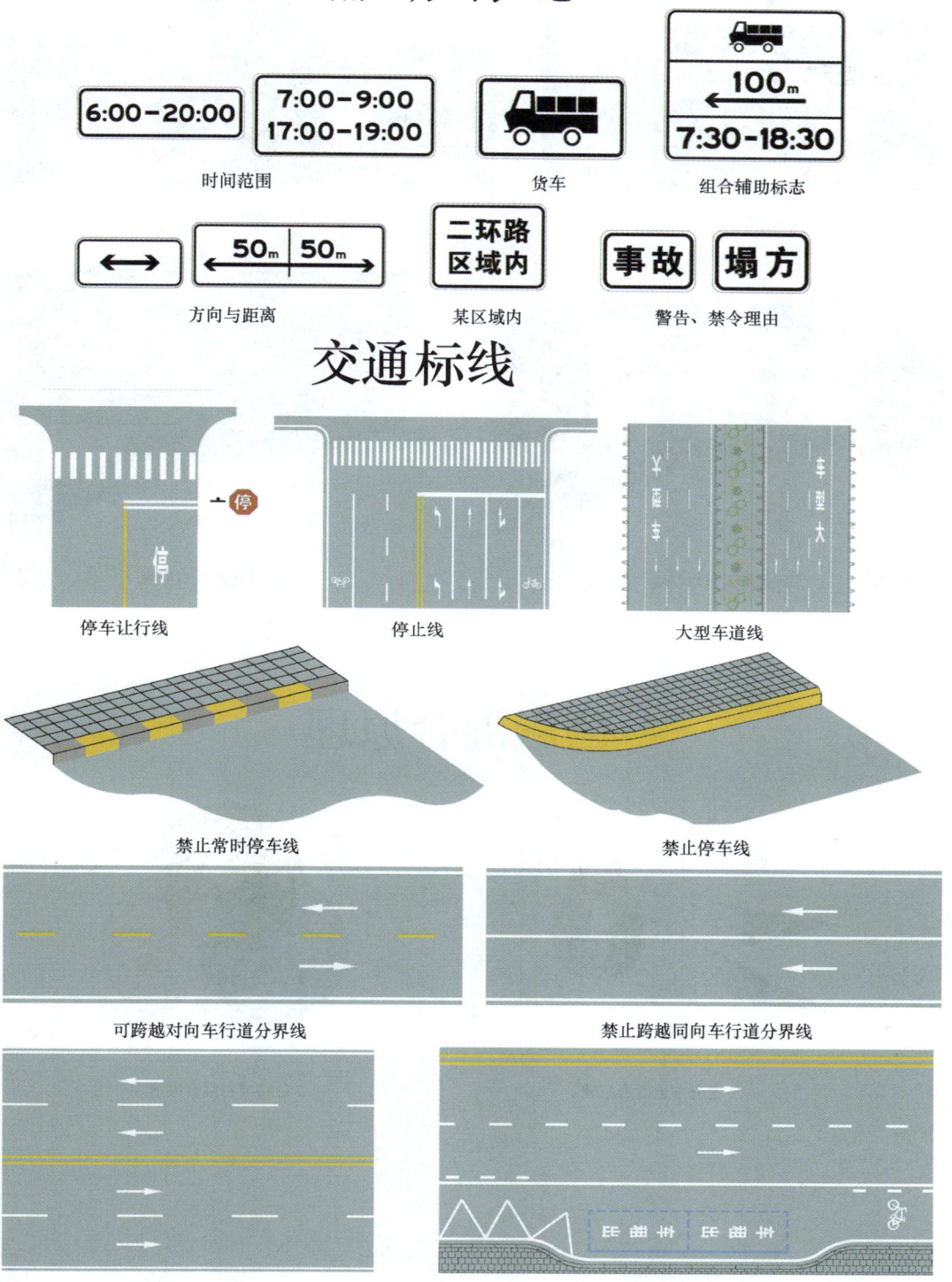

时间范围　　　　货车　　　　组合辅助标志

方向与距离　　　某区域内　　　警告、禁令理由

交通标线

停车让行线　　　停止线　　　大型车道线

禁止常时停车线　　　禁止停车线

可跨越对向车行道分界线　　　禁止跨越同向车行道分界线

禁止跨越对向车行道分界线　　　出租车专用上下客停车位

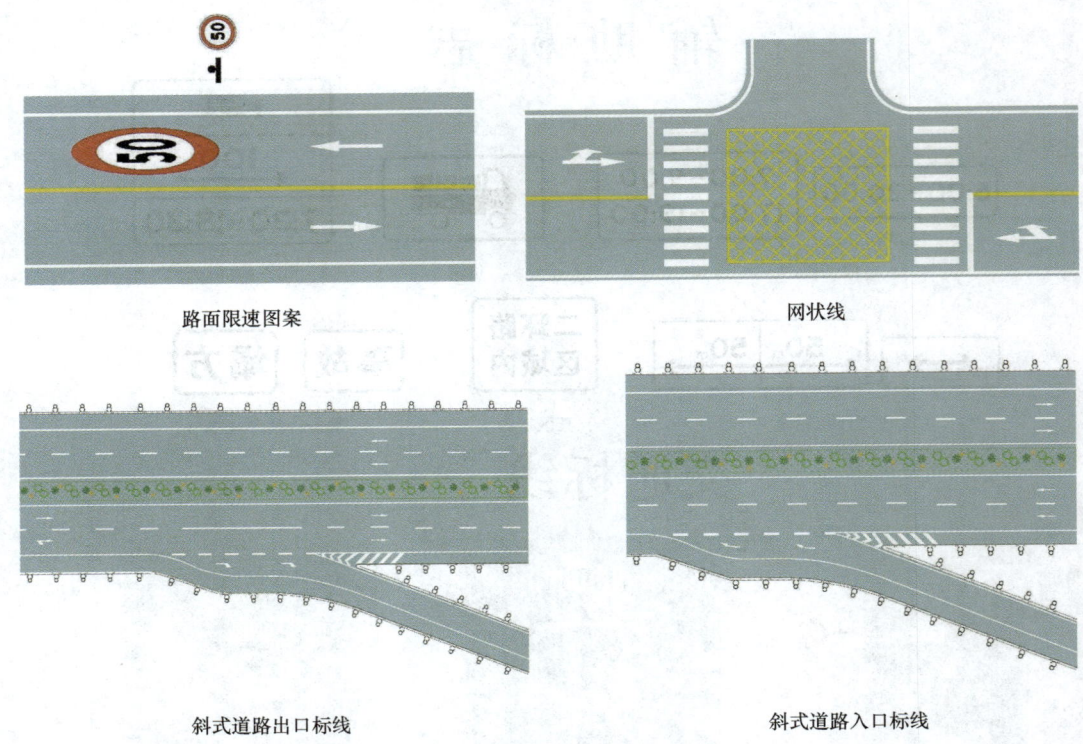

路面限速图案

网状线

斜式道路出口标线

斜式道路入口标线

色彩混合原理

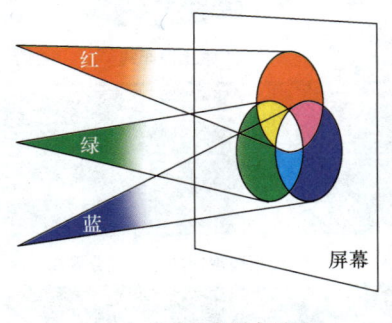

色光加色混合原理

色料减色混合原理

附录 B 汽车车标

FORD
福特（美）

CHRYSLER
克莱斯勒（美）

OLDSMOBILE
奥兹莫比尔（美）

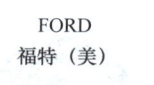
CADILLAC
凯迪拉克（美）

BUICK
别克（美）

CHEVROLET
雪佛兰（美）

SATURN
土星（美）

PONTIAC
庞蒂克（美）

DODGE
道奇（美）

MERCURY
水星（美）

LINCOLN
林肯（美）

GMC
吉姆西（美）

MUSTANG
野马（美）

JEEP
吉普（美）

TESLA
特斯拉（美）

MERCEDES BENZ
梅赛德斯-奔驰（德）

VOLKSWAGEN
大众（德）

PORSCHE
保时捷（德）

AUDI
奥迪（德）

BMW
宝马（德）

OPEL
欧宝（德）

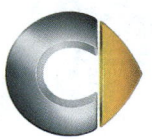
MAYBACH
迈巴赫（德）

SMART
斯玛特（德）

MAN
曼（德）

PEUGEOT 标致（法）	CITROEN 雪铁龙（法）	RENAULT 雷诺（法）	VENTURI 文图瑞（法）
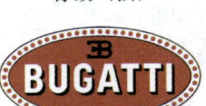			
BUGATTI 布加迪（法）	FIAT 菲亚特（意）	MASERATI 玛莎拉蒂（意）	ALFA-ROMEO 阿尔法·罗密欧（意）

LANCIA 蓝西亚（意）	FERRARI 法拉利（意）	LAMBOGHINI 兰博基尼（意）	ROLLS-ROYCE 劳斯莱斯（英）

MG 名爵（英）	MINI 迷你（英）	VAUXHALL 沃克斯豪尔（英）	LOTUS 莲花（英）

LAND ROVER 路虎（英）	BENTLEY 宾利（英）	COBRA 眼镜蛇（英）	LEYLAND 利兰（英）

LADA 拉达（俄）	GAZ 嘎斯（俄）	VOLGA 伏尔加（俄）	KAMAZ 卡玛斯（俄）

附录

SAAB	VOLVO	KOENIGSEGG	SKODA
萨博（瑞典）	沃尔沃（瑞典）	科尼赛克（瑞典）	斯柯达（捷克）

TATRA	STEYR	SEAT	HOLDEN
太脱拉（捷克）	斯太尔（奥地利）	西雅特（西班牙）	霍顿（澳）

SPYKER	TOYOTA	LEXUS	NISSAN
世爵（荷兰）	丰田（日）	雷克萨斯（日）	日产（日）

HONDA	MAZDA	SUBARU	ISUZU
本田（日）	马自达（日）	斯巴鲁（日）	五十铃（日）

SUZUKI	DAIHATSU	MITSUBISHI	HINO
铃木（日）	大发（日）	三菱（日）	日野（日）

HYUNDAI	KIA	DAEWOO	SSANGYONG
现代（韩）	起亚（韩）	大宇（韩）	双龙（韩）

		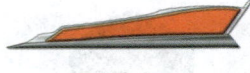	
一汽（中）	红旗（中）	一汽（中）	夏利（中）

东风（中）	启辰（中）	思铭（中）	华骐（中）

五菱（中）	荣威（中）	宝骏（中）	跃进（中）

长安（中）	长安（中）	松花江（中）	长安重汽（中）

陆风（中）	传祺（中）	吉奥（中）	长丰（中）

理念（中）	北汽（中）	北汽（中）	威望（中）

附录

| 福田（中） | 昌河（中） | 奇瑞（中） | 开瑞（中） |

| 瑞麟（中） | 全球鹰（中） | 英伦（中） | 帝豪（中） |

| 长城（中） | 哈弗（中） | 江淮（中） | 江淮（中） |

| 安凯（中） | 金杯（中） | 之诺（中） | 比亚迪（中） |

| 腾势（中） | 力帆（中） | 陕汽（中） | 金龙（中） |

| 中通（中） | 宇通（中） | 申龙（中） | 纳智捷（中） |

| 华泰（中） | 福仕达（中） | 海马（中） | 众泰（中） |

| 江南（中） | 青年莲花（中） | 海格（中） | 大迪（中） |

| 福迪（中） | 中国重汽（中） | 红岩（中） | 大运（中） |

  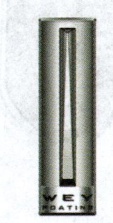 

| 东南（中） | 江铃（中） | 魏牌（中） | 岚图（中） |

| 蔚来（中） | 理想（中） | 小鹏（中） | 极氪（中） |

 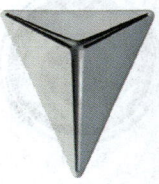  

| 零跑（中） | 深蓝（中） | 问界（中） | 智己（中） |

参考文献

[1] 李育锡. 汽车概论 [M]. 2版. 北京：机械工业出版社，2016.
[2] 史文库，姚为民. 汽车构造：上册 [M]. 6版. 北京：人民交通出版社，2013.
[3] 史文库，姚为民. 汽车构造：下册 [M]. 6版. 北京：人民交通出版社，2013.
[4] 鲁植雄. 汽车概论 [M]. 北京：机械工业出版社，2019.
[5] 韩宗奇. 现代汽车概论 [M]. 沈阳：东北大学出版社，2001.
[6] 刘大维. 汽车工程概论 [M]. 北京：机械工业出版社，2004.
[7] 肖生发. 汽车工程概论 [M]. 北京：北京理工大学出版社，2005.
[8] 赵英勋，付蒙. 汽车概论 [M]. 2版. 北京：机械工业出版社，2022.
[9] 王中亭. 汽车概论 [M]. 2版. 北京：机械工业出版社，2010.
[10] 任恒山. 现代汽车概论 [M]. 北京：人民交通出版社，2005.
[11] 边耀璋，等. 汽车新能源技术 [M]. 北京：人民交通出版社，2003.
[12] 崔胜民. 智能网联汽车新技术 [M]. 2版. 北京：化学工业出版社，2021.
[13] 姜立标，张明容. 智能网联汽车技术基础 [M]. 北京：北京大学出版社，2021.
[14] 史文库. 汽车新技术 [M]. 3版. 北京：人民交通出版社，2021.
[15] 崔胜民. 新能源汽车技术 [M]. 2版. 北京：北京大学出版社，2014.
[16] 杜子学，等. 汽车造型 [M]. 北京：人民交通出版社，2005.
[17] 谷正气. 汽车空气动力学 [M]. 北京：人民交通出版社，2005.
[18] 杜海滨. 汽车造型设计 [M]. 沈阳：辽宁美术出版社，2006.
[19] 李卓森. 现代汽车造型 [M]. 北京：人民交通出版社，2005.
[20] 黄天泽，黄金陵. 汽车车身结构与设计 [M]. 北京：机械工业出版社，1997.
[21] 倪嘉薇，吴霖生，王佐云. 汽车信贷与保险 [M]. 上海：上海大学出版社，2005.
[22] 付铁军，杨学坤. 汽车保险与理赔 [M]. 3版. 北京：北京理工大学出版社，2012.
[23] 中华人民共和国交通运输部. 安全驾驶从这里开始 [M]. 2版. 北京：人民交通出版社，2013.
[24] 马骁，帅石金，丁海春. 汽车文化 [M]. 3版. 北京：清华大学出版社，2020.
[25] 李克强. 电动汽车工程手册：第6卷 智能网联 [M]. 北京：机械工业出版社，2019.
[26] 中国汽车工程学会. 节能与新能源汽车技术路线图2.0 [M]. 北京：机械工业出版社，2020.
[27] 林平. 车赛：世界著名汽车赛事 [M]. 北京：化学工业出版社，2013.
[28] 陈翌，等. 赛车运动探索 [M]. 上海：同济大学出版社，2010.
[29] 林平. 汽车总动员：全球名车概览 [M]. 2版. 北京：机械工业出版社，2012.
[30] 林平，等. 车标图鉴珍藏版 [M]. 北京：机械工业出版社，2013.
[31] 闻骐. 保时捷典藏书 [M]. 北京：机械工业出版社，2014.
[32] 黄余平. 百年汽车图集 [M]. 2版. 北京：人民交通出版社，1994.
[33] 刘雅琴. 上海桑塔纳轿车构造图册 [M]. 上海：上海科学技术出版社，1997.
[34] 陈达因. 上海桑塔纳2000GSi轿车构造图册 [M]. 北京：人民交通出版社，2000.
[35] 人民交通出版社汽车图书出版中心. 汽车典型结构图册 [M]. 北京：人民交通出版社，2008.
[36] 李京生，张文杰. 奔驰 [M]. 北京：电子工业出版社，2005.
[37] 李京生，张文杰. 大众 [M]. 北京：电子工业出版社，2005.

[38] 李京生，张文杰. 宝马［M］. 北京：电子工业出版社，2005.

[39] BOSCH 公司. BOSCH 汽车工程手册［M］. 魏春源，等译. 4 版. 北京：北京理工大学出版社，2016.

[40] 出射忠明. 汽车构造图解［M］. 郝长文，等译. 长春：吉林科学技术出版社，1995.

[41] GP 企画室. 汽车发动机图解［M］. 刘若南，等译. 长春：吉林科学技术出版社，1995.

[42] GP 企画室. 汽车车身底盘图解［M］. 宋桔桔，等译. 长春：吉林科学技术出版社，1995.